LES JOURNÉES QUI ONT FAIT LA FRANCE

DU MÊME AUTEUR

Georges Pompidou, Jean-Claude Lattès, 1984; Marabout Histoire, 1985; édition revue et augmentée, établie d'après les archives du président, Jean-Claude Lattès, 1994; Perrin, coll. « Tempus », 2004.

Jean Monnet, Fayard, 1995.

Charles de Gaulle, Gallimard, coll. « NRF Biographies », 2002; réédition Perrin, coll. « Tempus », 2007.

Pierre Mendès France, Gallimard, coll. « NRF Biographies », 2007.

De Gaulle, Gallimard, coll. « Folio Biographies », 2008.

Éric Roussel

LE NAUFRAGE

16 juin 1940

nrf

GALLIMARD

AVANT-PROPOS

D'innombrables ouvrages ont été consacrés à la défaite de juin 1940. D'abord une masse de mémoires, de plaidoyers *pro domo* ou de libelles polémiques, puis, quand les archives devinrent accessibles, des études d'inspiration et de qualité fort diverses. L'ensemble reste dominé par *L'Étrange Défaite* de Marc Bloch. Écrit à chaud, dès la fin de l'été 1940, par un grand historien de l'école des Annales, ce maître livre s'impose aujourd'hui encore. L'acuité et la pertinence des analyses frappent d'autant plus que, amené à traiter de problèmes relativement techniques, l'auteur, privé de sa bibliothèque et de l'accès à tout autre document, ne disposait que de ses propres impressions accumulées pendant la bataille de France. L'indépendance et la hauteur de vues du témoin n'en sont que plus évidentes. Attaché viscéralement à la République, Marc Bloch en a bien perçu la sclérose dans les années 1930. Ses pages sur le dévoiement du pacifisme demeurent également exemplaires.

Voilà plus de quarante ans, en pleine tourmente de mai 1968, la collection « Trente journées qui ont fait la France », ancêtre de celle où paraît le présent ouvrage, accueillit un livre d'Emmanuel Berl, *La Fin de la IIIe République*, lui aussi mémorable. Berl, sans doute, n'était pas un historien et ne le prétendait guère. Mêlé de près à la vie politique et intellectuelle de l'entre-deux-guerres, la plupart des acteurs lui étaient familiers ; en 1940, au lendemain de l'armistice, les circonstances l'avaient même amené à rédiger les premiers messages radiodiffusés du maréchal Pétain, entre autres ceux contenant les fameuses formules: «Je hais les mensonges qui nous ont fait tant de mal» et «La terre, elle, ne ment pas». Juif, homme de gauche et ardemment pacifiste, Emmanuel Berl ne craignait pas les paradoxes, mais, conscient de ses contradictions, il les assuma et resta toujours un esprit libre. D'où la valeur de son ouvrage, réédité dernièrement dans la collection «Témoins».

Pourquoi revenir ainsi à ce chapitre éclairé par tant de bons esprits? On dit souvent que le temps apaise les blessures et apprivoise les antagonismes. Il arrive également que la distance fasse ressortir avec encore plus de force les ruptures. C'est le cas en l'occurrence. Car l'effondrement de juin 1940 ne se confondit pas seulement avec une déroute militaire sans précédent et l'écroulement à grand fracas d'un régime en apparence solide, il marqua également le terme de bien des illusions. La culture classique d'essence humaniste, qui donnait une colonne vertébrale aux élites du pays, parut soudain, elle aussi, très fragile. Cette évidence se révéla d'autant plus difficile à admettre que, sur le plan littéraire, l'entre-deux-guerres avait été une période exceptionnellement brillante et féconde — la dernière, peut-être, au cours de laquelle, du monde entier, les regards convergeaient encore vers Paris. Après la mort de Marcel Proust en 1922, le relais avait été pris par des écrivains aussi importants qu'André Gide, Paul Claudel, Louis Aragon, François Mauriac, Jean Cocteau, Georges Bernanos, Jean Giraudoux, Jean Giono ou Paul Morand. Ce foisonnement de talents avait suscité l'admiration. Tout à coup, il eut un peu l'allure d'un trompe-l'œil. Le contraste apparaissait inouï entre l'essor intellectuel et artistique qui avait marqué l'avant-guerre et la réalité de la France écrasée de juin 1940.

Ausculter cette France précipitée vers l'abîme: telle est l'ambition de ce livre. Tenter l'exercice à partir de l'examen d'un moment très défini peut *a priori* sembler une gageure. C'est oublier que l'étude d'une telle tranche d'histoire a souvent cette vertu de faire surgir, par une sorte d'effet de loupe, des tendances lourdes insoupçonnées. Dans cette perspective, le 16 juin s'imposait naturellement, même s'il y a quelque témérité à prétendre compter au nombre des dates « qui ont fait la France » une journée funeste entre toutes, à l'issue de laquelle arrivèrent au pouvoir le maréchal Pétain et des hommes déjà résolus à profiter de la défaite pour abattre la République et régler de vieux comptes.

Jusqu'à présent, l'attention des historiens s'est polarisée sur d'autres journées. Le 18 juin d'abord, pour des raisons évidentes, et aussi le 10 juillet, mort officielle de la IIIe République après le vote des pleins pouvoirs à Pétain — c'est la journée qu'a choisie justement Emmanuel Berl, et l'on comprend bien pourquoi. Aux yeux d'un homme tel que l'auteur de *Sylvia*, à la fois témoin de son temps, moraliste et philosophe de l'Histoire, l'évocation de ces quelques heures, au terme desquelles le régime établi en 1875 vacilla pour se rompre, offrait l'occasion d'une étonnante galerie de portraits. Berl, qui avait hanté si souvent autrefois les couloirs de la Chambre, noué des liens d'amitié dans tout l'hémicycle, à droite comme à gauche ou au centre, percé aussi les ressorts cachés des uns et des autres, ne pouvait qu'être attiré par ce moment de vérité où soudain les masques tombèrent, révélant de manière parfois cruelle les caractères.

Les témoins de tous bords sont, malgré tout, très nombreux à considérer le 16 juin comme la journée capitale, celle au cours de laquelle tout bascula. Extraordinaire journée, unique, heureusement, dans l'histoire du pays : l'ennemi maître d'une bonne partie du territoire national et en passe de réaliser tous ses objectifs ; un gouvernement replié en catastrophe à Bordeaux ; trois conseils des ministres en vingt-quatre heures, conduits successivement par deux chefs de gouvernement, Paul Reynaud et le maréchal Pétain, l'un à bout de résistance, l'autre usé par l'âge et décidé à arrêter les combats, mais aussi à profiter de l'occasion pour imposer un nouvel ordre ; dans l'après-midi, alors que les plus mauvaises nouvelles s'accumulent, la proposition inouïe de former une union franco-britannique préparée par Jean Monnet ; enfin, vers 21 heures, le retour à Bordeaux du général de Gaulle, sous-secrétaire d'État à la Guerre, qu'un séjour de quelques heures à Londres a fortifié dans sa résolution de continuer la lutte et qui, au lendemain de la Libération, datera précisément du 16 juin la fin de la légalité républicaine, comme si ce moment très précis avait coïncidé dans son esprit avec le début de la résistance.

Avec ce 16 juin 1940, de triste mémoire, un monde s'écroule, une époque s'achève, tandis que, dans le drame, surgissent de nouvelles figures appelées à jouer un rôle de premier plan au cours du quart de siècle à venir. Le général de Gaulle, ce jour-là, n'occupe pas encore le devant de la scène. Curieusement, on le voit plutôt à contre-emploi, dans les coulisses, d'abord à Londres près de Churchill, qui a déjà pris toute la mesure du personnage, et plus tard dans un Bordeaux crépusculaire. Avec le recul, il domine pourtant de toute sa stature ces heures terribles. Non seulement il prophétise que rien n'est joué et qu'un jour l'Allemagne nazie perdra définitivement la partie, mais le regard qu'il porte sur le désastre, et dont l'appel du 18 juin révélera la fulgurance, annonce déjà des temps nouveaux qui verront surgir une république fort différente de celle qu'on a connue jusque-là, accordant toute sa place au pouvoir exécutif si déficient en juin 1940.

Par une coïncidence étrange, Jean Monnet, qui, lui aussi, marquera son temps, fait également son entrée en scène ce 16 juin 1940. *A priori*, le singulier projet d'union franco-britannique dont il se fait alors l'artisan semble n'être rien d'autre qu'une initiative de circonstance. En réalité, la proposition, tout incongrue qu'elle paraisse sur le moment, préfigure les formes d'organisation qui bouleverseront la vie internationale après 1945 et permettront la construction européenne.

Raymond Aron se méfiait de l'Histoire du temps présent et la considérait plutôt comme une matière brute pour les chercheurs futurs. À l'observation de faits tout récents, ce n'est point tant l'objectivité qui manque, assurait-il, que la connaissance des suites qui, seules, donnent à l'événement sens et portée.

Près de soixante-dix ans après le désastre de 1940, cette mise en perspective n'est peut-être pas impossible.

1

L'HEURE TRAGIQUE

Hitler a de la chance : depuis qu'il a lancé, le 10 mai, ses panzers et ses stukas à l'assaut de la France, le beau temps règne à peu près partout. Ce dimanche 16 juin, Bordeaux n'échappe pas à la règle : la défaite a un air de vacances. Deux jours plus tôt, alors que les Allemands faisaient leur entrée dans Paris, déclaré « ville ouverte », le grand port de l'Atlantique est devenu la capitale provisoire du pays. Albert Lebrun, président de la République, a pris ses quartiers à la Préfecture. Le président du Conseil, Paul Reynaud, occupe quant à lui, dans la même rue Vital-Carles, la résidence du général commandant la région militaire. Ministres, parlementaires, diplomates étrangers et gens du monde s'entassent dans des installations de fortune tandis que le flot des réfugiés, fuyant l'avance allemande, encombre les rues étroites et sombres. Pour quelques privilégiés, la gastronomie n'a pas perdu ses droits : le Chapon fin, réputé alors l'un des meilleurs restaurants d'Europe, est ouvert et ne désemplit pas ; chaque jour, sa grande salle au décor rocaille est le lieu de conciliabules et d'intrigues sous le regard désabusé de son propriétaire, un vénérable vieillard porteur d'une magnifique barbe blanche.

Déjà, durant l'été de 1914, les pouvoirs publics s'étaient repliés à Bordeaux, tandis que Paris semblait menacé à brève échéance par les forces du Kaiser. Le socialiste René Viviani, chef du gouvernement, y avait préparé la contre-offensive conduite par

Joffre et qui aboutit miraculeusement à la victoire de la Marne. Cette fois, le contexte est bien différent. Les dernières nouvelles sont toutes catastrophiques. Sur le front de l'Est, l'état des forces françaises semble tel qu'on a pris la décision d'abandonner la défense de la ligne Maginot; l'ennemi fonce vers Saint-Dizier et Troyes. À l'Ouest, la situation est aussi alarmante. Évreux et Le Mans sont en passe de tomber à court terme; la Bretagne risque de connaître le même sort. Partout, les forces françaises doivent reculer. L'impression d'un écroulement généralisé est accentuée par l'exode immense dont le pays offre alors le triste théâtre.

Pendant longtemps, les illusions quant à une victoire française ont prévalu tant dans les milieux gouvernementaux qu'au sein du Haut Commandement. Même après la fin de la « drôle de guerre », quand Français et Allemands se sont affrontés durement, à l'avantage visible des derniers, on a voulu à Paris nier l'évidence. « Nous vaincrons parce que nous sommes les plus forts » : personne n'a oublié ces paroles de Paul Reynaud prononcées peu après son arrivée au pouvoir en mars 1940. À présent, l'heure de vérité approche; deux lignes s'opposent, incarnées chacune par des clans et des hommes. Le choix est clair : il s'agit de savoir si le moment est venu de demander à l'ennemi un armistice ou si l'on décide de continuer la lutte avec les forces, intactes, de l'Empire, quitte à ce que sur le sol métropolitain les chefs militaires capitulent comme ce fut le cas récemment aux Pays-Bas.

Une résistance sans chefs

Le 16 juin, le parti de la résistance est malheureusement très faible. Pour l'entraîner, proposer une stratégie et l'emporter, personne ne s'impose. Chef de l'État depuis qu'il a succédé à Paul Doumer, assassiné en 1932, Albert Lebrun n'exerce que des pouvoirs assez formels et son autorité personnelle est quasi nulle, bien qu'il ait été réélu pour un mandat de sept ans en 1939, à la veille de la déclaration de guerre. Polytechnicien, plusieurs fois ministre puis président du Sénat, ce Lorrain froid et intègre semble en proie à une idée fixe : demeurer rigoureusement, quoi qu'il arrive, dans le rôle effacé et ingrat conféré par la coutume constitutionnelle au premier magistrat de la République. Aussi scrupuleux que Raymond Poincaré, président durant la Grande Guerre, Lebrun est, en vérité, l'antithèse vivante de son énergique prédécesseur, et c'est bien l'un des drames de ce moment singulier. Hanté par le bon fonctionnement des institutions, ou du moins par la conception qu'il en a, alors que le pays est au bord du gouffre, il a laissé tomber en déshérence la magistrature d'influence impartie au chef de l'État, notamment dans le domaine diplomatique. En la circonstance, on le subodore plutôt hostile à l'armistice, mais il déploie tant de discrétion dans l'exercice de ses fonctions que sa préférence n'entraîne pratiquement aucune conséquence. Dans ses *Mémoires de guerre*, de Gaulle dira tout, à son propos, en deux lignes : « Au fond, comme chef de l'État, deux choses lui avaient manqué : qu'il fût un chef ; qu'il y eût un État[1]. »

Chef du gouvernement depuis qu'il a succédé à Édouard Daladier le 21 mars, Paul Reynaud est d'une autre trempe. Brillant avocat, élu très jeune député des Basses-Alpes, son département natal, puis à Paris, dans la circonscription des Halles, il s'est fait remarquer, au centre droit, par son courage, son indépendance d'esprit et sa lucidité : membre de l'Alliance démocratique[2], il n'a pas hésité, à partir de 1933, à rompre avec l'orthodoxie financière libérale pour prôner une dévaluation analogue à celles qui, dans d'autres pays, avaient été pratiquées avec succès en vue de remédier aux conséquences de la crise de 1929. Très tôt, contrai-

1. Charles de Gaulle, *Mémoires de guerre, Le Salut (1944-1946)*, dans *Mémoires*, Paris, Gallimard, Bibl. de la Pléiade, 2000, p. 609.
2. Groupe parlementaire fondé en 1903 par des hommes de centre droit dreyfusards ; Barthou et Poincaré en furent les figures les plus célèbres avant Reynaud.

rement à la plupart des hommes de droite, et à nombre de politiciens en général, Reynaud a clairement perçu le danger constitué par l'avènement des dictatures en Italie et en Allemagne. Les coups de force répétés de Hitler, à Vienne en 1938 et à Prague un an plus tard, l'effort de guerre impressionnant entrepris par l'Allemagne depuis l'arrivée au pouvoir des nazis, tout cela l'a convaincu du nouveau péril mortel qui menaçait la France. C'est pourquoi il envisage sans tarder une modernisation et un accroissement du potentiel militaire, sans rencontrer, pour autant, beaucoup d'écho. À cette fin, spontanément, il a repris à la tribune de la Chambre et dans un livre les conceptions d'un jeune colonel, alors presque inconnu, Charles de Gaulle, avocat passionné de la création de divisions cuirassées et de l'armée de métier[1]. Préparer la France à la guerre, telle était devenue l'obsession de ce non-conformiste qui, ministre des Finances du cabinet Daladier en 1938, s'était fait remarquer par un train de mesures audacieuses, prises par décrets-lois : contribution nationale extraordinaire de 2 % afin de lutter contre la hausse des prix ; annonce de cinq milliards d'économie en 1939 ; aménagement de la loi des quarante heures. À droite comme à gauche, de vives protestations s'étaient aussitôt élevées à l'annonce de ce plan drastique, mais Paul Reynaud n'avait pas cédé : « Quand la France est en péril, les intérêts particuliers n'ont pas la parole. Personne n'a de droits contre la nation. » Six mois plus tard, le *Times* de Londres saluait le chemin parcouru si rapidement sous sa direction : « L'esprit national en France n'était pas mort. Il dormait seulement. »

Parce qu'il avait tenu contre vents et marées et parce que les événements chaque jour lui donnaient raison, l'arrivée de Reynaud au pouvoir, en pleine « drôle de guerre », souleva un grand espoir. Pierre Mendès France, qui n'était pas de son bord mais appréciait sa détermination, lui avait écrit au début de l'année pour lui dire son souhait de le voir accéder aux

1. Paul Reynaud, *Le Problème militaire français*, Paris, Flammarion, 1937.

responsabilités suprêmes. Son gouvernement commença cependant assez mal. La faute ne lui incombait pas entièrement, loin s'en faut. Les circonstances dans lesquelles il avait pris les commandes étaient détestables. Après la défaite de la Finlande face à Hitler, l'inaction des Alliés avait indigné l'opinion. Il fallait un bouc émissaire : ce fut Édouard Daladier, bien intentionné, plus lucide qu'on le disait mais sans autorité. Et, à cette occasion, le Parlement, qui en réalité n'avait prise sur rien d'essentiel quant à la poursuite de la guerre, avait manifesté sa volonté d'imposer sa loi sans partage, comme aux pires moments de l'histoire du régime. Au sein de la Chambre et du Sénat, les commissions, depuis longtemps, ne jouaient plus leur rôle, le contrôle parlementaire était devenu illusoire. Seul subsistait intact, surréaliste, obscène même, le désir farouche de maintenir les us et coutumes les plus contestables. L'union sacrée, à laquelle on avait voulu croire un instant, comme en 1914, avait volé en éclats.

On s'en aperçut dès que Paul Reynaud fut investi le 21 mars, au terme d'une « séance de présentation » jugée pénible par tous les observateurs, « affreuse » même, dira de Gaulle, qui devait ainsi la décrire dans ses *Mémoires* : « Après la déclaration du gouvernement, lue par son chef devant une Chambre sceptique et morne, on n'entendit guère, dans le débat, que les porte-parole des groupes ou des hommes qui s'estimaient lésés dans la combinaison. Le danger couru par la patrie, la nécessité de l'effort national, le concours du monde libre, n'étaient évoqués que pour décorer les prétentions et les rancœurs[1]. »

De son nouveau chef le pays attendait la formation d'un gouvernement concentré, efficace, composé d'hommes compétents et résolus. Ce vœu était aussi, sans nul doute, celui du président du Conseil. Malheureusement, les impératifs de dosages « à l'ancienne » se révélèrent plus prépondérants que jamais. Aux Finances, qu'il avait tenues d'une main si ferme, Reynaud s'était

1. Ch. de Gaulle, *Mémoires de guerre, L'Appel (1940-1942)*, dans *Mémoires*, *op. cit.*, p. 29.

fait beaucoup d'ennemis venus de tous les horizons. Pour compenser de possibles défections, il avait donc besoin, selon les règles de l'arithmétique parlementaire, de quelques voix radicales-socialistes. Dès lors, tout espoir de renouvellement se dissipa. Jules Jeanneney, président du Sénat, autrefois collaborateur de Clemenceau, souhaitait que Paul Reynaud, porteur de ses ultimes espérances, élimine du cabinet les éléments douteux, soupçonnés de mollesse, à commencer par l'ondoyant Anatole de Monzie, l'ultrapragmatique Charles Pomaret et l'ancien président du Conseil Camille Chautemps, radical champion du compromis. Jeanneney désirait au contraire que fussent promus des hommes sûrs et bien orientés comme Georges Mandel, l'ancien second de Clemenceau, le radical César Campinchi, qui avait révélé de vraies qualités lors de son passage au ministère de la Marine, ou encore Auguste Champetier de Ribes, démocrate-chrétien respecté. Or c'est le contraire qui se produisit : Chautemps conserva son titre de vice-président du Conseil, Monzie garda le portefeuille des Travaux publics et Pomaret celui du Travail. Daladier quant à lui demeura à la Défense nationale et à la Guerre, où il continua de protéger le généralissime Maurice Gamelin, dont les carences étaient aussi flagrantes que sa proximité avec le personnel dirigeant. Plus grave encore, au poste clé de secrétaire du comité de guerre restreint, tout nouvellement constitué sur le modèle britannique, on fit appel non à de Gaulle mais à Paul Baudouin, inspecteur des Finances, ancien directeur général de la Banque d'Indochine, dont les tendances pacifistes et bienveillantes envers l'Italie étaient connues de tous. Quelque temps plus tard, Raoul Dautry, ministre de l'Armement, écrira à Paul Reynaud : « Quel malheur que vous n'ayez pas fait votre recrutement à l'aide de tests. Le test de la fidélité aux idées, aux engagements, aux hommes[1]. »

1. Archives nationales (désormais AN), Fonds Paul Reynaud, 74 AP 22, lettre de Raoul Dautry à Paul Reynaud, 29 août 1940.

Pour les mêmes raisons d'équilibre politique sinon politicien, les collaborateurs du nouveau président du Conseil ne furent pas choisis, c'est le moins que l'on puisse dire, en fonction de leur détermination proclamée à conduire le combat coûte que coûte. Diplomate déjà chevronné, Roland de Margerie, promu directeur de cabinet, se distinguait par un jugement sûr et droit, mais il était en définitive assez isolé au sein d'un entourage d'où avait été éliminé Gaston Palewski, ancien collaborateur, longtemps responsable de liaison avec de Gaulle, et où brillaient en revanche des partisans résolus de la paix, tels le colonel de Villelume et l'inspecteur des Finances Yves Bouthillier. Deux autres inspecteurs des Finances, subtils jusqu'à être parfois imprévisibles, Dominique Leca et Gilbert Devaux, complétaient ce cabinet singulier au sein duquel les tendances les plus réfractaires à la guerre se trouvèrent vite et puissamment relayées par la compagne du président du Conseil Hélène de Portes, femme du monde exaltée, aussi décidée à servir l'ambition de l'homme dont elle partageait la vie que totalement inapte à distinguer l'intérêt véritable de ce dernier, comme celui du pays d'ailleurs.

Ces nominations mal accordées aux impératifs du moment, et qui paraissent avec le recul comme autant d'inconséquences, ont suscité bien des interrogations. Curieusement, on ne saurait les attribuer à une faiblesse de caractère du président du Conseil qui aurait entravé en quelque sorte son intelligence éclatante. Elles s'expliquent plutôt par la conviction de ce démocrate sincère, profondément persuadé de la nécessité de rassembler dans l'épreuve le plus largement possible. Reynaud n'était pas un faible. Simplement, la conception très haute et estimable qu'il avait du bien public n'était guère adaptée à une situation qui requérait des solutions tranchées, fussent-elles un peu sommaires au regard des grands principes. Quoi qu'il en soit, pour toutes ces raisons, Paul Reynaud n'était pas en situation d'incarner l'esprit de résistance, comme le fera Winston Churchill en Grande-Bretagne après son arrivée aux affaires en mai. Le malheur est que, dans cette tâche redoutable, personne d'autre ne pouvait alors se substituer à lui.

Entré au gouvernement le 6 juin, en qualité de sous-secrétaire d'État à la Guerre, Charles de Gaulle était encore quasiment inconnu du grand public malgré les succès qu'il avait remportés récemment à Montcornet à la tête de son unité blindée. « L'homme du destin », aurait dit à son propos Churchill après avoir fait sa connaissance lors d'un conseil interallié réuni à Briare le 13 juin. Comme beaucoup de mots historiques, celui-ci est apocryphe[1]. Le Premier ministre britannique ne prendra toute la mesure du personnage qu'un peu plus tard.

Georges Mandel, ministre de l'Intérieur, aurait pu, en théorie, représenter un ultime recours. Ancien second de Clemenceau, devenu au fil du temps l'un des personnages les plus considérables de la République, même s'il n'a occupé que des postes ministériels secondaires (les PTT notamment), il semblait tout désigné pour jouer un rôle capital en ce moment tragique. Son patriotisme vibrant, son opposition aux mouvements fascistes, sa combativité contribuaient à lui donner une véritable aura. Par infortune, son appartenance à la communauté juive le paralysait. Le général Spears, officier de liaison britannique, essaiera, à plusieurs reprises dans la journée, de le convaincre de poursuivre la lutte hors de France. En vain, Mandel craignait d'être accusé de désertion.

Ceux qui, en dépit de tout, se refusent à désespérer se trouvent donc en position d'extrême faiblesse. Et cela d'autant plus que le repli éventuel des pouvoirs publics en Afrique du Nord demeure alors une hypothèse imprécise, la véritable alternative ayant été longtemps une solution intermédiaire, le fameux « réduit breton » sur lequel de Gaulle a travaillé dès son entrée au gouvernement, et sur lequel nous reviendrons. Mais pour rendre praticable

1. Avec honnêteté, le Général l'admettra plus tard devant Henri Amouroux (voir Henri Amouroux, *Le 18 Juin 1940*, rééd. Paris, Fayard, 1990, p. 327).

cette option — enfermer les autorités de l'État dans une sorte de donjon — il eût fallu la préparer de longue date. Cependant, tout espoir de résistance n'est pas totalement annihilé : Reynaud, d'après tous les témoins, n'est pas disposé à conclure une paix séparée, qu'il a en quelque sorte exclue préventivement quand, le 25 mars, peu après son investiture, il a signé avec Londres un accord condamnant de manière formelle toute solution de ce type. Il reste que le chef du gouvernement est de plus en plus las, isolé, soumis surtout à la pression de ceux qui estiment urgent de négocier.

Vers l'armistice

Ils sont en effet légion et viennent de tous les horizons, tant il est vrai qu'en ces périodes de choix dramatiques, tout est affaire de tempérament plutôt que d'orientation idéologique.

Le premier d'entre eux est le maréchal Pétain, entré dans le gouvernement de Paul Reynaud le 19 mai en qualité de vice-président du Conseil, alors qu'il était ambassadeur auprès de Franco, nommé par Daladier. Gloire de la Grande Guerre, vainqueur de Verdun, le personnage bénéficie d'une aura extraordinaire, y compris dans les rangs de la gauche modérée où on le tient pour un militaire républicain. Ministre de la Guerre dans le cabinet Doumergue, constitué au lendemain du 6 février 1934, il a certes montré une ambition politique et marqué ses préférences pour la droite. Son prestige n'en est pas moins intact et de larges secteurs de l'opinion ont réagi favorablement lorsqu'il a rejoint le cabinet Reynaud. « Le mythe du sauveur a pris forme, note Marc Ferro, au moins dans les milieux politiques et parlementaires [...]. Ce mythe, la gauche, de Blum à Pierre Cot, le véhiculait depuis quelques années[1]. »

1. Marc Ferro, *Pétain*, Paris, Fayard, 1987, p. 29.

Longtemps, Pétain a dissimulé son opinion profonde sur l'issue du conflit. En Conseil des ministres, il parlait peu, si ce n'est de sa popularité à Madrid ou de la guerre de 1914-1918, au point qu'un ministre, Rio, le jugera « incolore, inodore, anodin, effacé[1] ». La vérité est qu'en dépit d'une magnifique allure, le Maréchal, âgé alors de près de quatre-vingt-cinq ans, n'a plus le jugement ni la rapidité d'esprit qu'il avait autrefois. Roland de Margerie, en avril, a vu arriver dans son bureau un proche collaborateur de Pétain en Espagne, l'inspecteur des Finances Henry du Moulin de Labarthète, qui lui a confié sous le sceau du secret que son patron n'avait en fait que deux heures de lucidité par jour[2]. La force du Maréchal tient à son habileté — intacte — à créer la distance, à utiliser ses ambiguïtés. Inédite, brossée peu avant la guerre, cette esquisse de Charles de Gaulle, qui le connaît parfaitement, demeure valable, à quelques nuances près : « Impénétrable et même une ombre d'ironie dont il fait un rempart pour sa pensée et son repos. Trop assuré pour renoncer. Trop ambitieux pour être arriviste. Trop personnel pour faire fi des autres. Trop prudent pour ne point risquer. Drape d'orgueil la misère de sa solitude. Il a tout sacrifié à être un chef[3]. »

Le problème dans l'épreuve terrible que traverse le pays est que ce chef, déjà naturellement pessimiste, se dit à présent convaincu de la vanité de toute lutte. Quelques jours après son entrée au gouvernement, le 23 mai, la situation militaire s'est brusquement détériorée et déjà Pétain la jugeait désespérée ; il l'a confié très nettement à Spears. Le 25, alors que Reynaud, devant le Sénat, venait de stigmatiser l'incompétence de beaucoup de chefs militaires, il a réagi dans une lettre adressée au président du Conseil en mettant, lui, l'accent sur les erreurs des politiques. Le même jour, il a confié à Paul Baudouin : « Je suis partisan de ne plus

1. *Ibid.*
2. Roland de Margerie, *Souvenirs* (à paraître).
3. AN, Archives du général de Gaulle, 3AG 1 2 99. Document non daté.

poursuivre la lutte à outrance [...]. Il faut sauver une partie de l'armée, car sans une armée groupée autour de quelques chefs pour maintenir l'ordre, une vraie paix ne sera pas possible et la reconstitution de la France n'aura pas de point de départ[1]. » Dès lors, son défaitisme ne connaîtra plus de frein : en Conseil, par prudence, il continue de s'envelopper d'un certain mystère, mais à certains étrangers, tels l'ambassadeur des États-Unis, William Bullitt, ou celui d'Espagne, Lecquerica, il ne cache rien de sa conviction : la France a perdu la guerre, l'armistice était indispensable.

À l'extérieur du gouvernement, le plus résolu en ce sens semble Maxime Weygand, auquel a été confiée en mai la succession de Gamelin, alors que la défaite était pratiquement consommée. Ancien second de Foch pendant la Grande Guerre, auréolé encore de la gloire conquise à ses côtés, le généralissime s'est d'abord battu avec l'énergie du désespoir, mais il juge le combat perdu depuis plusieurs jours déjà : l'armée est à bout de résistance, il faut demander à l'ennemi un armistice. La perspective d'une capitulation, en revanche, le révulse. La veille, il s'est durement opposé à Paul Reynaud sur ce sujet. En vain le président du Conseil a-t-il rappelé au général l'exemple de la reine Wilhelmine des Pays-Bas qui, le 15 mai, avait gagné Londres avec le gouvernement, laissant l'état-major de l'armée hollandaise solliciter un cessez-le-feu. Weygand s'est montré intraitable. La capitulation constitue, il est vrai, pour un chef militaire, un acte gravissime, contraire à l'honneur : elle se voit d'ailleurs sévèrement punie, à ce titre, par le code de la justice militaire. Dans *L'Étrange Défaite*, Marc Bloch soulignera : « Capitulation ? Le mot est de ceux qu'un vrai chef ne prononce jamais, fût-ce en confidence, qu'il ne pense même jamais[2]. »

1. M. Ferro, *Pétain*, *op. cit.*, p. 34.
2. Marc Bloch, *L'Étrange Défaite. Témoignage écrit en 1940* (1946), rééd. Paris, Gallimard, coll. « Quarto », 2005, p. 605.

Mais, dans l'esprit de Weygand, le choix de l'armistice et le refus de la capitulation procèdent à l'évidence d'arrière-pensées politiques. Né belge, de parents inconnus, et peut-être illustres (on lui a donné pour mère l'impératrice Charlotte du Mexique, épouse de Maximilien), sait-il qu'un hiérarque de la République radicale, l'ancien président du Conseil, Maurice Rouvier, a veillé sur sa carrière depuis qu'il a choisi le métier des armes[1] ? En tout cas, il déteste le régime de la IIIe République et ne le dissimule guère. Catholique intransigeant, intellectuellement proche de l'Action française, il n'a que mépris pour le personnel politique, responsable à ses yeux de l'état d'impréparation où se trouvait le pays quand la guerre a éclaté. Puisque les politiciens ont failli, ils doivent payer : tel est son sentiment que rien ne pourra fléchir. Les militaires, auxquels le lie un puissant esprit de corps, n'ont pour lui aucune responsabilité dans le désastre ; ils n'ont donc pas à prendre l'initiative d'une capitulation. Sans le dire évidemment, le généralissime pense aussi que, plus tard, quand il faudra reconstruire sur les ruines du régime maudit qui a renié Dieu, l'armée pourra donner une colonne vertébrale à la nation. Aussi ne recule-t-il devant rien. Au cours d'un conseil des ministres convoqué la veille, 15 juin, à 16 heures et auquel on l'a exceptionnellement invité à participer, il a ainsi tenté de faire pression sur les ministres, en faisant venir le général Lafont, commandant de la 18e région militaire, porteur de nouvelles particulièrement sombres. Quelques jours plus tôt, il n'avait pas hésité à prétendre que, dans Paris déserté, Maurice Thorez, secrétaire général du parti communiste, s'apprêtait à prendre le pouvoir, ce qui fut vite démenti.

Signe révélateur de l'importance du parti de l'armistice à l'intérieur du gouvernement, l'un de ses porte-parole les plus efficaces est Camille Chautemps, vivante antithèse du généralissime. Issu d'une vieille lignée républicaine, élu maire de Tours en 1919,

1. Bernard Destremau, *Weygand*, Paris, Perrin, 1989, p. 45.

successivement député et sénateur, ce haut dignitaire de la franc-maçonnerie est devenu le chef incontesté de l'aile la plus modérée du Parti radical. Plusieurs fois ministre, président du Conseil en 1930 puis en 1933-1934, il avait dû alors quitter le pouvoir à la suite d'une campagne de l'Action française l'accusant d'avoir protégé l'escroc Stavisky. Cette rumeur ne l'avait pas empêché de succéder à Léon Blum, renversé par le Sénat en 1937. Chef du gouvernement jusqu'au 14 mars 1938, à la tête de deux cabinets successifs, Chautemps avait attaché son nom à la liquidation en douceur du Front populaire et surtout à une politique étrangère attentiste, marquée par le passage au Quai d'Orsay d'un autre radical controversé, Georges Bonnet. Fin et séduisant, l'homme n'était pas un médiocre mais les habitudes acquises dans les congrès du Parti, les manœuvres de couloir, l'art de négocier en coulisses où il était passé maître, tout cela avait altéré son caractère jusqu'à le rendre inférieur à son intelligence. « Combinard enrubanné », aux yeux de Jules Jeanneney qui le détestait, Chautemps était devenu le champion des motions nègre-blanc. Sa réputation de subtilité était si grande que même la plupart de ses amis politiques ignoraient sa véritable position sur quelque problème que ce fût. Jusqu'à la caricature, il incarnait un système devenu pervers ; il y évoluait avec la souplesse de l'anguille.

Formellement, Camille Chautemps ne fait pas partie du clan favorable à l'armistice. Au cours des réunions ministérielles, il s'emploie néanmoins à faire accepter cette solution, en évoquant l'horreur de l'Exode, « avec des mots trempés de larmes », pour reprendre l'expression de Spears, qui ajoute : « Il aurait attendri un rocher[1]. » En vérité, Chautemps tenait l'armistice pour inéluctable mais il était trop averti pour ne pas sentir que l'accord signé avec la Grande-Bretagne, le 25 mars, qui proscrivait toute paix séparée, constituait un obstacle majeur à toute négociation avec

1. Edward Spears, *Témoignage sur une catastrophe*, trad. fr., Paris, Presses de la Cité, 1964, p. 282.

l'ennemi. Pour le contourner, il fallait user d'artifices, faire évoluer les esprits en douceur. D'où la proposition faite par Chautemps la veille, au cours du Conseil des ministres : pour justifier la poursuite des combats en Afrique du Nord, a-t-il plaidé, il faudrait demander au gouvernement du Reich non l'armistice proprement dit mais les conditions auxquelles un armistice pourrait être accordé. Si, contrairement à l'attente des Français, ces conditions apparaissaient modérées, les Anglais accepteraient de les étudier ; si, en revanche, elles étaient catastrophiques ou déshonorantes, ceux qui voulaient déposer les armes, éclairés sur leurs illusions, continueraient la lutte.

A priori, la proposition était d'une logique imparable. En réalité, comme Paul Reynaud le fit tout de suite remarquer, elle ouvrait une brèche redoutable. L'amorce des pourparlers allait créer immanquablement un processus irréversible. En tout état de cause, l'impact de la nouvelle sur les troupes au combat allait annihiler probablement la possibilité de continuer la lutte dans l'Empire. Mais, précisément parce qu'elle semblait éminemment raisonnable, la proposition de Chautemps fut adoptée et cette décision constitua une étape capitale dans le processus qui devait aboutir à l'acceptation de la défaite. Treize ministres, le maréchal Pétain en tête, l'approuvèrent tandis que seuls six autres marquèrent leur opposition. L'effet se révéla si dévastateur que Reynaud fut entraîné *nolens volens* à se déjuger. Après avoir offert sa démission, il y renonça à la demande expresse du président Lebrun mais dut accepter, toujours pour répondre à un souhait du chef de l'État, de prier le gouvernement britannique d'accepter que la France demandât les conditions d'un armistice. Incontestablement, l'initiative s'accordait mal avec la promesse que, le 13 juin, Reynaud avait faite de ne rien entreprendre qui pût être interprété comme un premier pas vers l'armistice.

La contradiction n'échappa pas à ceux qui guettaient le moindre signe favorable à leur cause, et d'abord à Pierre Laval. Depuis que son gouvernement avait été renversé en janvier 1936 par suite du lâchage des radicaux, ce politicien habile et retors vouait une rancune tenace à la classe politique, coupable de ne pas avoir reconnu ses mérites. Ministre à de nombreuses reprises, président du Conseil en 1931-1932, puis de juin 1935 au début de 1936, Laval se voyait de plus en plus en sauveur de son pays. Partisan d'une politique de déflation qui avait précipité des milliers de fonctionnaires dans la rue, avocat d'un accord avec l'Italie fasciste sans égards pour la malheureuse Abyssinie, cet Auvergnat pragmatique, foncièrement pacifiste, disciple en cela de Briand, n'avait cure des critiques. La familiarité des puissants (« Si maman me voyait », aurait-il dit avant d'être reçu par le Pape...), les vivats reçus lors d'un voyage triomphal aux États-Unis en 1931, le concours de quelques bons esprits, comme André François-Poncet, Léon Noël ou Jacques Rueff, tout cela a contribué à lui donner la certitude d'être le seul à voir clair.

À Bordeaux, en ces heures décisives, Laval se révèle comme à l'accoutumée maître de l'intrigue ; habile tacticien, il cache son jeu et dissimule ses objectifs : porter le maréchal Pétain à la tête du gouvernement, obtenir des Allemands un armistice et empêcher tout transfert des pouvoirs publics en Afrique du Nord. De l'hôtel de ville de Bordeaux, dirigé par son ami le néo-socialiste Adrien Marquet, lui aussi ardent pacifiste, il a fait son quartier général. Tous ceux qui, comme lui, espèrent profiter de l'occasion pour se venger du régime s'y donnent rendez-vous, à commencer par un singulier personnage, Raphaël Alibert, maître des requêtes au Conseil d'État, théoricien d'extrême droite dont les ambitions électorales n'ont pas rencontré l'aval du suffrage universel et qui, amer et déçu, s'est mis au service de Pétain.

L'engrenage

Le dimanche 16 juin au matin, Paul Reynaud a toutes les raisons d'être encore plus anxieux que les jours précédents. Les nouvelles du front sont toutes mauvaises : inexorablement, les Allemands poursuivent leur avance. Le chef du gouvernement a un autre motif de découragement : la soirée du samedi 9 a été pour lui particulièrement éprouvante. Au cours du dîner improvisé en compagnie de ses collaborateurs Villelume, Devaux et de Mme de Portes, celle-ci, plus que jamais acquise à l'armistice, a plaidé en faveur de la constitution d'un gouvernement Pétain, réservant à son compagnon le poste de vice-président du Conseil ! Au comble de l'exaspération, Reynaud s'est emporté, son amie l'a alors traité de lâche, ce qui l'a conduit, en public, à lui envoyer deux verres d'eau au visage...

Tôt dans la matinée, Paul Reynaud commence par recevoir sir Ronald Campbell, ambassadeur de Grande-Bretagne, et le major général sir Edward Spears, qui assure la liaison auprès de l'état-major français. Le premier est un diplomate de tradition d'une extraordinaire froideur. Il accomplit sa mission sans état d'âme apparent, sans la moindre chaleur aussi. Tout autre est Spears. Cet officier fin et cultivé aime la France où il a servi pendant la Grande Guerre, parle sa langue à la perfection, fréquente ses élites avec une prédilection pour ce que l'on appelle le monde. En pleine débâcle, il ne peut s'empêcher de faire halte dans les châteaux qu'il a visités en des temps moins troublés. S'il éprouve pour Weygand une antipathie marquée, Pétain qu'il a connu durant le précédent conflit continue de lui inspirer du respect, même s'il déplore vivement la voie que le Maréchal a choisi de poursuivre. Comme l'ambassadeur Campbell, Spears est en effet profondément convaincu que la France ne doit pas baisser les bras et que Londres ne doit pas esquisser le moindre geste susceptible d'encourager, si peu que ce soit, une paix séparée. Pour cette raison, il est la bête noire de tous les partisans de l'armistice et même de ceux qui, comme Dominique Leca, jugent qu'un peu de souplesse du côté britannique serait fort utile. On imagine dans quel esprit Campbell et Spears attendent la réponse du cabinet de guerre à la question que Paul Reynaud a été contraint de lui soumettre la veille, à la suite de l'adoption de la proposition Chautemps. De Londres, ils ont reçu peu de temps auparavant un télégramme très ferme d'où il ressort que, au Foreign Office, on se montre évidemment d'abord soucieux du sort de la flotte française. Mais ils restent circonspects.

À cette heure bien matinale, aucune communication de Londres n'est arrivée et les deux visiteurs britanniques ne peuvent qu'adjurer Reynaud une fois encore de rester inébranlable. Ils le trouvent malheureusement à bout de nerfs et terriblement las. De nouveau, ils constatent aussi combien Hélène de Portes crée un climat détestable : durant toute la conversation, elle n'a cessé d'ouvrir la porte du bureau, de passer la tête, voire de taper du pied ! « Tandis que nous repartions en voiture, écrira Spears, je me dis une fois de plus que personne n'avait fait autant de mal à Reynaud qu'Hélène de Portes[1]. »

Jules Jeanneney et Édouard Herriot, respectivement présidents du Sénat et de la Chambre des députés, sont introduits un peu plus tard dans le bureau du président du Conseil. Leur visite ne doit rien au hasard. Les présidents des assemblées doivent en effet être consultés dans l'hypothèse d'un transfert des pouvoirs publics outre-mer. Tous deux se montrent fermement opposés à l'armistice. Deuxième personnage de l'État, Jules Jeanneney est un républicain à l'ancienne mode ; marqué par son ancien mentor, Clemenceau, un « radical de proconsulat » pour reprendre la terminologie d'Albert Thibaudet, ce juriste intègre, sévère, respecté, disciple et ami de Waldeck-Rousseau, fait irrésistiblement penser à quelque vieux Romain. En l'occurrence, il est appuyé par son collègue de la Chambre Édouard Herriot, radical lui aussi mais d'une tout autre espèce, député-maire de Lyon, plusieurs fois ministre, président du Conseil à deux reprises et notamment en 1924 à la tête du Cartel des gauches. D'une grande culture, auteur de divers ouvrages, sur Mme Récamier notamment, Herriot

1. *Ibid.*, p. 3-9.

commence à s'identifier avec la République, mais également, hélas, avec certaines de ses pratiques les plus contestables. Tout au long de sa vie, il aura préféré les mots aux actes, les sentiments aux décisions. Pour l'instant, on ne peut que noter sa position.

Le Conseil des ministres commence ce 16 juin à l'heure. On attend d'une minute à l'autre la réponse que Roosevelt doit donner à un vibrant appel au secours que lui a lancé quelques heures plus tôt le président du Conseil. On dénote l'absence d'un seul ministre : le général de Gaulle. La veille, il est parti pour Londres, à la demande de Paul Reynaud, afin de régler différents problèmes de nature technique. Après une traversée en bateau mouvementée, en compagnie de son aide de camp, Geoffroy de Courcel, il a gagné la capitale par le train. Au Hyde Park Hotel où il est descendu, Jean Monnet, président du Comité de coordination franco-britannique, l'a entretenu d'un extraordinaire projet : l'union totale de la France et de la Grande-Bretagne. Les deux pays fusionneraient pratiquement, leurs institutions deviendraient communes. Ainsi sera marquée, avec un éclat exceptionnel, la communauté complète d'intérêts entre les deux nations.

La présence de De Gaulle à Bordeaux aurait-elle pu changer le cours des choses ? L'évolution des esprits était telle que l'on peut en douter. Comme le notera Roland de Margerie, l'étoile du Général avait pâli et l'on ne cessait de répéter que son adversaire au sein de l'équipe de Paul Reynaud, le colonel de Villelume, avait constamment vu juste[1]. La remarque ne manquait pas de pertinence, à ceci près que, si le colonel avait vu très tôt en effet les carences, de toute façon aveuglantes, du général Gamelin ou les dangers de la pénétration allemande en Belgique, il était profondément convaincu par ailleurs de la vanité de toute lutte, ce qui était tout de même fâcheux de la part de celui qui était censé conseiller le chef du gouvernement dans la sphère militaire. « Homme de parole et de bureau, note Margerie, il était bien

1. R. de Margerie, *Souvenirs*, *op. cit.*

fait pour triompher dans un entourage qui s'épuisait en discussions brillantes mais qui se montrait généralement incapable d'agir[1]. »

✧

Le Conseil des ministres qui se tient à 11 heures s'annonce sous les plus mauvais auspices pour Paul Reynaud. Il en est du reste très conscient : Hélène de Portes, pour une fois mieux inspirée, bien informée en tout cas, l'a averti qu'il risquait de subir « une véritable agression », et Pétain lui a fait part de son intention de quitter le gouvernement. De fait, à l'ouverture de la réunion, le Maréchal se lève, demande la parole et lit un document indiquant que, l'armistice n'étant toujours pas demandé, son devoir lui commande de démissionner. Il conclut en soulignant que, pour se relever après l'épreuve, le pays devra compter sur lui-même et non sur l'étranger : coupables d'avoir ménagé leur appui à la France au cours des récents combats, les Anglais se voient ainsi clairement stigmatisés. L'initiative de Pétain, préparée de concert avec Pierre Laval, a pour objectif évident de faire chuter Reynaud.

Albert Lebrun, qui préside le Conseil, ne perçoit peut-être pas la manœuvre ; il n'en est pas moins fort mécontent : « Ah non, vous n'allez pas nous faire ça dans un moment pareil », dit-il à l'adresse du vainqueur de Verdun. Reynaud a fort bien compris, pour sa part, ce qui se trame contre lui. Sur un ton glacial, il réplique au Maréchal que, sa démission étant présentée par écrit, il doit, en vertu d'une sorte de parallélisme des formes, attendre une réponse, elle aussi écrite, avant de pouvoir quitter effectivement le ministère. Survient alors une scène étonnante qui prêterait à rire si les événements n'étaient pas si tragiques : visiblement surpris, Pétain admet l'argument que Reynaud lui oppose mais refuse de se rasseoir ! Un peu penaud, son docu-

1. *Ibid.*

ment à la main, il reste debout au milieu de ses collègues. Finalement, Paul Reynaud trouve le moyen de sortir de cette situation gênante pour tout le monde : puisqu'en vertu de la proposition de Chautemps il a été demandé aux Britanniques de dégager le gouvernement français d'un engagement pris envers eux au mois de mars de ne pas conclure une paix séparée, la moindre des choses est d'attendre leur réponse pour prendre des décisions engageant l'avenir. Le cabinet devrait être fixé sur les intentions de Londres sans tarder, très certainement dans le courant de l'après-midi. Pour Pétain, il est difficile de s'opposer à cette remarque de bon sens : de manière assez piteuse, il remet la lettre dans sa poche et regagne sa place. Il est alors décidé que le Conseil se réunira de nouveau à 16 heures.

Peu après parvient la réponse de Roosevelt ; chaleureuse, elle n'en est pas moins négative : les Français peuvent compter sur le soutien moral des Américains, mais seul le Congrès pourrait décider, le cas échéant, de l'entrée en guerre des États-Unis. Pour l'instant, cette perspective n'est pas à l'ordre du jour.

À peine sorti de la réunion, Paul Reynaud a une nouvelle et pénible conversation avec Weygand : c'est la troisième depuis le début de la semaine. De retour d'un voyage éclair à Vichy où il a conféré avec les chefs des théâtres d'opérations, en particulier le général Georges, le généralissime, en présence de Lebrun, de Mandel et du ministre de l'Agriculture Paul Thellier, réitère devant le président du Conseil sa conviction : le combat doit cesser, un armistice doit être demandé et non une capitulation. Weygand, sur ce dernier point, se montre inflexible. Jamais il n'acceptera de se déshonorer.

> — Mais si la capitulation est inscrite dans les conditions d'armistice, comme c'est certain, repousserez-vous l'armistice comme contraire à l'honneur de l'armée ? objecte habilement Paul Reynaud.
>
> — Je le dirai à ce moment-là, répond Weygand.

— Non, c'est tout de suite qu'il faut le dire, le coupe vivement Lebrun qui, pour une fois, fait preuve d'autorité[1].

Weygand ne se laisse pas fléchir pour autant. Il n'en démord pas : le gouvernement doit prendre ses responsabilités, les militaires se déshonoreraient en acceptant de capituler. « Je suis prêt à vous donner un ordre écrit dans ce sens, si c'est ce qui vous arrête », propose alors Reynaud, à bout d'arguments.

Bien entendu, le généralissime refuse. La situation est par conséquent totalement bloquée et tous ceux qui ont assisté à cette scène lamentable sentent bien que le dénouement est proche. Le chef du gouvernement va en être informé le premier. Un détail ne trompe pas : les communications téléphoniques normales ayant été rétablies, alors qu'elles étaient interrompues quand le gouvernement se trouvait en Touraine, d'ores et déjà Roland de Margerie a fait savoir à l'ambassadeur de France à Londres, Charles Corbin, qu'une rencontre en rade de Quiberon, entre Reynaud et Churchill, prévue le lendemain, 17 juin, ne pourrait sans doute avoir lieu, en raison de la démission probable du cabinet. Paul Reynaud, assurément, ne change pas de camp mais ses chances de se maintenir au pouvoir lui paraissent maintenant bien faibles.

✧

À partir de là et en attendant le Conseil des ministres, l'action se déporte vers Londres. À midi et demi, la réponse de Churchill à la question posée la veille est arrivée au consulat de Grande-Bretagne à Bordeaux : « Notre accord interdisant les négociations séparées, qu'il s'agisse de l'armistice ou de la paix, a été conclu avec la République française et non pas avec un gouvernement ou un homme d'État français. Il engage donc l'honneur de la

1. Paul Reynaud, *Au cœur de la mêlée*, Paris, Flammarion, 1951, p. 820.

France ; néanmoins à condition, mais à condition seulement, que la flotte française appareille sans délai pour des ports britanniques et en attendant les négociations, le gouvernement de Sa Majesté donne son plein agrément à une demande du gouvernement français en vue de s'informer des conditions d'un armistice pour la France. »

C'est peu de dire que la teneur du document ne plaît guère à Campbell et à Spears. Sans cesse et encore dans la matinée, ils se sont efforcés de galvaniser l'énergie du président du Conseil. Et voici que leur propre gouvernement paraît les désavouer ! Car il ne faut pas se faire d'illusions : le télégramme qu'ils doivent porter ouvre un peu plus la boîte de Pandore en encourageant les défaitistes. Spears, en particulier, est furieux. Il manifeste même l'intention de téléphoner à Churchill pour lui faire connaître son sentiment, mais Campbell, à juste titre, lui fait remarquer que le télégramme a reçu l'aval du cabinet. Spears n'en persiste pas moins à penser qu'il est très maladroit d'exiger l'appareillage immédiat de la flotte française pour les ports britanniques au cas où des pourparlers s'ouvriraient avec les Allemands. Les Français et singulièrement leurs officiers de marine risquent d'en être offensés. On peut même craindre que cette condition ne soit perçue comme un acte de défiance dont Weygand pourrait s'emparer pour nourrir un procès contre Londres. Spears est si inquiet qu'il suggère à Campbell de prendre l'avis de Jules Jeanneney. À leur grand soulagement, le président du Sénat ne semble pas trop choqué par ces conditions relatives à la flotte, même s'il est loin d'aller jusqu'à les recommander.

Après cet entretien, il ne reste plus aux deux Britanniques qu'à transmettre le télégramme à Reynaud. Ce dernier se trouve alors dans les mêmes dispositions que ses visiteurs : « C'est une sottise de demander à la flotte de rejoindre les ports britanniques alors qu'en ce moment même elle protège l'Algérie et la Méditerranée occidentale. Et vous nous demandez de faire ça en même temps que vous nous incitez à nous rendre en Afrique du Nord. Non vraiment c'est trop bête[1]. »

Pourquoi donc Churchill a-t-il envoyé ce télégramme ? La réponse paraît simple. Le 13 juin, au cours de son dernier voyage en France, il a formellement admis que la requête de la France en vue d'un éventuel armistice pourrait être reconsidérée au cas où les États-Unis répondraient négativement à une demande d'assistance. Campbell, d'ailleurs, le lui a rappelé le 16 juin[2]. Ayant pris cet engagement d'assouplir sa position de départ, il lui était difficile d'en faire bon marché. Mais Spears avait raison de penser que l'initiative était malheureuse, arrivait surtout à un très mauvais moment.

C'est en effet à peu près au même instant que prend corps le projet d'union franco-britannique : de Gaulle vient de déjeuner avec Churchill au Carlton Club, haut lieu du Parti conservateur, et il a finalement accepté de défendre comme solution de la dernière chance, pour donner un ballon d'oxygène à Paul Reynaud, ce projet dont la genèse a été complexe. Un fait en tout cas est sûr : dans les milieux de Chatham House, siège du Royal Institute for International Affairs, on en parlait depuis plusieurs semaines ainsi que du côté français au Centre de politique étrangère. L'idée était dans l'air. Dans un télégramme adressé à Campbell le 15, Churchill avait évoqué la possibilité pour le gouvernement français de trouver asile en Grande-Bretagne, « ce qui assurerait un intime et indissociable partenariat entre les deux gouvernements et faciliterait l'affectation de toutes leurs ressources à la cause commune[3] ». Le 16 juin, il s'agissait d'aller plus loin. Jean Monnet, son adjoint René Pleven et sir Robert Vansittart, secrétaire permanent du Foreign Office, avaient mis au point un projet plus ambitieux encore, prévoyant en pratique la fusion des deux

1. E. Spears, *Témoignage sur une catastrophe*, *op. cit.*, p. 323.
2. The National Archives (désormais NA), Serie FO 337/24 310, Campbell à Churchill.
3. NA, FO 327/24 310, Churchill à Campbell, 15 juin 1940.

pays. Dans l'histoire du monde, on n'avait jamais vu pareille entreprise. La perspective n'était certes pas de nature à enthousiasmer Churchill et *a fortiori* de Gaulle. S'évader de la règle nationale n'allait pas de soi pour ces deux hommes nourris d'Histoire, pénétrés chacun de la grandeur de leur pays. En la circonstance, cependant, l'urgence, à leurs yeux, primait sur tout.

À 12 h 30, selon les écoutes téléphoniques qui, étrangement, fonctionnaient bien ce jour-là, entre 12 heures et 13 heures selon Roland de Margerie, de Gaulle appelle Bordeaux et s'entretient directement avec Paul Reynaud.

> — Je viens de voir Churchill. Il y a quelque chose d'énorme en préparation au point de vue entité entre les deux pays. Churchill propose la constitution d'un gouvernement franco-britannique et vous, M. le Président, pourriez être président du cabinet de guerre franco-britannique.
>
> — C'est la seule solution d'avenir, répond Reynaud. Mais il faut faire grand et très vite, surtout très vite. C'est une question de minutes. Il y a de l'agitation ici. Je vous donne une dernière chance. Ce serait magnifique[1].

Paul Reynaud, de toute évidence, est à bout de souffle. La situation militaire continue de se dégrader rapidement, en même temps que faiblit l'esprit de résistance. À 15 h 20, le service des écoutes capte cet échange significatif entre un capitaine affecté à la présidence du Conseil et le capitaine Bosse, du cabinet du général Weygand.

> — Nous voudrions avoir des renseignements précis sur la situation militaire actuelle, telle que vous la connaissez.
>
> — Renseignements imprécis, répond le colonel Bosse. On peut les résumer ainsi. À l'Ouest, la situation n'a pas été exploitée. Ce serait Chartres. Au sud de Paris, rien d'extraordinaire non plus. Un point tragique est l'Est. Notre armée de l'Est

1. AN, Fonds Paul Reynaud, 74 AP 22.

> sera coupée ce jour. Des éléments légers, sans grande valeur, seraient à Besançon. Cette armée ne pourra pas être sauvée. Je ne suis pas excité, mais moi et mon entourage ne partageons pas du tout la manière de voir de Bordeaux. Nous allons nous trouver d'ici peu dans d'inextricables difficultés de ravitaillement. Difficultés très graves aussi de politique intérieure. Des préfets ont donné des ordres d'évacuation sans nous consulter. Nous nous sommes trouvés en présence de passages où il n'y avait plus aucune police. Quand on veut continuer à faire du cinéma sans savoir ce qu'il faut, on ne peut qu'aggraver la situation[1].

Les nerfs de Paul Reynaud sont mis d'autant plus à rude épreuve que, de manière inexplicable, les Anglais multiplient les fausses manœuvres. À 13 heures, de Gaulle a téléphoné de nouveau et confirmé à Margerie ce qu'il lui avait confié lors de précédents entretiens : l'union franco-britannique est en marche. Mais, dans le même temps, les Britanniques s'attachent toujours à préciser les conditions auxquelles ils consentiraient à laisser la France demander l'armistice. L'incohérence est flagrante. Reynaud en a la preuve vers 16 heures quand, en conférence dans son bureau avec Campbell et Spears, arrive un second télégramme : Londres, cette fois, veut être consulté sur les clauses de l'armistice ! Les Anglais exigent aussi que les forces belges, tchèques et polonaises, présentes sur le territoire français, soient transportées en Afrique du Nord. Tout se passe comme si, de l'autre côté de la Manche, la désorganisation régnait aussi. Reynaud est si contrarié qu'il n'arrive plus à le dissimuler : Spears le trouve plus nerveux et désagréable encore qu'au moment de leur précédent entretien.

Sur ces entrefaites, peu après 16 heures, de Gaulle téléphone de nouveau. Cette fois, il est au 10 Downing Street avec Churchill, Monnet et Pleven. Le cabinet de guerre doit incessamment

1. SHD, Fonds général Weygand, 1 K 130.

approuver le projet d'union des deux pays. Décontenancé sans doute par le second télégramme reçu de Londres, Reynaud semble totalement découragé, comme l'atteste ce dialogue capté par les écoutes :

> DE GAULLE : Nous allons avoir une déclaration sensationnelle.
>
> REYNAUD : Oui, après cinq heures, il sera trop tard.
>
> DE GAULLE : Je vais tâcher de vous l'apporter tout de suite par avion.
>
> REYNAUD : Oui, mais ce sera trop tard. La situation s'est beaucoup aggravée depuis tout à l'heure. Il y a eu des événements imprévus[1].

À quoi Paul Reynaud fait-il allusion ? Aux télégrammes envoyés par le Foreign Office ? À des nouvelles encore plus dramatiques venues du front ? À des informations sur l'état d'esprit de ses ministres ? Le plus probable est qu'il a été si surpris par l'attitude des Anglais au cours de la journée qu'il parvient difficilement à croire à la réalité de leur proposition.

Trente minutes plus tard, alors que le cabinet de guerre a approuvé le projet, de Gaulle appelle une fois encore Paul Reynaud. Subitement, ce dernier paraît alors regonflé, prêt à se battre. Dans ses notes inédites, Spears rapporte : « Reynaud était de plus en plus excité à mesure qu'il écrivait, usant un crayon entier à prendre en note le texte dicté par de Gaulle[2]. » À Churchill, auquel de Gaulle a passé l'appareil, le président du Conseil demande, en anglais, si le document reproduit bien une décision du cabinet de guerre. Ayant reçu une réponse positive, il ne cache ni sa satisfaction ni sa résolution. Dans leurs notes, également inédites, Campbell et Spears relatent à peu près dans les mêmes termes son état d'esprit. « Le message, souligne l'ambassadeur, a

1. AN, Fonds Paul Reynaud, 74AP22.
2. Churchill College (Cambridge), Spears Papers, SPRS 8/20.

agi comme un tonic sur M. Reynaud, qui a déclaré que pour défendre un tel document, il pourrait se battre jusqu'au bout[1]. » Passé dans le bureau adjacent des secrétaires, où se trouve l'« odieuse Mme de Portes », Spears, qui a donné aussitôt le texte à dactylographier, relate de façon presque similaire les propos de Paul Reynaud : « Je mourrai pour défendre ce projet[2]. »

Le chef du gouvernement est si redynamisé qu'il prend sur-le-champ la décision de retarder à 17 heures le Conseil des ministres du 16 juin. Son état d'esprit transparaît bien au cours de cette courte conversation téléphonique avec Albert Lebrun, à 16 h 40 :

> ALBERT LEBRUN : Est-ce que je pourrai vous voir avant 5 heures ?
>
> PAUL REYNAUD : Oui. Certainement. Je fais une note sur la conversation que je viens d'avoir avec Londres. Cela va au-delà de ce que je vous avais laissé prévoir. C'est extrêmement important[3].

Fugitivement, l'espoir paraît renaître. Paul Reynaud semble croire en tout cas que, du côté anglais, on revient à des positions plus compréhensibles. Malheureusement, les malentendus vont continuer. Aujourd'hui encore, il est assez difficile de savoir dans quelles conditions exactes furent annulés les deux télégrammes par lesquels le cabinet britannique avait paru admettre, sous certaines réserves, l'ouverture de négociations avec les Allemands. Dans ses *Mémoires*, Reynaud affirmera qu'il comprit seulement après la guerre, en lisant les *Mémoires* de Churchill, que la proposition d'union les avait annulés *ipso facto*. Selon lui, une heure après la réception du second télégramme, Spears et Campbell lui demandèrent de rendre les deux messages litigieux. Il crut alors que seules les objections qu'il avait formulées motivaient cette

1. *Ibid.*, Campbell à Churchill, 16 juin 1940.
2. *Ibid.*
3. Archives privées, Évelyne Paul-Reynaud-Demey.

initiative. Tout autre est la version de Spears. Dans ses *Mémoires*, il raconte qu'immédiatement après l'annonce du projet d'union le chef du gouvernement français se tourna vers Campbell et lui pour leur dire qu'il présumait que cette offre annulait les deux télégrammes au sujet de la flotte[1]. Mais, dans une note écrite à chaud, le même Spears affirme que c'est lui, d'accord avec l'ambassadeur, qui en prit l'initiative[2]. Obscure affaire ! Une certitude : apparemment, le Foreign Office n'avait pas prévu le cas où la proposition britannique d'union avec la France pourrait être rejetée. Il fallut l'intervention personnelle de Churchill pour que l'on stipule que, dans l'hypothèse du rejet par la France du projet, « les droits et titres de la Grande-Bretagne seraient rétablis dans toute leur plénitude ».

De Gaulle, en tout cas, se voit sur l'heure chargé d'acheminer à Bordeaux le texte de la proposition. En fin d'après-midi, il quitte donc la Grande-Bretagne, toujours en compagnie de Courcel, à bord d'un avion mis à sa disposition par Churchill.

Un conseil décisif

Avant que le Général ait pu rejoindre Bordeaux, Paul Reynaud réunit le Conseil des ministres. La discussion va durer trois heures dans un climat tendu et dramatique. Le président du Conseil n'est plus dans l'état d'esprit offensif où il se trouvait au moment du dernier coup de téléphone de De Gaulle. À présent, les difficultés lui paraissent insurmontables. S'ajoutant aux sombres nouvelles venues du front, la réponse de Roosevelt à l'appel au secours lancé par la France n'a pas contribué à améliorer le climat. Après avoir été brièvement rasséréné par la proposition venue de Londres, Paul Reynaud sent maintenant combien sa

1. E. Spears, *Témoignage sur une catastrophe*, *op. cit*, p. 334.
2. Churchill College, Spears Papers, SPRS 8/20.

position est devenue intenable. Le très fin Dominique Leca résume bien le dilemme où il se trouve : il ne peut pas ne pas accepter l'offre généreuse des Anglais, mais en même temps il devine que « la chance, jusque-là réelle, quoique mince, de grouper une majorité va être totalement volatilisée [1] ».

Dès avant la réunion, alors que le président du Conseil discute avec quelques proches, l'issue commence à se dessiner. Hélène de Portes réagit très négativement à l'offre de Churchill, ce qui au demeurant ne saurait étonner. Paul Baudouin, sous-secrétaire d'État à la présidence du Conseil, et Yves Bouthillier, ministre des Finances, ne cessent de lever les yeux au ciel, comme si Londres venait d'administrer à la France éternelle le coup de grâce. Plus franchement, Charles Pomaret, ministre du Travail, juge très faibles les chances d'emporter la conviction des ministres.

Quand le Conseil se réunit à 17 heures, chacun a conscience d'être confronté à un choix décisif. La tension est d'autant plus vive que les dernières nouvelles font état de la désintégration rapide des troupes françaises et de l'avance des Allemands vers Bordeaux, ce qui rend évident le risque de voir le gouvernement fait prisonnier. Paul Reynaud a hâte de passer à l'examen de la proposition britannique. Pour cette raison, les ministres espérant une réponse à la requête formulée la veille, il se borne à indiquer que le cabinet britannique a donné son accord à la demande par les Français des conditions d'armistice avant de la retirer. Volontairement, il se garde de faire état des deux télégrammes venus de Londres. On le lui reprochera ; lors du procès du maréchal Pétain en 1945, mis en cause sur ce point par Me Isorni, avocat de l'accusé, il se justifiera sans état d'âme : « J'avais donné un résumé des deux télégrammes. Ils ne contenaient rien que je n'ai mentionné [2]. »

Dans ses *Mémoires*, Paul Reynaud affirmera avoir défendu le projet d'union avec fougue. Beaucoup de ministres, et pas seule-

1. Dominique Leca, *La Rupture de 1940*, Paris, Fayard, 1978, p. 230.
2. William Shirer *La Chute de la IIIe République*, Paris, Stock, 1970, p. 857-858.

ment ses adversaires déclarés, eurent au contraire le sentiment, partagé par Leca, qu'il se battait avec l'énergie du désespoir. Juste avant le début de la séance, il avait en tout cas fait part de ses doutes à Roland de Margerie : « Ces petits bourgeois auront-ils assez d'imagination et assez d'avenir dans l'esprit pour comprendre ce que représente un tel projet[1] ? »

Très vite, cette crainte paraît tout à fait justifiée. En dehors du président du Conseil, personne n'appuie le projet. Les oppositions, en revanche, se révèlent fortes, alimentées probablement par Weygand, qui, *via* les écoutes téléphoniques, a eu vent de l'affaire et ne cachera jamais qu'il fit tout pour la faire échouer. Dans des termes similaires, Chautemps et Ybarnegaray, ministre d'État, vieux parlementaire de droite béarnais, expriment, semble-t-il, le sentiment de leurs collègues en accusant les Britanniques de vouloir réduire la France au statut de dominion. Pétain, quant à lui, soutient que s'unir avec la Grande-Bretagne « c'est fusionner avec un cadavre ».

Dès lors, tout s'accélère. Reynaud, profondément décontenancé, commet à ce moment l'erreur fatale de laisser la discussion s'engager de nouveau sur l'armistice. Chautemps, épaulé par Frossard, ministre de l'Information, exige que l'on reparle de sa proposition et que l'on prenne ainsi contact avec les Allemands. Cette fois, Albert Lebrun, dont le rôle va se révéler décisif dans les événements à venir, faiblit lui aussi : il lui paraît de plus en plus difficile de s'opposer à la proposition de Chautemps. Le ton monte. Une passe d'armes extrêmement vive oppose alors en particulier l'inflexible Georges Mandel à l'ondoyant Camille Chautemps.

Vers 18 heures, un fait capital se produit. Un télégramme du général Georges au général Weygand est remis au chef de l'État : la situation vient encore de se détériorer ; partout où elles ne sont pas encerclées, les armées françaises refluent. Le ravitaillement

1. R. de Margerie, *Souvenirs*, *op. cit.*

des troupes et des civils est compromis par l'ampleur de l'Exode. Le message se termine par ces mots : « Nécessité absolue de prendre décision. » Selon la tradition, le message aurait dû être remis à Paul Reynaud. Dans ses *Mémoires*, ce dernier ne manquera pas de le faire observer, ce à quoi Weygand répondra : « J'ai fait mon devoir en communiquant immédiatement ce compte-rendu au gouvernement. Si je l'avais gardé pour moi, j'aurais été coupable. L'officier chargé de le porter dans la salle du Conseil a cru bien faire en le remettant à la personnalité qui présidait la séance[1]. »

L'effet de ces nouvelles est déterminant. « Il aurait fallu être de pierre ou d'acier pour ne pas être affecté à l'approche des décisions qui devaient être prises à ce moment », reconnaîtra Lebrun lors du procès Pétain. Les partisans de l'armistice se sentent plus confortés encore. Sont-ils pour autant majoritaires ? On ne le saura jamais. D'après les estimations les plus sérieuses, il semble que, sur vingt-quatre ministres, il y avait sept partisans de l'armistice, douze adversaires et cinq douteux[2]. Pour se conformer aux usages en vigueur à l'époque au sein des conseils gouvernementaux, Reynaud s'est opposé à la tenue d'un vote. Comme le chef de l'État, même si les « défaitistes » ne sont pas en position dominante, il estime ne plus avoir la majorité.

Peu avant 20 heures, Paul Reynaud annonce à la fois une suspension de séance et son intention d'avoir sur-le-champ un entretien avec le président de la République. En attendant ce rendez-vous de la dernière chance, il dîne en compagnie de Devaux et de Leca. Hélène de Portes se joint à eux. « Elle semblait paralysée d'angoisse et se taisait, racontera Dominique Leca. Nous faisons exprès de parler encore de départ. Alger ou Londres ? Alger, désormais, était-ce sûr[3]. »

1. SHD, Fonds général Weygand, 1 K 130, carton 11, dossier 6.
2. Jean-Baptiste Duroselle, *L'Abîme*, Paris, Éd. du Seuil, 1990, p. 230.
3. D. Leca, *La Rupture de 1940*, *op. cit.*, p. 234.

En tête à tête avec Lebrun, Reynaud constate tout de suite que le chef de l'État a l'air à présent résigné à demander l'armistice. Lebrun souhaite que le chef du gouvernement reste en poste mais lui demande de se rallier à la proposition de Chautemps. C'est l'instant où tout bascule. « Pour faire cette politique, adressez-vous au maréchal Pétain », répond Reynaud, qui présente alors sa démission. Plus tard, il niera avoir ainsi poussé le Maréchal, mais une lettre qu'il adressa à ce dernier, en 1941, au moment de son arrestation, atteste formellement que telle fut bien son attitude : « J'ai pris, il y a un an, la responsabilité, quand je me suis démis de mes fonctions, de conseiller au président de la République de vous désigner comme mon successeur. Je ne renierai pas ces responsabilités que j'ai prises mais j'en demande pardon à la France[1]. »

Que s'est-il donc passé ? Il est difficile de le dire avec une certitude absolue car, comme l'a observé à juste titre Chautemps, tout cet épisode s'est joué dans le cerveau de Paul Reynaud[2]. En l'absence de documents, il n'est cependant pas tout à fait impossible de tenter de reconstituer le raisonnement du président du Conseil.

Une évidence : en entrant dans le bureau du chef de l'État, Reynaud, si découragé qu'il fût, n'avait pas du tout perdu espoir de demeurer au pouvoir, de remanier le gouvernement en chassant les partisans de l'armistice. À sa sortie du Conseil, Campbell et Spears l'avaient trouvé terriblement las et prêt à jeter l'éponge, mais ils firent tout pour l'amener à se reprendre. « Nous l'avons travaillé au corps pendant une demi-heure, dira Campbell dans une dépêche restée inédite. Churchill l'encourageait à éliminer les influences diaboliques parmi ses collègues. Après avoir vu M. Mandel, nous avons appelé pour la seconde fois dans la

1. Lettre de Paul Reynaud au maréchal Pétain, 6 septembre 1940, AN, Fonds Paul Reynaud, 74 AP 23.
2. SHD, Fonds général Weygand, 1 K 130, carton 11, note de Chautemps non datée.

journée le président du Sénat dont les vues (comme celles du président de la Chambre) sont sages, dans l'espoir qu'il serait en mesure d'influencer le président de la République afin qu'il insiste pour que M. Reynaud forme un nouveau gouvernement. Nous avons insisté pour qu'il fasse très clairement ressortir au Président que l'offre contenue dans le message du Premier ministre ne pouvait être étendue à un gouvernement qui entrerait en négociation avec l'ennemi[1]. » Telle fut bien sans aucun doute l'attitude première de Paul Reynaud, mais il dut vite constater que le chef de l'État avait à présent évolué et ne voyait d'autre solution que l'appel au maréchal Pétain.

Autre évidence : Paul Reynaud compte alors pouvoir revenir rapidement au pouvoir. Tous ceux qui l'ont vu ce soir-là ont gardé la même impression. Reçu par lui à 23 heures, le diplomate américain Biddle décrit un homme calme et redevenu tout à fait lui-même, un homme libéré d'un poids énorme. « Momentanément hors jeu, témoignera de son côté Dominique Leca, il se comporte comme s'il était en congé de pouvoir pour trois jours[2]. » Spears, pour sa part, s'avoue choqué par son détachement et ses illusions (il pense à ce moment rester ami avec Pétain !), mais rapporte lui aussi des propos accréditant la thèse d'un départ tactique et provisoire : « Le président de la République pensait qu'il aurait peut-être à me rappeler[3]. » Plus net encore est le témoignage du journaliste Philippe Barrès, fils de Maurice Barrès et futur biographe de De Gaulle, qui assiste de son côté à cette soirée : « Il était très calme, mais, si étrange que cela paraisse, il me sembla qu'il ne mesura pas toute la gravité de la situation. Il parlait encore de revenir au pouvoir, de reprendre une politique de résistance et cela dans les prochaines journées. Ne savait-il pas qu'à ce moment les avant-gardes allemandes avaient largement dépassé la Loire ?

1. Churchill College, Spears Papers, SPRS 8/13, Campbell à Churchill, 16 juin 1940.
2. D. Leca, *La Rupture de 1940*, *op. cit.*, p. 237.
3. Churchill College, Spears Papers, SPRS 8/13, notes de Spears sur le 16 juin 1940.

Je dois cependant ajouter à sa décharge qu'il considérait comme tout à fait invraisemblable que le gouvernement Pétain pût accepter les termes d'armistice qu'exige Adolf Hitler. Il se voyait donc rappelé au pouvoir par un sursaut de l'esprit de résistance[1]. »

L'objectivité oblige à rappeler que Reynaud ne fut pas le seul à commettre cette erreur d'appréciation. En réalité, à mesure que le temps passait, la solution Pétain s'imposait avec force. À l'évidence, après la guerre, rares furent ceux qui admirent avoir laissé le vieux maréchal arriver au pouvoir. Sincèrement opposés à l'armistice, les présidents des assemblées parlementaires, Jeanneney et Herriot, ne purent s'opposer, en vérité, à l'issue qui se dessinait avec la force de l'évidence. Alertés par Spears et Campbell, ils s'entretinrent avec Albert Lebrun avant d'avoir un face-à-face décisif avec le chef du gouvernement démissionnaire. Ils suggérèrent au Président de garder Reynaud à la tête du gouvernement ; mais, en dernière analyse, comme le chef de l'État observait que le président du Conseil sortant refusait de traiter avec l'Allemagne et priait qu'on lui indiquât le nom d'une personnalité susceptible de prendre la relève, Herriot se borna à répondre : « C'est votre affaire. » Si le nom de Pétain ne fut sans doute pas prononcé, il était néanmoins aisé de le deviner. Dans tout cet épisode, le « non dit » aura joué un rôle essentiel.

✧

On s'est souvent demandé par quel mystère et quelle aberration, pour reprendre une expression de Louis Marin, ministre de droite fermement opposé aux « défaitistes », le président de la République et le président du Conseil, tous deux hostiles à l'armistice, après avoir consulté le président du Sénat et le président de la Chambre des députés, également opposés à toute

1. Philippe Barrès, *Charles de Gaulle*, Londres, The Continental Publishers and Distributors Ltd, 1941, p. 99.

faiblesse, appelèrent au pouvoir l'homme dont ils savaient que le premier geste serait précisément de prendre contact avec l'Allemagne. Aucune explication totalement rationnelle n'a jamais pu être donnée de ce tournant déterminant. L'analyse la plus convaincante demeure celle d'un témoin engagé, Dominique Leca (qui admettait du reste qu'il s'agissait de sa part d'une interprétation). Pour lui, au sommet de l'État, on était unanime à penser, comme Reynaud, qu'il fallait crever l'abcès, appeler Pétain et le laisser faire la preuve de l'impossibilité d'une négociation avec Hitler : « Demain, mardi ou mercredi, Lebrun rappellerait Reynaud dont l'autorité vis-à-vis de Churchill serait demeurée intacte [...]. Tous tombèrent d'accord sur un mirage qui mit plusieurs jours à se dissiper sous leurs yeux. Ainsi s'expliquent cette séance du Conseil étrangement suspendue et non reprise, cette démission qui ne voulait pas en être une, cette désignation "ironique" de Pétain, toléré comme successeur par des hommes qui croyaient à l'imminence d'un échec mérité, cet embarras après la guerre à avouer séparément un calcul qui, en fait, leur fut probablement commun et qui s'est révélé si manifestement erroné[1]. »

De Gaulle s'apprête à rompre

De Gaulle, qui atterrit vers 21 h 30 à l'aéroport de Bordeaux-Mérignac, n'a assurément jamais eu pareille illusion. Depuis des semaines, de plus en plus certain du pire, il s'apprête à rompre les amarres. À plusieurs témoins il n'a pas caché son intention de se rendre en Grande-Bretagne pour y poursuivre la lutte au cas où le gouvernement baisserait les bras. Jacques Benoist-Méchin, qui n'est pas suspect d'avoir voulu « embellir » la légende gaullienne, rapporte, dans *Soixante jours qui ébranlèrent l'Occident*, que le Général, lors de son tout récent voyage en Angleterre à bord

1. D. Leca, *La Rupture de 1940*, *op. cit.*, p. 234.

du *Milan*, n'a pas caché son sentiment au commandant du navire. « Seriez-vous prêt à vous battre sous les couleurs britanniques ? », aurait-il même ajouté à l'adresse du commandant[1]. Par ailleurs, il connaît trop Pétain pour nourrir le moindre doute sur son désir de solliciter un armistice. Cependant, son comportement exact au cours de ces heures décisives n'est pas facile à établir : il est évident que, plus tard, il s'attachera à simplifier, à éliminer tout ce qui aurait pu sembler donner l'apparence de tergiversations, de fausses manœuvres, voire d'incident fortuit. La nuance ne fait pas bon ménage avec le mythe. Accueilli à l'aéroport par deux de ses collaborateurs, l'avocat Jean Auburtin et le colonel Humbert, a-t-il essayé de savoir s'il faisait partie du gouvernement Pétain, comme Paul Baudouin l'a prétendu ? Il était trop lucide pour avoir une hésitation, mais on ne peut raisonnablement exclure l'hypothèse selon laquelle, à tout hasard, il aurait tenté de s'informer. Car une chose, au moins, est sûre : depuis son retour à Bordeaux, il est menacé : Weygand le déteste, il le sait, et Dominique Leca le préviendra peu après que, désormais, les partisans de la lutte ne se trouvaient plus en sécurité.

Dans ses *Mémoires*, Spears — après s'être brouillé avec de Gaulle, il faut le souligner — donnera de la soirée passée par le Général à Bordeaux une version digne des *Trois Mousquetaires* : alors que, en compagnie de Campbell, il cherchait Paul Reynaud, il reconnut de Gaulle, caché derrière une colonne dans le hall du quartier général. Le Général ne dissimulait pas son angoisse et il était dans les mêmes dispositions d'esprit quand Spears sortit de son entretien avec le président du Conseil. Toujours selon le même témoin, il était si inquiet qu'il demanda à passer la nuit à bord du *Berkeley*, un bâtiment de guerre britannique qui venait d'arriver à Bordeaux. À l'hôtel Montré, où les Britanniques avaient pris leurs quartiers, la conversation se poursuivit : de Gaulle annonça son

1. Jacques Benoist-Méchin, *Soixante jours qui ébranlèrent l'Occident*, Paris, Albin Michel, 1956, 3 vol., t. II, p. 234.

souhait de continuer la lutte en Grande-Bretagne. Spears affirme avoir pris alors des mesures pour que l'avion prêté par Churchill puisse repartir le lendemain matin ; il termina sa journée en téléphonant à Churchill pour le tenir informé et lui exprimer aussi son espoir de convaincre Mandel de se joindre à l'opération.

Dans ses *Mémoires de guerre*, de Gaulle, pour sa part, donne une relation beaucoup plus sobre de cette soirée. D'après lui, tout se passa sans le moindre incident : il ne se sentait pas menacé ; il ne songea donc pas à dormir à bord d'un navire anglais et il ne mentionne Spears que pour signaler, de manière aigre-douce, que l'officier de liaison britannique crut devoir se mêler à une conversation à laquelle il était étranger.

Qui croire ? La version de Spears est sans doute marquée par un certain ressentiment. Elle sera tout de même reprise intégralement par Churchill dans ses propres Mémoires (après que de Gaulle eut été prié de donner son récit des événements[1]). De Gaulle, lui, est visiblement soucieux de ne rien dévoiler qui puisse nuire à sa légende. La vérité, comme souvent, se situe sans doute à mi-chemin de ces deux relations. On remarquera, toutefois, que Spears peut difficilement être contredit lorsque, faisant allusion au départ du Général le lendemain matin, il souligne que lui seul avait pu donner l'ordre de départ, un avion militaire, en temps de guerre, ne pouvant être utilisé « comme un taxi[2] ».

✧

Après la démission de Paul Reynaud, la responsabilité suprême appartenait au président de la République. C'est à lui qu'il revenait de désigner le nouveau chef du gouvernement. On sait dans quelles conditions étonnantes le nom du Maréchal finit par

1. « Je dois dire, écrira Churchill à Spears, que j'hésite beaucoup à contredire de Gaulle sur un point qui ne serait pas matériel. » Churchill College, Spears Papers, SPRS 8/20, lettre de Churchill à Spears, 20 novembre 1948.
2. *Ibid.*, SPRS 8/30, lettre de Spears à Robert Aron, 2 juin 1960.

s'imposer dans son esprit : alors que les plus hautes autorités de l'État se montraient résolues à refuser l'armistice, toutes, sans exception, finirent par cautionner la désignation de Pétain. Les circonstances dans lesquelles eurent lieu sinon la passation de pouvoir, réduite à sa plus simple expression, en tout cas le passage de témoin, ne furent pas moins singulières.

Paul Reynaud avait promis que le Conseil se réunirait à 22 heures. Peu avant le moment fixé, les ministres commencèrent à se rassembler. Ils pensaient que l'on finirait tout de même par prendre une décision au sujet de l'armistice et, comme la plupart d'entre eux éprouvaient le sentiment qu'il n'existait pas de majorité pour ouvrir les pourparlers, ils n'imaginaient guère que Reynaud pouvait avoir démissionné, du moins aussi vite. Partant, leur surprise fut grande quand le président du Conseil, sans préciser qu'il s'était formellement retiré, annonça tout de go que Pétain était en train de former un gouvernement. L'étonnement ne fut pas moins vif quand Albert Lebrun fit cette courte déclaration liminaire :

> Messieurs, excusez-moi si je n'ai pu vous décommander. Je n'ai pas pu faire changer d'avis M. Paul Reynaud. Par conséquent, le Conseil n'aura pas lieu. Mais restez, je vous en prie, autour de moi. Un gouvernement nouveau va être constitué sous l'autorité du maréchal Pétain. Un certain nombre d'entre vous vont être appelés par le nouveau président du Conseil pour être ses collaborateurs, mais que tous les autres restent aussi. Je veux que nous soyons tous unis ce soir dans le même sentiment de tristesse.

Tous les ministres restèrent à leur place, sans voix pour la plupart, même ceux qui étaient partisans de l'armistice. Encore ne savaient-ils pas que le Maréchal, à peine désigné par le chef de l'État, avait sorti une feuille de papier de sa poche et déclaré fièrement : « Voilà mon gouvernement » ! Lebrun, au demeurant, avait été enchanté de cette célérité. Cinq ans plus tard, témoin au procès Pétain, il assurera avec une naïveté confondante : « Je n'étais pas habitué à une telle rapidité. Je me rappelai, non sans amertume, les constitutions de ministères si pénibles auxquelles j'ai présidé pendant mon séjour à l'Élysée. »

Apparemment, le chef de l'État ne s'est pas demandé une minute comment le Maréchal, qui faisait profession d'ignorer la classe politique, avait pu constituer aussi vite ce cabinet. Complot ? Si l'on entend par là une opération soigneusement montée jusque dans ses moindres détails, l'hypothèse ne résiste pas à l'examen, car tout, justement, on va le voir, n'avait pas été planifié. Il n'est pas douteux, en revanche, que Pétain agit à ce moment-là comme un aimant sur tous ceux qui voulaient arrêter les combats et plus encore sur les partisans d'une remise en ordre autoritaire à l'occasion de la défaite. Interrogé en 1947, à l'île d'Yeu où il était incarcéré, par une commission d'enquête parlementaire, Pétain aura cette formule qui, dans sa maladresse même, traduit bien ce qui s'était passé : « Le premier qui était appelé appelait un second. Cela faisait une masse et l'on constituait un ministère comme cela. »

Pierre Laval, naturellement, a été l'un des premiers à se manifester et il a manqué de peu d'être ministre des Affaires étrangères. Depuis l'arrivée des pouvoirs publics à Bordeaux, il s'est employé à réunir à l'hôtel de ville des personnalités susceptibles d'entrer dans un gouvernement Pétain, dont il se voyait naturellement l'homme fort, le vainqueur de Verdun n'étant pour sa part qu'un glorieux figurant. L'heure de la défaite ayant sonné, Laval veut le seul poste qu'il estime digne de lui : les Affaires étrangères. Ainsi pourra-t-il diriger les négociations avec l'Allemagne, rompre avec la Grande-Bretagne, à qui il n'a jamais pardonné l'affaire italo-éthiopienne[1]. Avisé, il n'a pas attendu que tout fût consommé pour agir en ce sens : les écoutes téléphoniques révèlent que, dès le 15 juin dans la soirée, il a pris contact avec l'ambassadeur d'Espagne Lecquerica, susceptible de servir

1. Voir ci-dessus, p. 26.

d'intermédiaire avec les Allemands et lui a donné rendez-vous à déjeuner dans un hôtel bordelais, le Château Trompette[1].

Le problème, non prévu par Laval (ce qui dément la thèse d'une conspiration complètement organisée), vient de ce que Pétain a déjà promis les Affaires étrangères à Paul Baudouin. L'ancien chef du gouvernement insiste, bien entendu. Le Maréchal semble près de céder quand Weygand sollicite un entretien avec lui. Il vient de croiser François Charles-Roux, secrétaire général du Quai d'Orsay, qui, averti des souhaits de Laval, a mis en garde que la nomination de celui-ci à la tête de la diplomatie française serait ressentie par les Anglais comme une provocation. Weygand partage cet avis et le fait savoir au Maréchal. Celui-ci résiste puis se range à ces arguments, à la fureur de Laval présent dans son bureau.

Cette première crise terminée, le ministère est constitué. Sur dix-sept membres, onze ont appartenu au précédent cabinet. Chautemps devient vice-président du Conseil ; Frossard, acharné à faire tomber Reynaud, reçoit les Travaux publics ; Bouthillier reste aux Finances. En définitive, Paul Baudouin, comme prévu, se voit confier les Affaires étrangères. Deux socialistes, André Février et Albert Rivière, figurent dans la liste, avec l'approbation explicite de Léon Blum[2]. « Ainsi la gauche apportait son soutien à Pétain et au programme de celui-ci », écrira William Shirer[3].

Les militaires, cependant, se taillent la part du lion au sein du gouvernement, qui, outre le maréchal Pétain, comprend trois généraux et un amiral. Weygand prend en charge la Défense nationale, le général Colson la Guerre, le général Pujo l'Air et l'amiral Darlan la Marine. Jean Zay observera que si la République a souvent craint la dictature des généraux vainqueurs, elle n'avait jamais rêvé de celle des vaincus...

Peu après minuit, le nouveau gouvernement se réunit. En moins

1. SHD, Fonds général Weygand, 1K30, carton 11-4-1.
2. Jean Zay, *Souvenirs et solitude*, Paris, 1945, p. 387.
3. W. Shirer, *La Chute de la IIIe République*, *op. cit.*, p. 880.

d'une demi-heure, l'ordre du jour est épuisé. Les ministres approuvent d'abord le texte d'un communiqué destiné à la presse :

> Dans les graves circonstances actuelles, le Conseil des ministres, sur la proposition de M. Paul Reynaud, président du Conseil, a estimé que le gouvernement de la France doit être confié à une haute personnalité recueillant le respect unanime de la Nation.
>
> En conséquence, M. Paul Reynaud a remis au président de la République la démission du Cabinet et M. Lebrun a accepté cette démission en rendant hommage au patriotisme qui l'avait dictée et a fait immédiatement appel au maréchal Pétain qui a accepté de former le nouveau ministère.
>
> Le président de la République a remercié le maréchal Pétain qui, en assumant la responsabilité la plus lourde qui ait jamais pesé sur un homme d'État français, manifeste une fois de plus son dévouement à la patrie.

Le Maréchal prend ensuite la parole très brièvement. « Le gouvernement est réuni. Sa tâche essentielle sans perdre de temps, on en a assez perdu, est de demander au gouvernement allemand à quelles conditions il arrêterait les hostilités[1]. »

Conformément à ce qui a été décidé, il est prévu que l'ambassadeur d'Espagne, Lecquerica, servira d'intermédiaire avec Berlin. Le lendemain matin, Pierre Laval cherchera à le joindre. « J'ai voulu dire à M. l'ambassadeur, dira-t-il à la secrétaire du diplomate, les raisons pour lesquelles je ne suis plus au ministère. Il ne serait pas étonnant qu'il soit appelé ce matin. Vous lui direz, j'y tiens beaucoup, que j'ai demandé que l'on passe par lui[2]. »

Ceux qui voulaient profiter de la défaite pour régler son compte à la République sont sans doute les premiers surpris de la facilité avec laquelle ils ont remporté la première manche.

1. Cité par W. Shirer, *La Chute de la IIIe République, op. cit.*, p. 881.
2. Écoutes téléphoniques, 17 juin 1940, 9 h 30, SHD, Fonds général Weygand, 1 K130, carton 11-4-1.

2

UN PAYS USÉ

« Juin 1940 n'a pas été le complot d'une fausse élite, a écrit Simone Weil. Ce fut une défaillance, une abdication de l'ensemble de la nation[1]. » Pour abrupt qu'il soit, ce jugement a le mérite d'inviter à une réflexion en profondeur sur le désastre de juin 1940. Longtemps, il a été commode et rassurant de mettre presque exclusivement l'accent sur les erreurs, bien réelles, d'une poignée d'hommes décidés à profiter de la défaite pour assouvir leur vengeance et instaurer en France un régime autoritaire. Tout au long de l'après-guerre, tel fut, on le sait, le discours tenu par le général de Gaulle. Dès le 18 juin, son but premier, en se dressant contre la fatalité, avait été de faire oublier les défaillances des uns et la félonie des autres : au moment où le sort des armes deviendrait défavorable à l'Axe, la France pourrait, grâce à son initiative, faire valoir ses droits aux côtés des Alliés. Le plus extraordinaire est que le pari fut gagné : le 8 mai 1945, à Reims, lors de la signature de la capitulation du Reich, le maréchal Keitel, chef de la délégation allemande, furieux, verra de Lattre apposer son paraphe au nom du pays écrasé quatre ans plus tôt.

En privé, de Gaulle tenait un tout autre langage : s'il se gardait toujours de se lancer dans des attaques *ad hominem*, il se montrait sévère pour le régime dont le 16 juin avait signé l'abdication. Élevé dans une tradition monarchiste, républicain de raison, il

1. Simone Weil, *Écrits de Londres et dernières lettres*, Paris, Gallimard, 1957, p. 60.

avait admiré Clemenceau en dépit de ses défauts et de tout ce qui avait pu l'éloigner de lui à tant d'égards ; le moins que l'on puisse dire est qu'il n'avait pas la même considération pour ceux qui avaient succédé au Tigre, à quelques exceptions près.

Il n'était pas le seul. Si le régime de Vichy a commis une injustice doublée d'une faute politique en désignant des boucs émissaires après la défaite, la politique suivie en France dès la fin des années 1920 a suscité des critiques parfaitement recevables. Il est significatif que des esprits aussi différents que l'historien Marc Bloch et la romancière Irène Némirovsky aient pu se retrouver sur ce point. *L'Étrange Défaite* et *Suite française*, leurs livres respectifs, révèlent sinon une vision identique de la défaite, du moins des regards concordants. Sans verser dans une critique systématique, Marc Bloch est lucide sur l'état de la République. « Nos ministres, nos assemblées nous ont incontestablement mal préparés à la guerre. Le haut commandement sans doute les y aidait peu. Mais rien, précisément, ne traduit plus crûment la mollesse d'un gouvernement que sa capitulation devant les techniciens[1]. » Personne n'a peut-être dénoncé avec plus de vigueur et de pertinence que cet historien de la longue durée l'assimilation abusive de la République à la forme hyperparlementariste qu'elle avait prise au fil des ans. Pour stigmatiser le dévoiement du système politique français d'avant 1940, Marc Bloch utilise des mots très forts. Le milieu politique de cette époque est perçu par lui comme « un marécage[2] », exhalant « un parfum moisi de petit café ou d'obscurs bureaux d'affaires[3] » ; ceux qui y évoluaient sont qualifiés de « vieux renards » ou d'« employés infidèles ». Quand l'heure du redressement aura sonné, après la victoire à laquelle il croit de toutes ses forces, Marc Bloch se dit convaincu que la France sera obligée d'abandonner un régime des partis devenu à ses yeux tout

1. M. Bloch, *L'Étrange Défaite*, *op. cit.*, p. 640.
2. *Ibid.*, p. 639.
3. *Ibid.*, p. 640.

juste bon à servir de tremplin aux habiles : « Les assemblées, de dimensions monstrueuses qui prétendaient nous régir, étaient un legs absurde de l'Histoire [...] Une chambre gouvernante se voue au chaos, dès qu'elle accepte d'être une foule ; et c'est d'ailleurs un problème de savoir si une chambre, faite pour sanctionner et contrôler, peut gouverner[1]. » Le jugement de Marc Bloch sur les classes dirigeantes n'apparaît pas plus tendre. Longtemps, selon lui, la bourgeoisie s'était accommodée de la République mais quand les couches populaires s'affirmèrent et exigèrent de nouveaux droits comme en 1936, au moment du Front populaire, elle se crispa, devint « anxieuse et mécontente[2] », voire aigrie — un état d'esprit très bien révélé justement par Irène Némirovsky dans son roman. On y voit en particulier les membres du clan Pericand, typique d'un certain milieu aisé et bien-pensant, plus affolé encore, en juin 1940, par les risques de désordres sociaux que par la perspective d'une domination allemande sur le pays[3].

Sur la société française dans son ensemble, Irène Némirovsky témoigne de la même absence d'illusions que Marc Bloch. Sa fresque montre l'engourdissement de tout un peuple soudain broyé par l'exode, les peurs, les fantasmes, les frustrations dévoilées par la défaite. Issues de milieux divers, les figures qui peuplent son récit semblent avant tout écrasées par la fatalité, incapables de réactions sinon de réflexes vitaux souvent peu glorieux.

« Une défaillance, une abdication de l'ensemble de la nation... » Cette formule de Simone Weil, Marc Bloch et Irène Némirovsky auraient pu la reprendre à leur compte. On ne peut décidément comprendre ce 16 juin 1940 sans évoquer la période antérieure, sans essayer de comprendre pourquoi la IIIe République, qui avait tout de même conduit la France à la victoire en 1918, aboutit à cet effondrement.

1. *Ibid.*, p. 639-640.
2. *Ibid.*, p. 640.
3. Irène Némirovsky, *Suite française*, Paris, Gallimard, coll. « Folio », 2006.

La IIIe République : un brillant début

Par un étrange paradoxe, le courant maurrassien, qui sera politiquement vaincu en 1945, a largement réussi à répandre, et bien au-delà de la mouvance royaliste, sa vision systématiquement négative de la IIIe République. Un examen objectif laisse apparaître une réalité plus contrastée.

Jusqu'au lendemain de la Grande Guerre, le bilan était sans conteste positif, notamment sur le plan économique. En une quarantaine d'années, la production industrielle avait triplé, le total des investissements à l'étranger sextuplé, le revenu national presque doublé. Les salaires réels avaient crû de 50 %, le commerce extérieur de 75 %. Par ailleurs, le pays s'était modernisé, les chemins de fer, les routes, les ports avaient connu un essor sans précédent. Enfin, l'expansion coloniale, commencée sous l'égide de Jules Ferry, avait contribué à donner à la France un rang privilégié parmi les autres nations européennes. La colonisation, contestée au départ par les socialistes et les radicaux, avait rapidement fait l'objet d'un vaste consensus, tant il apparaissait alors évident que l'entreprise contribuerait à faire jouer au pays un rôle mondial. Les critiques et contestations devaient survenir beaucoup plus tard.

Sans doute y avait-il quelques ombres à ce tableau. L'agriculture, qui assurait 90 % de la production nationale, était arriérée. L'industrialisation, malgré d'indéniables réussites dans le domaine du fer et de l'acier, accusait des retards par rapport à d'autres pays. Après 1871, la France, par son industrie et son commerce, tenait encore le deuxième rang dans le monde après l'Angleterre. À la veille de la Grande Guerre, elle ne se trouvait plus qu'en quatrième position derrière l'Allemagne, la Grande-Bretagne et les États-Unis. Le manque de charbon avait, certes, représenté un handicap, mais bien des insuffisances étaient à mettre sur le compte d'un esprit routinier, cocardier, hostile à des entreprises de grande dimension, indispensables dans la concurrence mondiale. En matière sociale, enfin, la France était à la traîne, surtout par rapport à l'Allemagne.

En dépit de ces carences, l'actif du régime né de la défaite de 1870 était d'autant plus manifeste que l'essor économique et la modernisation du pays s'étaient accompagnés d'une extension considérable des libertés. L'État de droit existait avant 1875 et même avant 1789 ; en revanche, les libertés publiques modernes et la démocratie représentative restaient à inventer : ce fut l'œuvre de la IIIe République à son apogée. « La IIIe République, notera René Rémond, a enraciné dans les institutions, les esprits et les habitudes les comportements de la démocratie politique. Elle a fondé les libertés publiques. Elle a façonné les structures, intellectuelles comme institutionnelles, de la vie politique. Elle a achevé de faire des Français des citoyens qui ont conscience d'être acteurs et non plus sujets[1]. » Dès 1879, en trente mois, plusieurs lois abrogeant toutes les dispositions répressives établies par les régimes antérieurs venaient d'être adoptées. Ainsi avaient été instaurées la plupart des libertés publiques : information, presse, affichage, colportage, réunion. L'œuvre, alors sans précédent, se révéla durable puisque notre vie publique demeure toujours fondée sur ce socle. Et vingt-deux ans plus tard, en 1901, la reconnaissance de la liberté d'association couronna en quelque sorte cette législation. À partir de ce moment, les partis politiques purent se former et agir : le premier devait être le Parti républicain radical et radical-socialiste.

Jeune encore, la démocratie française ne pouvait se prétendre parfaite. En 1905, la séparation de l'Église et de l'État laissa des traces douloureuses. Certaines congrégations, comme les assomptionnistes, faisaient preuve d'un esprit belliqueux et hostile à la République. Néanmoins, Combes mena à bien cette réforme indispensable avec un rare sectarisme. Lors des consultations

1. René Rémond, *La République souveraine*, Paris, Fayard, 2002, p. 419.

électorales, le pouvoir, d'autre part, intervenait fréquemment. Enfin, le président de la République avait perdu *de facto* une des prérogatives essentielles prévues par les constituants de 1875 afin de faire contrepoids à la toute-puissance du Parlement : le droit de dissolution. En mai 1877, le maréchal de Mac-Mahon, second président de la IIIe République, s'était montré téméraire en provoquant la démission du président du Conseil Jules Simon et en le remplaçant par le duc de Broglie. Ayant dissous la Chambre, malgré les protestations des « républicains », il avait été désavoué par le corps électoral. Sommé par Gambetta de « se soumettre ou se démettre », il finit par démissionner non sans avoir essayé de résister. Après Mac-Mahon, aucun chef de l'État n'osa donc dissoudre l'Assemblée, ce qui contribua pour beaucoup à l'instabilité politique du régime.

La qualité des hommes en charge des affaires compensait heureusement, dans une large mesure, les imperfections du système politique. Dans son *Histoire des présidents de la République*, Adrien Dansette observe que la IIIe République avait « le culte du petit[1] ». Pour la gouverner ou pour présider à son destin, il ne fallait pas faire figure de « gros ». La remarque vise à l'évidence l'origine sociale de nombre de gouvernants de cette époque et non l'envergure de certains d'entre eux. Gambetta, Ferry, Clemenceau, pour ne citer que les plus célèbres, s'imposèrent tant en raison de l'ampleur de leurs vues que de leur fermeté de caractère. Moins connu, Waldeck-Rousseau fut également un personnage de premier plan et pas seulement parce que son gouvernement (juin 1899-juin 1902) dura plus longtemps qu'aucun autre ministère de la IIIe République. Froid, un peu hautain, orateur de haute volée, il n'attirait pas spontanément la sympathie mais on lui doit la liberté d'association et sa conception équilibrée à la laïcité reste moderne : Waldeck-Rousseau souhaitait ardemment la séparation de l'Église et de l'État, mais il récusait tout sectarisme.

1. Rééd., Paris, Plon, 1981.

À l'évidence, ce facteur humain compta pour beaucoup durant la guerre de 1914-1918. Indépendamment de Clemenceau, d'autres responsables de haut niveau se distinguèrent par un patriotisme, un désintéressement, voire un stoïcisme exceptionnels. Président de la République, Raymond Poincaré comptait parmi ceux-là. Si on le brocarda quand, revêtu d'un uniforme de fantaisie étrange, semblable à ceux des chauffeurs de grande maison, il parcourait le front, personne ne lui connut au long des hostilités un moment de faiblesse. Chef du gouvernement lors de la bataille de la Marne, René Viviani perdit alors un de ses proches au combat ; pour autant, on ne le vit jamais pendant cette période cruelle manquer à ses devoirs. Neveu de Jules Ferry, Abel Ferry était de la même trempe : sous-secrétaire d'État en 1914, il insista pour effectuer de dangereuses missions en tant que commissaire aux Armées et paya de sa vie cette intrépidité. Le 18 septembre 1918, il fut mortellement blessé au cours d'une mission dans les premières lignes du front. Cet état d'esprit était assez largement répandu et un observateur aussi peu complaisant que William Shirer a pu écrire : « Avant tout et par-dessus tout, la France de la IIIe République avait en 1914 une population et un gouvernement résolus et unis, un commandant en chef des armées lucide et imperturbable qui, même aux heures les plus sombres, ne perdit jamais confiance ni en lui-même, ni en ses troupes[1]. »

On voit donc combien est injuste le procès instruit contre la IIIe République première manière par des procureurs aveuglés. « Si le pays avait eu à sa tête un roi ou un empereur pendant ces quarante ans, notera l'historien Maurice Reclus, elle aurait été saluée comme l'un des grands règnes de l'Histoire[2]. » Jacques Bainville, proche de l'Action française, n'hésitera pas, pour sa part, à saluer dans un livre consacré au régime tant décrié par

1. W. Shirer, *La Chute de la IIIe République*, *op. cit.*, p. 123.
2. Cité par W. Shirer, *La Chute de la IIIe République*, *op. cit.*, p. 111.

Maurras « la combinaison très rare de la démocratie et de la liberté[1] ».

Déclin

Après 1919, tout allait changer, le régime commença à donner des signes d'essoufflement. Le symptôme le plus flagrant de cette crise fut une aggravation sensible de l'instabilité gouvernementale. Après la chute d'Édouard Herriot, renversé par le Sénat en avril 1925, six cabinets se succédèrent en quatorze mois. Et quand enfin, en juillet 1926, Poincaré fut appelé au pouvoir à la tête d'un cabinet d'union nationale, les caisses de l'État étaient totalement vides et le franc déprécié.

Pour se rassurer, on affirmait volontiers que la permanence de l'administration suppléait à l'instabilité ministérielle. Pieux mensonge. Gestion erratique des finances publiques, statistiques peu ou mal tenues : la France se distinguait par son désordre et son amateurisme en matière économique. Or, dans le même temps, la situation financière ne cessait de se dégrader. Le poids de la Grande Guerre, la reconstruction des régions dévastées, l'exigence par les États-Unis du remboursement de leurs dettes de guerre, les réparations réduites à leur plus simple expression, toutes ces charges avaient creusé un gouffre. Comme l'économie connaissait simultanément un plein essor, l'augmentation des impôts apparaissait inéluctable, mais personne malheureusement ne semblait avoir le courage de le dire.

La dégradation de l'esprit public frappait. À droite, où la République n'avait jamais été vraiment acceptée, on paraissait avoir pour seule ambition d'éviter une pression fiscale trop forte. Sur ce bord de l'échiquier, la confiance en la démocratie semblait également très faible. Des mouvements d'essence techno-

1. Jacques Bainville, *La IIIe République*, Paris, Fayard, 1935, p. 10.

cratique comme le « Redressement français » d'Ernest Mercier séduisaient beaucoup de responsables, las des pratiques de la République parlementaire. À gauche, on avait tendance à se crisper sur des solutions obsolètes alors qu'il aurait fallu faire face à de nouveaux défis. Le monde de l'économie restait encore étranger aux représentants du parti du mouvement ; Herriot, par exemple, se distinguait plus par sa culture que par sa compétence en matière financière. En 1924, lors de la victoire du Cartel des gauches, la majorité, sûre de sa base électorale, aurait dû, en bonne logique, prendre des mesures courageuses, voire impopulaires, pour juguler l'inflation, lutter contre la fraude fiscale, mettre fin à l'hémorragie des capitaux. La résolution, hélas, fit défaut aux responsables : au lieu d'agir, ils parlèrent, agitèrent l'épouvantail d'un emprunt forcé, d'un contrôle fiscal sévère et d'une hausse de l'impôt sur le revenu, sans autre résultat que l'aggravation de maux, constamment dénoncés avec de beaux effets de manche.

Poincaré eut le mérite, de 1926 à 1929, de parer au plus pressé : redresser la monnaie et rétablir la confiance. Il ne put en revanche remédier à des injustices criantes dont les plus défavorisés supportaient le poids, ni contribuer par des réformes hardies à faire entrer la France dans son siècle. Il y avait tant à faire ! Sur le plan social, le pays accusait toujours de lourds retards. L'instauration de la sécurité sociale et le développement d'un syndicalisme responsable, garants de négociations équilibrées, comptaient parmi les impératifs les plus immédiats.

La suite est bien connue : en quelques années, de 1929 à 1934, une série de ministères de droite comme de gauche précipita la France vers une crise de régime tandis que des scandales financiers impliquant des hommes politiques minaient la démocratie représentative. En janvier 1935, on apprit ainsi qu'un escroc, Alexandre Stavisky, avait réussi, grâce à des appuis parlementaires, à fonder en 1931 le Crédit municipal de Bayonne et à émettre un montant élevé de bons à intérêts gagés sur des bijoux faux ou volés. L'affaire, bien entendu, ne manqua pas d'être exploitée par l'Action française et divers mouvements hostiles au régime. L'épreuve de force survint le 6 février 1934 quand le gouvernement du radical Édouard Daladier, en butte à l'agitation des ligues d'extrême droite, fit ouvrir le feu sur la foule à Paris, ce qui entraîna plusieurs morts tant du côté des manifestants que du côté de la police. Cette fois, il parut évident que la République était malade et un homme aussi peu suspect d'indulgence envers les émeutiers que le jeune Pierre Mendès France, élu député en 1932, devait stigmatiser en termes très vifs la dégradation des mœurs publiques, rendue éclatante par le scandale Stavisky : « L'affaire, avec ses multiples répercussions, a jeté sur le système parlementaire une lumière nouvelle qui est de nature à confirmer les jugements les plus pessimistes sur le fonctionnement de notre régime politique actuel[1]. »

En 1920, Jacques Bainville voyait pour la IIIe République un avenir prometteur. Dans une Europe en proie à des convulsions, le régime qui, malgré tout, avait conduit la France à la victoire lui paraissait désormais apte à mener la politique de grande envergure, « nationale et contre-révolutionnaire à la fois », qu'il appelait de ses vœux[2]. Quatorze ans après cette prédiction, la IIIe République offrait l'aspect d'un système politique épuisé. Les illusions de puissance d'après 1918 s'étaient peu à peu dissipées. Le sauvetage du franc par Poincaré à la fin des années 1920 dissimulait, on commençait à le voir, une dépendance grandissante de la France à l'égard du monde extérieur. L'endettement auprès des banques internationales, nécessaire à la défense du franc, avaient eu un coût : on s'en était aperçu quand les dirigeants de ces institutions, relayant les souhaits du gouvernement américain, avaient

1. *Le Journal du Neubourg*, 14 février 1934.

2. John Maynard Keynes, *Les Conséquences économiques de la paix*, suivi de Jacques Bainville, *Les Conséquences politiques de la paix*, rééd. Paris, Gallimard, coll. « Tel », 2002, p. 459.

réclamé une plus grande souplesse dans le traitement des réparations infligées à l'Allemagne.

Indépendamment des problèmes de fond non réglés, les hommes en charge des affaires publiques n'étaient plus de la même trempe ni de la même envergure qu'avant 1914. Aux derniers monstres sacrés de la IIIe République première manière — Poincaré, Clemenceau, Briand — avaient succédé les Herriot, les Chautemps et les Laval. Léon Blum, à gauche, et André Tardieu, à droite, faisaient certes figure d'exceptions, mais l'un comme l'autre avaient pour handicap d'être plus des intellectuels que des hommes d'action. Tardieu s'obstina ainsi à vanter ouvertement un modèle américain qui laissait l'opinion indifférente et Blum, dont le courage ne faisait aucun doute, devait révéler, une fois installé au pouvoir, des hésitations lourdes de conséquences.

Dans ces conditions, la France ne pouvait que subir cruellement le choc de la crise de 1929. La dépression n'atteignit le pays qu'à l'automne de 1931, à un moment où l'Allemagne touchait le fond du gouffre, tandis que l'Angleterre abandonnait l'étalon-or et dévaluait sa monnaie de 40 %. Les cours de la Bourse chutèrent soudain, les réserves fondirent, la balance commerciale se détériora, la production industrielle chuta de vingt-deux points, le chômage doubla, les faillites se multiplièrent. Très vite, il apparut qu'une dévaluation serait à la fois nécessaire et salubre, mais la défense du « franc Poincaré[1] » était perçue à ce moment comme un devoir sacré. Moyennant quoi, les exportations françaises se trouvèrent rapidement handicapées et il fallut attendre 1936 pour que le gouvernement du Front populaire acceptât l'ajustement indispensable auquel les pays étrangers avaient procédé avec succès.

La sclérose, partout sensible, n'épargnait pas la sphère militaire, alors même que l'arrivée au pouvoir de Hitler en 1933

1. La loi monétaire du 25 juin 1928 avait consacré la stabilisation du franc à un cinquième de sa valeur de 1914.

rendait aveuglant le risque de conflit. Vers le milieu de l'entre-deux-guerres, l'armée sembla frappée d'un processus de vieillissement généralisé. Le triomphe de la gérontocratie constituait le symptôme le plus manifeste du mal. Le maréchal Pétain, qui atteignit l'âge de quatre-vingts ans en 1931, resta jusqu'à cette date président du Conseil supérieur de la guerre (avant de prendre en charge les forces armées dans le cabinet Doumergue formé au lendemain du 6 février 1934). Le général Weygand, qui lui succéda, avait déjà soixante-quatre ans et quand, à son tour, il dut être remplacé, le choix se porta sur le général Gamelin, ancien aide de camp de Joffre, chef d'état-major général âgé alors de soixante-huit ans bien sonnés. Comment de tels hommes auraient-ils pu se projeter dans l'avenir, imaginer des solutions nouvelles à des problèmes inédits ? Après le second conflit mondial, Pétain aura ce cri du cœur : « À partir de la guerre de 1914, c'est fini, mon cerveau militaire est fermé[1]. »

Le phénomène de vieillissement n'affectait pas seulement, hélas, le haut commandement. Les conséquences de la crise économique de 1929 et de la chute de la natalité durant la Grande Guerre se firent vite nettement sentir : la durée du service militaire fut ramenée à un an et, dès 1933-1934, il fallut réduire les crédits militaires. Des milliers de jeunes quittèrent l'armée et l'on ne renonça à éliminer le sixième des cadres, comme le prévoyait le budget de 1933, qu'à la suite d'un concert de protestations. Au terme de ces réductions d'effectifs, les forces françaises ne comptaient plus que 62 000 hommes (auxquels s'ajoutaient tout de même 72 000 militaires dans les troupes coloniales). Longtemps, la France avait eu l'armée la plus puissante du monde. Ce temps était bien révolu.

Assez logiquement, partout éclatait la crainte de la nouveauté. Les conceptions non seulement n'avaient pas évolué, mais

1. *Enquête sur les événements survenus en France de 1933 à 1945. Témoignages et documents recueillis par la commission d'enquête parlementaire*, témoignage du maréchal Pétain, 10 juillet 1947, Paris, Imprimerie de l'Assemblée nationale, 1951, 9 vol., t. V, p. 170.

dataient pour la plupart des précédents conflits, voire de la guerre de 1870. En 1935, le général Weygand adjurait encore le Conseil supérieur de la guerre de faire preuve de prudence en matière de modernisation de l'armée et prônait l'achat de chevaux de selle[1]. « Nous devons sauvegarder l'élevage du cheval », lui répondait en écho le général Brécard, membre de la même haute instance.

On sait, d'autre part, avec quel acharnement le maréchal Pétain s'opposa aux conceptions du colonel de Gaulle sur l'armée blindée. Défendu à peu près exclusivement par Paul Reynaud, de Gaulle s'était vu littéralement cloué au pilori quand il avait émis l'idée que la France n'avait d'autre issue, pour prévenir une agression, que de se lancer dans un ambitieux programme visant à créer des divisions cuirassées dont les Allemands, eux, avaient compris l'intérêt et dont ils étaient décidés à se doter. On racontait qu'en marge d'une note de son ancien subordonné relatif à ce problème, Pétain avait noté : « c'est de la fantasmagorie ». Dans une préface à l'ouvrage du général Chauvineau, *Une invasion est-elle encore possible ?*, il condamna en tout cas expressément la théorie selon laquelle les blindés pourraient constituer un avantage décisif. Partisan d'une stratégie presque uniquement défensive, le Maréchal poussa l'inconséquence jusqu'à refuser que la frontière belge — non couverte par la ligne Maginot — fût mieux protégée. Dans une note du 2 mai 1932, il écrivit :

> Le problème de la défense de la région frontière du Nord a été réglé le 18 janvier 1927 [...]. Le Conseil Supérieur de la Guerre a émis l'idée de se borner, en temps de paix, à effectuer quelques travaux sommaires de point d'appui [...]. D'après le dossier soumis aujourd'hui aux délibérations du Conseil tout est changé : il n'est plus question d'équipement mobile mais on veut organiser un barrage. Malgré les arguments d'ordre stratégique par lesquels on essaye de justifier cette proposition,

1. *Ibid.*, p. 122.

> j'estime qu'il n'y a rien à changer au programme de 1927. D'abord la réalisation du nouveau projet coûtera plus cher et l'on ne pourra, pour des raisons d'économie, poursuivre à la fois la constitution d'un équipement mobile et la création d'un système de fortifications. C'est donc, bien qu'on s'en défende, abandonner au début d'un conflit l'armée belge à elle-même, en ne lui laissant que la perspective, si elle est battue, d'être recueillie à la frontière française. C'est perdre ainsi l'occasion d'une collaboration intime entre les deux armées et les deux pays[1].

On tient là une preuve flagrante de la sclérose intellectuelle du Maréchal, manifestement incapable désormais de s'adapter à des changements de situation.

Les avions suscitaient des réserves encore plus fortes. La doctrine officielle, exprimée par Gamelin, tenait pour illusoire l'action des forces aériennes. Les appareils étaient donc en nombre restreint et, pour beaucoup, dans un état antédiluvien. Les chasseurs ne se virent équipés de radio qu'en 1937, les bombardiers jamais. D'une manière générale, les appareils français ne soutenaient pas la comparaison avec les modèles étrangers.

Pétain qui, par ailleurs, s'est tant trompé, a bien perçu, il faut lui rendre cette justice, le rôle de l'aviation dans les conflits modernes et les carences de la France dans ce domaine essentiel. Témoin cette note du 2 mars 1932 relative aux progrès croissants de l'aviation : « Ceux-ci amènent à penser que la guerre débutera par des incursions aériennes puissantes sur le territoire national, incursion que, dans l'état actuel de notre aviation, nous sommes dans l'impossibilité de contrecarrer. » Et après avoir rappelé que, le 2 décembre 1931, il avait demandé au président du Conseil « la constitution d'urgence d'une aviation de défense et d'attaque puissante », le Maréchal conclut :

1. Hoover Institution (Standford CA), Fonds Gamelin, note du maréchal Pétain, 2 mai 1932.

« C'est la seule solution s'offrant à la France pour garantir l'intégrité de son sol et de sa capitale : le jour où nous aurons, pour la défense du territoire, deux cents avions de chasse à opposer aux attaques aériennes de l'ennemi et deux cents avions puissants de bombardement capables de porter chacun des représailles, 1 à 2 tonnes de bombes à 1 000 kilomètres la paix sera assurée[1]. »

Étrangement, Pétain, qui était écouté religieusement quand il se trompait, ne fut pas suivi sur ce point alors qu'il avait pleinement raison. Utilisée plus tard à des fins polémiques contre les gouvernements de la IIIe République, la faiblesse insigne de l'aviation française était, hélas, bel et bien une réalité. Quand Léon Blum envisagea un instant d'intervenir en Espagne pour venir en aide aux républicains, il s'entendit répondre par le général Vuillemin : « En quinze jours, votre aviation serait anéantie. » Un peu plus tard, en 1937, Camille Chautemps, devenu président du Conseil après la chute du cabinet Blum, fut témoin des inquiétudes du Premier ministre britannique Neville Chamberlain sur le réarmement allemand et le retard de la France dans ce domaine. De retour à Paris, Chautemps s'enquit de la situation auprès de Pierre Cot, ministre de l'Air. Personnage hors catégories et de grand talent, passé de la droite catholique à l'aile gauche du Parti radical, ce dernier polarisait toutes les critiques. On l'accusait déjà d'impérities. Il se défendit en l'occurrence avec des arguments solides. Dès août 1936, fit-il valoir, un important programme en matière d'aviation avait été décidé à son initiative, mais, à cause de multiples difficultés budgétaires, les crédits nécessaires avaient été largement amputés. Si Cot admit les répercussions budgétaires des lois sociales votées en 1936 sur la poursuite de l'effort de réarmement, il stigmatisa aussi, non sans raison, l'immobilisme des états-majors et les entraves du ministère des Finances. Pour sa part, afin de remédier à une situation d'urgence, il avait proposé une alliance avec l'URSS, mais sa

1. *Ibid.*

soviétophilie, passionnée et voyante, ne le désignait pas pour être le meilleur avocat d'une telle politique. De fait, au cours d'une séance du Comité permanent de la Défense nationale, le 21 juillet, seul Pétain soutint cette solution. En dernière analyse, Cot fit donc valoir à Chautemps que l'unique solution était d'acheter à l'étranger deux cents appareils et cinq cents moteurs.

La proposition semblait raisonnable et le successeur de Cot au ministère de l'Air, le radical Guy La Chambre, la reprit dès son entrée en fonctions en janvier 1938. Jean Monnet, alors simple citoyen, mais déjà très introduit à Washington, se trouva ainsi chargé de négocier ces achats aux États-Unis dans le plus grand secret. Les pourparlers se révélèrent délicats, malgré la bonne volonté de Roosevelt, que Monnet rencontra à plusieurs reprises : le courant isolationniste était puissant et l'un de ses représentants les plus éloquents, l'aviateur Charles Lindbergh, intervint de manière très négative dans la négociation. Du côté français, les embûches ne manquèrent pas non plus. On peut même dire que les obstacles rencontrés montraient de manière particulièrement frappante la nature du « mal français » de l'époque, mélange de légèreté politique, de lourdeur administrative, d'aveuglement nationaliste et d'égoïsme de classe. Au sein du cabinet Daladier, Georges Bonnet, ministre des Affaires étrangères, et Paul Reynaud, en charge des Finances, n'offraient qu'un concours très mesuré, l'un par pacifisme invétéré, l'autre par souci de la défense d'une monnaie que ces achats, nécessairement coûteux, auraient pu compromettre. Quant aux milieux militaires, l'esprit cocardier y régnait jusqu'au grotesque. Dans une note remise à Guy La Chambre, un certain Champsaur, ingénieur en chef de l'armement, écrivait ainsi : « Avec l'esprit inventif des ingénieurs et l'habileté professionnelle de nos ouvriers, nous égalerons les Américains quand nous pourrons disposer des mêmes articles et saurons appliquer les mêmes méthodes[1]. » Les milieux d'affaires

1. SHD, Papiers Guy La Chambre, carton 12, 940, dossier 3.

n'étaient pas en reste : on vit notamment le célèbre avionneur Paul-Louis Weiller, dirigeant de Gnome et Rhône[1], furieux d'une concurrence pour lui évidemment fâcheuse, créer une agence de presse spécialisée dans les comptes-rendus des accidents survenus aux appareils américains !

Finalement, en partie grâce à Roosevelt, la France réussit à commander du matériel américain. À la signature de l'armistice, cinq cent quarante-quatre avions de guerre américains avaient tout de même été pris en charge par l'armée et s'étaient comportés excellemment au cours des combats. Surtout, les commandes françaises avaient puissamment contribué à la mobilisation de l'industrie américaine.

L'infériorité de la France en matière d'aviation était malgré tout manifeste et les experts s'accordent à la tenir pour un facteur décisif de la défaite de 1940. « Loin de posséder la supériorité écrasante qu'on leur attribuait, note Liddell Hart, les armées de Hitler étaient en fait inférieures en nombre à celles qui leur étaient opposées. Les offensives blindées de Hitler se révéleront déterminantes, mais ses chars étaient moins nombreux et efficaces que ceux de ses adversaires. C'est seulement dans le domaine de l'aviation, ce facteur le plus vital de tous, qu'il possédait une supériorité[2]. »

Puissance du pacifisme

Confusément, ces carences, cette doctrine militaire exclusivement défensive reflétaient un puissant pacifisme alors largement répandu. Longtemps, sur ce point, la mémoire collective connut des défaillances étranges : dans l'immédiat après-guerre, on sous-estimait généralement l'ampleur du phénomène. Pourtant,

1. Firme française produisant avant la guerre des moteurs d'avion.
2. Liddell Hart, *Histoire de la Seconde Guerre mondiale*, Marabout, 1985, p. 71.

maintes preuves existent de cet état d'esprit dont les racines plongeaient dans l'horreur des tranchées de 1914-1918. Antoine Prost a très bien montré que si l'expérience de la mort de masse a conduit après 1918 en Allemagne à une sorte de transfert des mœurs guerrières dans la vie politique, le même souvenir traumatisant a abouti en France à un refus très profond de la guerre[1]. Théoricien du « citoyen contre les pouvoirs », Alain, philosophe quasi officiel de la IIIe République, représenta à cet égard une figure de proue. Depuis toujours, il haïssait la guerre ; avant 1914, il avait dénoncé l'action de Poincaré, qu'il jugeait dangereuse ; au début des années 1930, très malade il est vrai, il fit preuve d'un aveuglement fatal, s'obstinant à voir en Hitler une sorte de Déroulède allemand et s'opposant à toute mesure coercitive contre lui. Dans le monde littéraire, il n'était pas le seul à s'exprimer de la sorte. En 1936, Roger Martin du Gard, le romancier des *Thibault*, bientôt couronné par le prix Nobel de littérature, écrira : « Tout, tout exactement, tout plutôt que la guerre ! Invasion, asservissement, déshonneur, plutôt que le massacre de la population[2]. » « J'aime mieux être un Allemand vivant qu'un Français mort », proclamera de son côté Jean Giono[3]. Dans *La guerre de Troie n'aura pas lieu*, Jean Giraudoux affirmera, lui, que le véritable héroïsme est de s'opposer à toute violence.

En vérité, comme l'a admirablement montré Jean-Louis Crémieux-Brilhac, un pacifisme profond imprégnait une grande partie de la société française et revêtait des aspects assez divers[4]. Nombre d'universitaires y adhéraient. Raymond Aron, pourtant peu suspect d'angélisme, avouera que, élève de la promotion de 1924 à l'École normale supérieure, il se fit recaler, plus ou moins

1. Postface d'Antoine Prost à Pierre Renouvin, *L'Armistice de Rethondes*, Paris, Gallimard, coll. « Les Journées qui ont fait la France », 2006.
2. Cité par Michel Winock, *Le Siècle des intellectuels*, Paris, Éd. du Seuil, 1997, p. 312.
3. *Les Cahiers du Cantadour*, 1935.
4. Jean-Louis Crémieux-Brilhac, *Les Français de l'an 40*, t. I : *La guerre oui ou non ?*, Paris, Gallimard, 1990, 2 vol.

consciemment, sous l'influence d'Alain, à l'examen de préparation militaire supérieure[1]. Assez logiquement, cet état d'esprit se trouvait assez répandu à gauche parmi les instituteurs. Au sein de la SFIO, Paul Faure en était le porte-parole passionné, tandis que Léon Blum évoluait progressivement vers des positions plus réalistes. Pour mesurer l'importance du phénomène, on notera que des hommes aussi courageux et lucides que Pierre Brossolette et Pierre Mendès France estimèrent à peu près jusqu'à la conférence de Munich en 1938 que tout devait être fait pour sauvegarder la paix.

Mais, contrairement à une idée très répandue, ce pacifisme n'épargnait pas les autres familles politiques, même s'il se fondait alors sur des considérations certes différentes. Maurras, sans le moindre doute, était passionnément anti-allemand ; c'était à ce titre qu'il entendait contrer Hitler ; pour autant, jamais il n'admit que le national-socialisme représentait un danger tel qu'une alliance, du moins provisoire, avec l'Union soviétique s'imposait. Et, sous son influence plus ou moins directe, une partie de la droite épousa ce point de vue. On le mesura bien quand, en 1935, le pacte franco-soviétique voulu par Barthou et négocié par Laval fut discuté au Palais-Bourbon aux fins de sa ratification. Bien que ses dispositions aient été très édulcorées, seuls quatre-vingts modérés, entraînés par Reynaud et Flandin, votèrent en faveur du texte présenté avec les radicaux, les socialistes et les communistes. Quarante-cinq nationaux se réfugièrent dans l'abstention et cent soixante-quatre émirent un vote hostile à la ratification.

Dans son histoire des *Droites en France*, René Rémond, à juste titre, qualifie ce scrutin de capital[2]. À partir de ce moment, en effet, il se révéla que beaucoup à droite voyaient dans les régimes dictatoriaux d'Allemagne et d'Italie une sorte de rempart contre le danger soviétique. La victoire du Front populaire en France, le

1. Raymond Aron, *Mémoires*, Paris, Julliard, 1983, p. 42.
2. René Rémond, *Les Droites en France*, Paris, Aubier, 1982, p. 226.

succès des communistes aux élections et, bien entendu, la guerre d'Espagne renforcèrent ce sentiment. Thierry Maulnier, jeune écrivain issu de la mouvance maurrassienne, aura le courage de le reconnaître : « Une défaite de la France [en Espagne], écrira-t-il dans *Combat* en novembre 1938, eût bien été une défaite de la France et une victoire de la France eût été moins une victoire de la France que la victoire des principes considérés à bon droit comme menant tout droit à la ruine de la France et de la civilisation. Il est regrettable que les hommes et les partis qui, en France, avaient cette pensée ne l'avaient pas avoué[1]. » Par peur du communisme, une partie non négligeable de la droite et de l'extrême droite, au départ passionnément nationaliste, adoptera ainsi une attitude attentiste et objectivement pacifiste vis-à-vis de l'Allemagne nazie.

Dans ces conditions, on conçoit qu'il ait été très difficile de mener une politique étrangère cohérente. Et, de fait, un examen attentif de la ligne diplomatique française durant la décennie antérieure à la Seconde Guerre mondiale justifie le titre choisi par Jean-Baptiste Duroselle pour caractériser la période : *La Décadence.* Louis Barthou, vieux républicain modéré et libre penseur, ministre des Affaires étrangères du gouvernement Doumergue, aura été sans doute le dernier à suivre une ligne intelligente visant à contenir l'Allemagne, à neutraliser l'Italie et à tenter un rapprochement avec l'Union soviétique. À l'origine de l'inflexion salubre qu'il suscita, il y eut sans doute une simple réaction d'humeur. En avril 1934, Ramsay MacDonald, Premier ministre travailliste du Royaume-Uni et président de la conférence du désarmement à Genève, pressa la France d'accorder à l'Allemagne, déjà soumise à Hitler, le principe de l'égalité des armements. Cette disposition était contraire non seulement au traité de Versailles, mais à la plus élémentaire prudence. Patriote à

1. *Combat*, novembre 1938, cité par J.-L. Crémieux-Brilhac, *Les Français de l'an 40, op. cit.*, p. 104.

l'ancienne, Barthou réagit vivement. Dans une note du 17 avril, restée fameuse, destinée au ministre conseiller britannique, sir Ronald Campbell, il affirma que la France assurerait sa sécurité par ses propres moyens, sans se soucier de l'avis des Anglais. À partir de là, il bâtit une politique de sécurité conséquente fondée sur des pactes multilatéraux. Il reprit d'abord l'idée de Briand d'un « Locarno de l'Est », c'est-à-dire d'un traité signé par l'Allemagne, l'Union soviétique, la Pologne, la Tchécoslovaquie, la Finlande et les Pays baltes impliquant, en cas d'agression commise par l'un des contractants, une assistance aux seuls pays voisins — afin d'éviter un engagement réciproque Allemagne-URSS. À ce dispositif il ajouta un traité d'assistance entre la France et l'Union soviétique (qui avait été admise à la Société des Nations le 18 septembre 1934). La tactique du ministre français était claire : il savait bien que l'Allemagne n'accepterait pas le pacte à l'Est ; mais son refus, précisément, justifierait alors la conclusion d'un accord bilatéral franco-soviétique. Anticommuniste convaincu, Barthou ne nourrissait aucune illusion sur l'URSS, mais, lucide et pragmatique, il savait hiérarchiser les dangers. Pour ces raisons, il souhaitait une alliance de revers dans la grande tradition de la diplomatie française depuis François Ier. Le système de sécurité collective de la Société des Nations étant à terre, il n'y avait pas à ses yeux d'autre solution, si condamnable qu'ait été par ailleurs le régime de Staline.

C'est peu de dire que cette perspective ne faisait pas l'unanimité. À droite, on l'a vu, de fortes réticences existaient. À gauche, on s'inquiétait pour la paix. Léon Blum *a priori* réprouvait ce type d'alliance susceptible de générer des conflits[1]. Seuls en définitive les radicaux et une partie de la droite modérée se montraient vraiment favorables à cette alliance.

1. En 1947 devant la commission parlementaire chargée d'enquêter sur les événements survenus en France de 1933 à 1945 (cité par Christian Jelen, *Hitler ou Staline*, Paris, Flammarion, 1988, p. 59).

L'assassinat de Louis Barthou, en compagnie du roi Alexandre Ier de Yougoslavie, à Marseille, le 9 octobre 1934, sonna de toute façon le glas de cette politique. Aurait-elle pu éviter le pire ? Personne ne peut l'affirmer. Après la disparition de Barthou, les considérations partisanes prirent en tout cas le pas sur ce qui aurait dû être perçu comme l'intérêt supérieur du pays.

On s'en rendit compte dès que Pierre Laval prit en charge le Quai d'Orsay au lendemain de l'attentat de Marseille. L'homme à la cravate blanche comprenait lui aussi la nécessité de nouer des alliances et il donna l'impression de poursuivre la politique de son prédécesseur en signant avec l'URSS, le 22 mai 1935, un pacte d'assistance mutuelle. Toutefois, cet accord ne comportait pas de convention militaire, ce qui en limitait la portée, et, surtout, il s'inscrivait dans le cadre d'une politique compliquée, voire brouillonne, visant simultanément à ménager l'Allemagne, à entrer dans les bonnes grâces de Mussolini tout en maintenant des liens avec Londres. En outre, la droite des affaires qui soutenait Laval inclinait, on le sait, de plus en plus à voir en l'URSS l'adversaire privilégié.

En 1947, Léon Blum affirmera que le seul moyen d'éviter la guerre aurait été de déclencher une action préventive, dès l'arrivée au pouvoir de Hitler en 1933. « Nous ne l'avons pas fait, précisera-t-il avec honnêteté, parce que nous avions l'horreur religieuse de la guerre[1]. » Avec la montée des périls, dans la seconde moitié des années 1930, cette disposition d'esprit ne devait pas changer. En 1936, quand Hitler remilitarisa la Rhénanie, en violation du traité de Versailles, le radical Albert Sarraut s'en tira par une belle envolée lyrique : « Nous ne laisserons pas les canons allemands menacer Strasbourg. » Paralysée par le souci de ne rien entreprendre sans l'accord des Britanniques (qui de leur côté avaient conclu, seuls, en juin 1935, un accord naval avec Berlin, au

1. *Ibid.*, p. 58-59.

terme duquel le Reich récupérait une grande partie de sa puissance navale), la diplomatie française se révéla impuissante. Malgré sa hauteur de vues, sa culture, son intelligence, Léon Blum, arrivé au pouvoir en 1936 à la tête d'un cabinet de Front populaire, ne parvint pas à redresser la barre. Comme l'a bien montré Christian Jelen, ce grand humaniste apparaît écartelé entre sa haine de Hitler et son attachement viscéral à la paix[1]. Tout en condamnant avec force le IIIe Reich, il se montra longtemps prêt à aller loin dans la voie des accommodements pour éviter la guerre. D'où une démarche chaotique, non dénuée de contradictions et qui aboutira, selon Jean-Baptiste Duroselle, « à de bien médiocres résultats[2] ». Curieusement, Blum, qui haïssait Mussolini, assassin de son ami le dirigeant socialiste Matteotti[3], reçut Schacht, le ministre des Finances du IIIe Reich, et sembla prêt à des concessions. En sens inverse, pour ne pas se couper de Londres et afin d'éviter l'éclatement de son ministère, il fit le choix, on le sait, de la non-intervention en Espagne.

Au moment de la conférence de Munich en 1938, il était, en réalité, trop tard pour réagir autrement qu'en paroles. Le cycle commencé au lendemain de la victoire en trompe-l'œil de 1919 se refermait. Plus rien ne pouvait arrêter l'engrenage fatal. Les concessions accordées par les Occidentaux en général et les Français en particulier ne faisaient plus que conforter Hitler dans la conviction que sa tactique de chantage permanent était adéquate.

Décadence : aucun mot n'aura été plus galvaudé, surtout en France où le mythe de l'âge d'or a toujours été bien enraciné. Pourtant, s'il est une période qui mérite qu'on lui accole ce terme

1. *Ibid.* p. 89.
2. J.-B. Duroselle, *La Décadence (1932-1939)*, Paris, Éd. du Seuil, p. 293.
3. Brossant un chaleureux portrait de Blum (*Images de Léon Blum. Le Figaro*, 4 mars 1970), Philippe Barrès témoignera : « Il était plus méfiant de Mussolini que de Hitler, allant jusqu'à me confier : "Je mettrais ma main dans la main d'Hitler mais non pas dans celle de Mussolini." »

c'est bien celle des années 1930. L'effondrement de juin 1940 apparaît, certes, inscrit dans les statistiques : entre 1900 et 1939, la population française augmenta de 3 %, et ce grâce à l'immigration. Dans le même temps, la population allemande s'accrut de 36 %. Si une tendance lourde préoccupante existait donc, le tournant fatal des années 1930 n'en est pas moins incontestable. D'abord économique, la dépression devint bientôt protéiforme et ses effets dévastateurs furent encore amplifiés par l'effet de scandales financiers qui minèrent le crédit de la classe politique (en réalité, les « affaires » avaient toujours existé mais le contexte les rendait plus perceptibles). Comme l'a noté Eugen Weber, « la crise des années 1930 fut autant économique que diplomatique, autant institutionnelle qu'économique : elle ne fut pas moins une affaire de morale publique, de confiance et de confiance en soi que d'intérêts économiques d'emploi et de balance des paiements[1] ».

La vérité, triste à reconnaître mais évidente, était que la France avait émergé du premier conflit mondial à la fois victorieuse et usée. Après la saignée de 1914-1918 il lui fallait un répit. Les Années folles, l'aspiration profonde à la paix dans tous les milieux l'attestent. Quand, à partir de 1931, de nouvelles épreuves pointèrent à l'horizon, le pays ne se trouvait pas en état de réagir sainement. Le plus étonnant tout de même vient de ce que la montée du totalitarisme, et singulièrement l'avènement du national-socialisme en Allemagne, qui, logiquement, auraient dû provoquer un électrochoc sur ceux dont le rôle était de guider l'opinion, suscitèrent surtout une peur du réel, un refus de considérer les choses en face, voire simplement de les nommer.

1. Eugen Weber, *La France des années 30. Tourments et perplexités*, Paris, Fayard, 1988, p. 15.

3

DÉFAITE DE LA PENSÉE

Dès le lendemain de l'armistice et parfois même avant la fin officielle des hostilités, un certain nombre de Français, révoltés par la défaite, dirent non à la fatalité et continuèrent le combat contre l'Allemagne. Ce fut le cas, par exemple, de Daniel Cordier, qui allait devenir le secrétaire de Jean Moulin : alors militant de l'Action française, il partit pour la Grande-Bretagne dès le 19 juin afin de rester fidèle aux idées « nationalistes » prônées par Maurras et dont il n'avait pas encore perçu toute l'ambiguïté[1]. Très rares, en revanche, furent ceux qui prirent les armes pour s'opposer à une idéologie monstrueuse. Dans l'ensemble, on vivait encore sur les souvenirs de la Grande Guerre. Les voisins d'outre-Rhin faisaient figure d'ennemis héréditaires : les repousser hors de France constituait un devoir patriotique. Par la suite, au moins dans les premiers mois de l'Occupation, la situation ne changea pas fondamentalement. Quand les forces d'Occupation prirent des otages et arrêtèrent des résistants, beaucoup pensèrent que de tels comportements s'étaient, hélas, déjà produits dans les régions françaises contrôlées par les Allemands pendant le premier conflit mondial et durant la guerre de 1870. « La nouveauté de nature, telle qu'elle fut révélée à l'ouverture en 1945 de Buchenwald, Bergen-Belsen et autres lieux, n'était pas soupçonnée, note Alain Besançon. L'inimitié nationale, la détestation

1. Voir ses Mémoires, parus sous le titre *Alias Caracalla*, Paris, Gallimard, 2009.

patriotique, parce qu'elles étaient franches, entières et sans arrière-pensées, freinaient le travail de l'imagination et l'enfermaient dans le cadre du déjà connu[1]. »

L'idéologie négligée

Pour comprendre les événements de juin 1940 et singulièrement la journée du 16, de tels rappels historiques sont essentiels. Aujourd'hui, nous savons beaucoup de choses sur les camps, la folie de Hitler, l'entreprise d'extermination des Juifs. Il est donc parfois difficile d'imaginer que les contemporains, même particulièrement avertis et courageux, aient pu avoir une vision différente. On peine d'autant plus à comprendre cela que, dès l'arrivée au pouvoir de Hitler en 1933, les signes les plus alarmants s'étaient manifestés. Le moins que l'on puisse dire est que l'incendie du Reichstag, le 27 février 1933, n'était pas passé inaperçu, non plus que l'imputation immédiate par les nazis du forfait aux communistes. La conscience universelle dans les semaines suivantes avait été témoin de la chasse aux marxistes et même, aussitôt après la victoire des nationaux-socialistes aux élections du 5 mars 1933, de l'ouverture des premiers camps de concentration. Très vite, les journaux du monde entier avaient fait état de très graves violences : nul ne pouvait ignorer que les Sections d'assaut d'Ernst Röhm semaient la panique dans les rues, occupaient les édifices municipaux, empêchaient *manu militari* les réunions d'opposants du nouveau régime. Le muselage de la presse constituait aussi un fait aisément observable. L'antisémitisme le plus abject, en outre, s'affichait partout. Pour un citoyen allemand, il était désormais impossible de pénétrer dans une boutique tenue par un Juif ou de faire appel au talent d'un médecin ou d'un avocat appartenant à la race vouée aux gémonies par

1. Alain Besancon, *Une génération*, Paris, Julliard, 1987, p. 35-36.

Hitler. Quant à la loi des quotas, elle s'appliquait, au vu et au su de tout le monde : au motif que les Juifs représentaient seulement 1 % de la population du Reich, 1 % des places, pas une de plus, leur était réservé dans les prétoires, les administrations et les universités. Autant dire que beaucoup se trouvaient par là exclus de la vie publique, donc contraints à l'exil ou condamnés à la misère. Les persécutions lancées contre des musiciens aussi célèbres que Bruno Walter ou Otto Klemperer n'avaient pas manqué d'attirer l'attention. Qui pouvait prétendre enfin ne pas avoir entendu parler de la journée du 10 mai 1933, au cours de laquelle, place de l'Opéra à Berlin, quelque deux mille livres dont les auteurs s'appelaient Sigmund Freud, Stefan Zweig ou Emil Ludwig avaient été brûlés par les militants fanatisés, à l'initiative de Joseph Goebbels, ministre de la Propagande du Reich. Dès le mois de septembre 1933, d'ailleurs, les organisations juives représentées à Genève à l'occasion de la quatorzième assemblée de la Société des Nations sonnaient l'alarme auprès du ministre français des Affaires étrangères, Joseph Paul-Boncour : « Les Juifs d'Allemagne sont contraints de vivre dans une atmosphère de haine et de mépris, qui les dépouille de toute dignité humaine [...]. Six cent mille êtres humains, dont beaucoup portent des noms illustres dans le monde des sciences, des arts, de l'industrie et du commerce, sont plongés dans l'humiliation et le désespoir pires que ceux dont ils ont souffert au Moyen Âge dans les ghettos ou dans les pays où ils ont été persécutés au XIXe siècle. Et lorsque les Juifs des autres pays protestent, ils sont accusés de se livrer à la propagande des atrocités, et l'on prêche la vengeance contre les Juifs allemands réduits à l'impuissance[1]. »

En dépit de cette multiplicité d'indices révélateurs de la véritable nature du national-socialisme, les réactions empreintes de lucidité restèrent peu nombreuses. L'erreur d'appréciation sur

1. Cité par Pierre-Jean Rémy, *Trésors et secrets du Quai d'Orsay*, Paris, Lattès, 2001, p. 786-787.

le IIIe Reich constitue, hélas, une évidence aussi éclatante qu'elle est rarement reconnue. C'est là un point capital pour la compréhension des différents acteurs du drame de juin 1940.

À l'extrême droite et même dans de larges secteurs de la droite classique dominait l'analyse de Charles Maurras. Le théoricien du nationalisme intégral se voulait, certes, viscéralement anti-allemand. À ce titre, il n'avait cessé de s'indigner des inconséquences de la politique étrangère française vis-à-vis de Berlin. Mais la spécificité du nazisme lui échappa totalement. À ses yeux, le national-socialisme n'était que l'un des avatars du pangermanisme. Quant au racisme ouvertement prôné par Hitler, il ne choquait pas Maurras outre mesure puisque les cibles désignées, au premier rang desquelles les Juifs, représentaient pour lui des agents de désintégration. Sans doute n'avait-il pas connaissance d'un projet d'extermination, mais les violences dont les Juifs furent les victimes dès l'arrivée au pouvoir de Hitler semblaient pour lui naturelles. Il est de fait, en tout cas, qu'aucune de ces exactions ne suscita sa réprobation ni celle de ses disciples. Et, parmi les modérés, les sentiments n'étaient certainement pas très différents, à quelques exceptions près. Le quotidien *L'Écho de Paris*, proche de ce courant d'opinion, allait même jusqu'à trouver des qualités au régime hitlérien[1]. Détail révélateur : dans un article de *Paris-Soir* évoquant en 1937 la vie quotidienne de Hitler, on put lire que le Führer, grand amateur de cinéma, s'était fait projeter un film tiré de *Tovaritch*, l'œuvre de Jacques Deval, après s'être assuré que cet auteur n'était pas juif[2]. Qu'une telle précision ait pu être portée à la connaissance des lecteurs d'un grand journal d'information, plutôt conservateur mais sans excès, en dit long sur l'état d'esprit d'une certaine frange de l'opinion.

Au sein de la droite modérée, deux hommes se distinguèrent tout de même par l'acuité et la justesse de leurs vues : Paul Rey-

1. J.-B. Duroselle, *La Décadence*, *op. cit.*, p. 62.
2. *Paris-Soir*, 12 décembre 1937, cité dans *Le Temps des médias*, n° 10, printemps 2008.

naud et André François-Poncet. On sait avec quelle obstination le premier essaya de convaincre ses amis politiques du péril constitué par le totalitarisme brun. « Vous croyez traiter avec l'héritier de Guillaume Ier, en réalité vous avez affaire à Gengis Khan », dira-t-il à Pétain en lui transmettant ses pouvoirs. Ambassadeur de France à Berlin, de 1931 à 1938, André François-Poncet se trouvait sur la même ligne. Normalien, agrégé d'allemand, il était entré au Quai d'Orsay après une carrière politique marquée au centre droit. Député d'union républicaine, sous-secrétaire d'État à plusieurs reprises au milieu de l'entre-deux-guerres, il devait se révéler, à Berlin puis à Rome, juste avant la guerre, un grand diplomate, l'un des hommes qui sûrement comprirent le mieux l'affreuse singularité du national-socialisme. François-Poncet, certes, a pu hésiter parfois à laisser entendre que Hitler n'évoluait pas, n'évoluerait jamais. Le poste qu'il occupait l'obligeait aussi à ne négliger aucune ouverture, aucun indice susceptible de faire croire à une embellie dans les rapports franco-allemands. Il reste que, dès son arrivée à Berlin, en 1931, ayant pris la peine non seulement de rencontrer le Führer mais de lire ses écrits — exercice auquel tant d'esprits réputés avaient négligé de se livrer —, il ne nourrissait plus la moindre illusion sur le danger constitué pour l'Europe par la présence au pouvoir d'un tel personnage. Pour lui, le dictateur n'appartenait pas à l'humanité normale. En juillet 1934, après un discours particulièrement violent de Hitler, il télégraphiait à son ministre : « La pensée profonde de *Mein Kampf* est remontée à la surface. Nous avons affaire à des anormaux. Quelle folie commettront-ils quand ils se verront aux abois ? Parviendront-ils, comme ils l'espèrent, à fanatiser tout un peuple[1] ? »

À l'inverse de Maurras, François-Poncet avait compris qu'avec le national-socialisme on se trouvait en présence d'une idéologie très différente du pangermanisme et que rien, sinon une force

1. Cité par Antoine Vitkine, « *Mein Kampf* ». *Histoire d'un livre*, Paris, Flammarion, 2009, p. 142.

d'un poids identique, ne pourrait l'ébranler. Dans ce dispositif idéologique inédit, l'antisémitisme, loin d'être un accessoire, une annexe, constituait une pièce essentielle, une clé de voûte. Si le meurtre de masse, sur une échelle industrielle, demeurait pour l'ambassadeur de la France à Berlin littéralement inimaginable, il parut clair à ses yeux que le véritable but de Hitler consistait à éliminer radicalement les Juifs du territoire allemand. Il n'avait pas le moindre doute non plus quant à la volonté du Führer d'instaurer un ordre totalitaire. Les violences, dont, dès l'installation au pouvoir de l'auteur de *Mein Kampf*, avaient été victimes les Juifs, les communistes, les socialistes et tous les libéraux avaient finalement convaincu François-Poncet qu'il était vain d'espérer une évolution favorable. D'où sa fermeté au lendemain de la conférence de Munich en septembre 1938 : pour lui, désormais, les démocraties occidentales devaient éliminer les causes de faiblesse intérieure, combler au plus vite les lacunes de leurs armements et offrir à l'étranger le spectacle du travail, de la cohésion et de la force [1].

André François-Poncet représentait, hélas, une exception. Il suffit pour s'en convaincre de se reporter aux dépêches diplomatiques de l'époque où, d'une manière générale, le dictateur allemand se trouvait décrit sous les traits d'un personnage certes brutal, cynique et imprévisible, à peu près jamais sous ceux du monstre qu'il était en puissance. On s'alarmait de ses desseins, on dénonçait ses méthodes, on ne cherchait jamais à analyser sérieusement son programme. Surtout, on voulait toujours se convaincre qu'il était possible, voire souhaitable, de composer avec lui. En Europe occidentale, beaucoup de responsables avaient sans doute approuvé cette réponse du Premier ministre britannique, Neville Chamberlain, à ses détracteurs au lendemain de la conférence de Munich : « L'histoire nous apprend qu'aucune forme de gouvernement ne reste inchangée. Le chan-

1. P.-J. Rémy, *Trésors et secrets du Quai d'Orsay*, *op. cit.*, p. 798.

gement peut s'effectuer lentement ou brutalement comme une explosion. Mais le changement sous une forme ou une autre est inévitable ; il faut donc déduire de cela que nous devons faire attention à ne pas perdre le contact avec aucun pays, en raison d'un système de gouvernement qui, avec le temps, peut subir de telles modifications qu'il sera très différent de ce qu'il est aujourd'hui[1]. »

À dire vrai, l'opinion, même éclairée, réagissait dans les démocraties comme l'avaient fait beaucoup d'Allemands alors que le programme antisémite du Führer était très explicite et que des épisodes comme la Nuit de cristal auraient dû normalement provoquer une vague de réprobation universelle. Dans sa magistrale biographie de Hitler, Ian Kershaw a tenté d'expliquer cette réaction : « L'acceptation d'un haut niveau de violence politique est l'une des marques de la culture politique en Allemagne entre les deux guerres. La déshumanisation de la société née du conflit mondial et de la quasi-guerre civile puis des bouleversements et des troubles révolutionnaires eut pour effet de rendre plus tolérable une violence paradoxalement censée servir les intérêts d'un retour à l'ordre et à la normale[2]. »

À gauche, et singulièrement parmi les intellectuels, bien rares furent ceux qui voyaient clair ou qui s'efforçaient même d'aller plus loin dans l'analyse du IIIe Reich. Pour nombre de ceux qui se réclamaient de valeurs humanistes et universelles, Hitler apparaissait comme le produit d'une situation historique particulière. Le traité de Versailles et les humiliations infligées à l'Allemagne expliquaient tout. L'analyse proposée par l'économiste John Maynard Keynes dans *Les Conséquences économiques de la paix* était prise à la lettre : l'Allemagne en 1919 avait été victime d'une injustice, imposée notamment par Clemenceau ; l'erreur du diktat réparée, on espérait que le peuple allemand se ressaisirait. De cette

1. Neville Chamberlain, *Notre pays et les autres pays*, Paris, Flammarion, 1939, p. 184-185.
2. Ian Kershaw *Hitler*, trad. fr. Paris, Flammarion, 2008.

illusion, alors largement répandue, les *Mémoires* de Raymond Aron portent témoignage. « Bien entendu, je détestai l'homme Hitler de tout mon être, écrira le philosophe, parce qu'il était antisémite et que je suis juif. Ma judéité y était pour quelque chose mais moins que l'on ne pourrait croire. L'orateur me hérissait ; sa voix, hypnotique pour certains, m'était presque intolérable ; sa vulgarité, sa grossièreté me répugnaient et me laissaient stupide face à l'enthousiasme de millions d'Allemands. Hitler respirait la haine, il incarnait le mal, il signifiait pour moi la guerre[1]. » Pourtant, Raymond Aron avoue avoir relu avec une sorte de malaise l'article qu'il avait consacré à l'Allemagne en 1933 dans la revue *Europe*. De fait, et il le reconnaît, plusieurs fragments de cette étude ne laissent pas de surprendre. Entre autres celui où il semble croire que la « coalition nationale » des nazis avec von Papen aurait pu ne pas aboutir à la toute-puissance de Hitler. « Plusieurs passages de cette étude ne me plaisent guère, commente Aron. Je cherchais des explications sinon des excuses à la passivité des Allemands. » Il se reproche enfin d'avoir sous-estimé Hitler : « Du moins je me trompais moins que beaucoup d'autres, conclut-il. À tous mes amis juifs, je recommandais l'exil immédiat. Il n'y avait plus pour eux d'existence honorable dans l'Allemagne nationale-socialiste. Je ne prévoyais pas à l'époque d'*Endlösung* [la Solution finale]. Qui pouvait l'imaginer en 1933[2] ? »

À la lumière de cet aveu émanant d'un observateur dont la lucidité fut très peu souvent prise en défaut, on mesure à quel point ce qui nous paraît aujourd'hui évident ne l'était pas à l'époque, même pour ceux qui étaient d'ordinaire suffisamment avertis et clairvoyants. L'idée simple, naturelle, d'opposer au totalitarisme brun une sorte de front uni des démocraties libérales sembla en réalité pour beaucoup une vue de l'esprit. « Si c'était

1. R. Aron, *Mémoires, op. cit.*, p. 62.
2. *Ibid.*, p. 64-65.

vraiment la lutte de la démocratie contre le fascisme », écrivait Roger Martin du Gard à Mme Van Rysselberghe (la « Petite Dame », amie d'André Gide) le 27 novembre 1936, « il serait simple d'opter [...]. Mais je vois deux dictatures aux prises, l'italo-germanique et l'internationale communiste et anarchiste. Toutes deux terriblement et également redoutables pour l'humanité. Aucun rapport avec l'affaire Dreyfus où l'enjeu était clair, où l'on se sentait engagé[1] ». Qu'un esprit aussi honnête que l'auteur des *Thibault* en soit arrivé à soutenir une telle opinion atteste une fois de plus le traumatisme provoqué dans la conscience collective par la guerre de 1914-1918, comme si la perspective d'un autre conflit, si peu de temps après la Première Guerre mondiale, avait tétanisé les meilleurs cerveaux.

En dépit des furieuses diatribes de Hitler dans *Mein Kampf* et de multiples signes de ses intentions, toute une génération d'humanistes pratiqua plus ou moins consciemment la politique de l'autruche. Tel fut le cas aussi de Jules Romains, le romancier des *Hommes de bonne volonté*, *a priori* insoupçonnable de la moindre faiblesse à l'égard du national-socialisme et qui pourtant, dans *Le Couple France Allemagne*, paru en 1934, ne trouva rien de mieux que de dénoncer l'injustice de l'opinion française vis-à-vis de Hitler : « Je suis persuadé que M. de Brinon quand il a cru sentir la sincérité du Führer affirmant son désir d'une réconciliation définitive avec la France, n'a pas été la dupe d'un commediante trop habile [...]. Les experts qui nous déclarent avec assurance : Hitler veut nous faire la guerre dans tant d'années, comme ils le disaient hier de Mussolini, montrent qu'ils sont étrangers à la psychologie des hommes exceptionnels[2]. »

Pour être juste, on signalera tout de même qu'à gauche quelques-uns ne partagèrent pas ces illusions. L'helléniste Victor

1. Roger Martin du Gard, *Correspondance générale*, t. III : *1933-1936*, Paris, Gallimard, 1990.
2. *Le Couple France-Allemagne*, Paris, Flammarion, 1934, p. 16, 30, 31.

Basch, président de la Ligue des droits de l'homme de 1926 à 1940, fut sans doute l'un des plus ardents d'entre eux ; pendant la guerre, les miliciens d'ailleurs ne l'oublieront pas et l'assassineront sauvagement, le 10 janvier 1944, dans la banlieue de Lyon. Proche du jeune Péguy et de Jaurès, adhérent de la SFIO, Basch était comme ses camarades passionnément attaché à la paix, mais tandis qu'autour de lui beaucoup, à commencer par Alain, érigeaient le pacifisme en religion, il eut le rare courage d'affirmer que la recherche du compromis n'était pas acceptable à n'importe quel prix. Dès 1933, à chaud donc, *Les Cahiers des droits de l'homme*, organe de la ligue qu'il dirigeait, publièrent ainsi de nombreux témoignages de victimes de l'hitlérisme provenant de Pologne, de Tchécoslovaquie, des Pays-Bas ou d'Autriche. Ils ne laissaient aucun doute sur ce qui était arrivé partout où les nazis imposaient leur loi. Les uns dénonçaient « des excès que l'Histoire n'avait plus enregistrés depuis l'Inquisition ». D'autres évoquaient des assassinats commis à la face du monde et alors que les hitlériens ne disposaient pas encore de la plénitude des pouvoirs. D'autres enfin soulignaient l'éventualité probable d'une Saint-Barthélemy moderne. Confronté à ces informations, dont certains préféraient se détourner, Victor Basch n'hésita pas : « On a beau essayer d'être juste, impartial, de se mettre à la place des Allemands, de s'infuser pour un instant dans leur sensibilité et leur mentalité, on ne peut pas, devant le spectacle que nous offre l'Allemagne d'aujourd'hui, ne pas éprouver un sentiment de répulsion, de révolte et d'horreur[1]. » Basch ne se laissa pas abuser par les bonnes paroles de Hitler, par le discours pacifiste que le dictateur tint longtemps, tout bonnement parce que le temps était nécessaire à la préparation du conflit auquel il se montrait résolu ; il ne croyait pas davantage aux propos lénifiants de Franz von Papen soutenant que *Mein Kampf* ne reflétait plus les conceptions du Führer.

1. Ch. Jelen, *Hitler ou Staline*, *op. cit.*, p. 40.

Secrétaire général de la Ligue des droits de l'homme, historien, professeur à la Sorbonne, Émile Kahn se situait sur la même ligne. « À lire *Mein Kampf* avec attention, écrit-il dès 1934, on s'aperçoit qu'il demeure le bréviaire de l'hitlérisme au pouvoir. Toutes les mesures prises depuis son avènement (mise en place de la dictature, unification de l'Allemagne, corporatisme ouvrier, législation antisémite, orientation d'enseignement, etc.) y sont prévues et prescrites. Une seule partie du programme a été abandonnée : les mesures contre le grand capital. Le reste est en voie d'accomplissement total — la réorganisation militaire, la politique extérieure. Si parfois l'hitlérisme se donne l'apparence de se contredire, Hitler explique que les circonstances défavorables l'obligent à temporiser, à louvoyer[1]. »

Ces jugements, hélas, demeuraient l'exception, à droite comme à gauche. Parmi les catholiques progressistes, en particulier ceux qui s'étaient réunis autour de la revue *Temps présent* (Maurice Schumann, futur porte-parole de la France libre à Londres, y collaborait et de Gaulle devait être adhérent n° 7 des Amis de *Temps présent*), le nazisme était appréhendé dans son affreuse vérité. Les communistes firent preuve eux aussi de perspicacité, tant il est vrai que les adversaires les plus implacables d'une théorie se révèlent souvent les mieux à même de l'analyser.

Au total, et si surprenant que cela puisse paraître, l'attitude des élites administratives, politiques et intellectuelles, à quelques exceptions près, ne semble pas avoir été très différente de celle des Français de base telle que Jean-Louis Crémieux-Brilhac l'a décrite : « La représentation de l'Allemagne s'appuie sur des connaissances souvent sommaires de la réalité d'outre-Rhin. Très peu de Français connaissent *Mein Kampf*, moins encore l'ont lu [...]. On pense d'ailleurs couramment que *Mein Kampf* n'engage pas l'homme d'État Hitler. C'est en 1938 pour la première fois que le principal journal d'anciens combattants mentionne

1. *Ibid.*, p. 58.

— d'ailleurs incidemment — l'existence des camps de concentration hitlériens. Les illusions vont de pair avec la méconnaissance quelquefois complaisante de la psychologie hitlérienne[1]. »

Comment penser l'impensable ?

En avril 1940, quelques mois avant le début de la guerre, Goebbels parlant devant des amis ne cacha pas combien lui paraissait incompréhensible l'attitude des voisins de l'Allemagne, et notamment celle de la France, face à la menace constituée pour eux par le national-socialisme. Pour le ministre de la Propagande du IIIe Reich, les dirigeants des démocraties occidentales auraient dû, en bonne logique, tout mettre en œuvre afin d'empêcher l'arrivée au pouvoir de l'auteur de *Mein Kampf*; jamais ils n'auraient dû tolérer comme voisin un responsable politique prônant un tel programme. « Les Français n'ont rien fait, conclut Goebbels ; ils nous ont laissé faire et maintenant nous sommes prêts, nous allons commencer la guerre[2]. » L'erreur tragique des démocrates occidentaux aura été de ne pas prendre au sérieux le dessein de Hitler, de refuser d'admettre, on l'a dit, que *Mein Kampf* exprimait une idéologie inédite et non une simple résurgence des vieux démons germaniques. Par attachement viscéral à la paix, un certain nombre de responsables pratiquèrent la politique de l'autruche. Après avoir publié son livre-programme, Hitler exprima parfois le regret d'avoir ainsi dévoilé ses véritables objectifs ; il redoutait que cette imprudence ne fût exploitée par ses adversaires. Cette crainte se révéla vaine. L'énormité même des propositions du Führer a en définitive égaré, aveuglé la plupart de ses contemporains. Beaucoup ne firent pas l'effort d'essayer de percer le projet d'ensemble du dictateur allemand. Quant à

1. J.-L. Crémieux-Brilhac, *Les Français de l'an 40, op. cit.*, p. 21.
2. Cité par A. Vitkine, *« Mein Kampf ». Histoire d'un livre, op. cit.*, p. 161.

Hitler, conscient de certaines résistances et de l'émotion qu'avait tout de même suscitée dans le monde l'application des premières mesures discriminatoires envers les Juifs au lendemain de son accession à la chancellerie du Reich en 1933, on le vit, il est vrai, s'employer au cours des années suivantes à donner l'impression d'une relative modération. À l'égard des Français, il multiplia ainsi les paroles apaisantes. Au journaliste Bertrand de Jouvenel, venu en février 1936 l'interroger pour le quotidien *Paris-Midi*, il confia notamment que les raisons d'un conflit avec la France n'existaient plus ; *Mein Kampf*, expliqua-t-il, avait été écrit dans des circonstances tout à fait particulières, dans un moment de grande tension, alors que les troupes françaises occupaient la Rhénanie. « Ma rectification ? Je l'apporte tous les jours dans ma politique étrangère, toute tendue vers l'amitié avec la France[1] ! » Pour qui savait lire entre les lignes, le but final de Hitler était cependant très clair. Dans *Mein Kampf*, il est de fait que l'élimination physique des Juifs ne figure pas. On peut simplement la déduire, sans forcer les mots, d'un passage où il est précisé que seule l'énergie d'une passion nationale serait susceptible de contrarier les menées internationalistes et mondialistes des représentants du peuple élu, étant entendu qu'une telle confrontation ne pourra avoir lieu sans effusion de sang.

Winston Churchill apparaît en vérité comme l'un des seuls hommes politiques de son temps à ne pas s'être laissé abuser par les manœuvres de Hitler, à avoir compris l'importance de l'idéologie dans les écrits de l'ex-caporal devenu dictateur. De tous ses pairs il fut incontestablement le plus lucide. Dès 1925, il avait lu des extraits de *Mein Kampf* et, à partir de 1932, il redoubla d'attention. Dès sa première lecture, il éprouva le sentiment de tenir entre ses mains « le nouveau Coran du fanatisme et de la guerre », certes emphatique, verbeux et très mal composé mais porteur, à coup sûr, d'un message très précis quoique délirant. Les raisons

1. *Paris-Midi*, 13 février 1936.

profondes de la haine du Führer à l'égard des Juifs lui apparurent au premier coup d'œil : Hitler ne connaissait que la force la plus brutale, il en avait l'obsession. Aux yeux de Churchill, l'homme se réduisait à un animal qui devait lutter à mort pour s'affirmer et survivre. Les Juifs, incarnation par excellence des valeurs universelles, représentaient pour lui des éléments perturbateurs à éliminer en priorité. Churchill avait donc bien perçu la centralité terrifiante de l'antisémitisme dans l'idéologie hitlérienne. En outre, un voyage en Allemagne entrepris dès 1932 dans le cadre de recherches sur le duc de Marlborough, son ancêtre dont il écrivait la biographie, l'avait convaincu très tôt de l'écho profond suscité par la rhétorique de Hitler dans la population. Churchill avait vu des hordes fanatisées qu'il n'oubliera jamais. Ainsi s'explique son inflexible détermination, tandis que la classe politique de son pays cédait, hélas, aux mirages de l'*apeasement*.

En France, rappelons que cette perception du national-socialisme demeura très exceptionnelle. L'intelligence et l'acuité de jugement de Paul Reynaud, d'André François-Poncet ou de Victor Basch ne peuvent faire oublier que, dans l'ensemble, les milieux politiques et intellectuels se montrèrent aveugles. Le nazisme fit certes l'objet de critiques, mais toujours partielles. Les uns s'inquiétaient de l'antichristianisme manifesté par Hitler, les autres mettaient en évidence les visées hégémoniques du dictateur. En revanche, on compta sur les doigts d'une main ceux qui se livrèrent à une analyse sérieuse de l'idéologie national-socialiste. Dès 1934, pourtant, l'écrivain André Suarès avait sonné l'alarme dans un article consacré à *Mein Kampf* paru dans *La Nouvelle Revue française*. Tout le dessein de Hitler s'y trouvait lumineusement scruté :

> Tant d'orgueil dans la sottise et la méchanceté, une telle impudence à s'adorer soi-même et à dégrader les autres, tant d'affirmations meurtrières sans l'ombre d'une preuve, le délire de ce primate qui s'accorde tout pour tout refuser à autrui, qui

> raisonne avec ses griffes et argumente avec ses crocs, ce radotage enragé mène le lecteur de nausée en nausée [...]. Il est à peine croyable qu'on doute de sa malfaisance et que Hitler trouve encore une excuse. On feint de croire que l'homme de *Mein Kampf* n'est pas celui qui règne sur l'Allemagne désormais : on soutient qu'en dix ans, il a dû changer et n'être plus si sauvage. Quel aveuglement ? Dans ce livre, il y a tous les crimes de Hitler commis cette année et tous ceux qu'il pourra commettre encore. Ils y sont tous, il les annonce, il s'en vante plus même qu'il ne les avoue. Il dit, en termes exprès, qu'il faut mettre le feu au Reichstag, et il l'a fait. Et vous cherchez encore l'incendiaire, le coupable ? [...] Que faut-il de plus que ce livre ? Il confesse les intentions. Tout y est, et tout y aura été quoi que cet homme fasse[1].

Cette vision si lucide de l'hitlérisme ne rencontra malheureusement que scepticisme, indifférence, voire franche hostilité, comme en témoignent des lettres adressées à l'éditeur dénonçant un Cassandre, un va-t-en-guerre.

La défaite de la pensée face au phénomène hitlérien demeure l'une des grandes énigmes de ce temps. La paralysie de l'intelligence en l'occurrence n'est évidemment pas tout à fait inexplicable. Il faut reconnaître néanmoins que l'entreprise d'extermination du Führer paraissait à peine concevable. Hannah Arendt elle-même a très honnêtement avoué son incrédulité quand elle apprit en 1943 l'existence d'Auschwitz : « Tout d'abord, nous n'y avons pas cru, bien qu'à vrai dire mon mari et moi-même estimions ces assassins capables de tout. Mais cela, nous n'y avons pas cru. » À la lettre, cette novation dépassait l'entendement. « La philosophie, elle-même, écrira encore Hannah Arendt, n'est pas blanche de toute culpabilité dans cette histoire. Non pas bien sûr que Hitler ait quoi que ce soit à voir avec Platon, mais au sens où la philosophie occidentale n'a

1. *La Nouvelle Revue française*, 1er décembre 1934.

jamais eu un concept pur de politique et ne pouvait pas l'avoir, car elle parlait toujours de l'homme sans jamais prendre en compte la pluralité humaine[1]. »

Quand on évoque les jours sombres de juin 1940, tout cet arrière-plan souvent oublié doit être présent à l'esprit. Les divers protagonistes du drame — Pétain, Laval ou Weygand, aussi bien que de Gaulle, Reynaud ou Mandel — n'avaient pas de l'Allemagne nazie la vision que l'on aura par la suite.

Les partisans de l'armistice, pour la plupart, ne sont guère conscients de l'aspect idéologique de la lutte contre l'adversaire. Pétain et Weygand sont trop âgés et surtout trop sclérosés intellectuellement pour tenir compte de cette dimension essentielle : la présence des Allemands à Paris évoque d'emblée pour eux de tristes et fâcheux précédents : l'occupation des Alliés en 1819, les Prussiens vainqueurs en 1871. Sans doute ceux qui plaident pour la continuation de la lutte sont-ils beaucoup plus clairvoyants. Même si, comme de Gaulle, ils sont animés à ce moment avant tout par un très fort sentiment patriotique, ils devinent que l'affrontement en cours est celui du Bien et du Mal et non une guerre classique analogue à celles que le monde a subies depuis la nuit des temps. Aucun, pourtant, ne parvient à prendre la mesure de la terrible réalité du IIIe Reich : il faudra des mois et l'épreuve de l'Occupation pour que le conflit change de nature et acquière une dimension idéologique.

Armistice ou capitulation ? Le grand débat de juin 1940 ne peut être compris que rapporté au contexte d'une époque où les meilleurs esprits éprouvaient finalement de grandes difficultés à concevoir le phénomène totalitaire. Car, comme l'a bien montré François Furet, ceux-là même qui, tel Victor Basch, perçurent la nature profonde du régime hitlérien, eurent tendance, par réflexe antifasciste, à trouver quelques excuses au stalinisme[2].

1. Cité par Sylvie Courtine-Denamy, *Hannah Arendt*, Paris, Belfond, 1994, p. 249.
2. François Furet, *Le Passé d'une illusion*, Paris, Calmann-Lévy / Robert Laffont, 1995.

4

LES CHEMINS DE L'ARMISTICE

Armistice ou capitulation et poursuite des combats en Afrique du Nord ? Depuis plus de soixante ans, ce choix qu'eurent à résoudre les gouvernants de 1940 fait l'objet d'innombrables études et d'autant de polémiques. Une chose est sûre cependant : le choix de l'armistice ne s'est pas imposé subrepticement le 16 juin. Depuis des semaines cette issue était évoquée dans les cercles proches du pouvoir, les uns la repoussant avec horreur, les autres s'y ralliant avec plus ou moins de résignation. En faisant sa fameuse proposition, Camille Chautemps savait que le terrain lui était favorable. Des documents jusqu'à présent non publiés l'établissent formellement.

L'annonce faite aux Anglais

Le *Journal* de Jules Jeanneney l'atteste[1] : c'est le 25 mai que Paul Reynaud parla, pour la première fois semble-t-il, devant le président du Sénat des offres de paix, directes ou indirectes, des Allemands. Depuis les débuts fulgurants de l'offensive de Hitler sur la France, on savait Paris menacé et, le 10 mai, le président du Conseil avait reçu le consul général de Suède, Raoul Nordling, porteur d'un

1. Jules Jeanneney, *Journal politique, septembre 1939-juillet 1942*, Paris, Armand Colin, 1972, p. 55.

message du maréchal Goering stipulant que, si la France se montrait raisonnable en déposant les armes sans tarder, les conditions de l'armistice seraient modérées. Quels qu'aient pu être ses sentiments personnels, Paul Reynaud ne pouvait ignorer totalement le message. Il demanda donc au président de la Haute Assemblée s'il convenait, selon lui, de soumettre les conditions allemandes à l'examen et à l'acceptation des chambres. Jeanneney ne cacha pas qu'il redoutait que les parlementaires, peu portés dans l'ensemble à résister, ne cautionnent une demande d'armistice, mais il avoua au chef du gouvernement qu'il était pour le moins délicat de ne pas informer les assemblées des propositions allemandes. Le même jour, à 19 heures, Paul Reynaud évoqua de nouveau la perspective d'un arrêt des combats devant le comité de guerre réuni à l'Élysée sous la présidence d'Albert Lebrun et auquel participèrent notamment le maréchal Pétain, Laurent Eynac, ministre de l'Air, Campinchi, ministre de la Marine, Weygand, Darlan, le général Vuillemin, le général Buhrer et Paul Baudouin. Weygand, en charge du commandement en chef depuis quelques jours, dressa un tableau très sombre de la situation militaire. Il n'était plus possible, à l'en croire, d'opérer la jonction des forces alliées du Nord et des forces françaises du Sud : ce plan proposé par lui le 22 mai devenait désormais caduc. Pour défendre une ligne de 280 kilomètres depuis la ligne Maginot jusqu'à la mer, il ne disposait plus que de soixante divisions ; en face, les Allemands pouvaient en aligner cent trente, dont neuf blindées. Le généralissime se montra très pessimiste, résolu à se battre jusqu'au bout pour sauver l'honneur mais sans aucun espoir de l'emporter. Manifestement, il était hanté par l'idée d'être déshonoré en cas de défaite : quelques jours plus tôt, il n'en avait pas fait mystère devant Paul Reynaud.

L'exposé de Weygand eut un tel impact que, malgré sa volonté de ne pas fléchir, le président du Conseil fut à nouveau, semble-t-il, saisi par le doute[1]. Il jugea en tout cas indispensable d'aller,

1. R. de Margerie, *Souvenirs, op. cit.*

dès le lendemain, exposer lui-même la situation au cabinet de guerre britannique. Avant de partir pour Londres, il tint à son collaborateur Roland de Margerie le discours suivant : « D'ici quelques jours l'armée française subira, avec les soixante divisions qui lui restent, l'assaut de cent cinquante divisions allemandes. Une telle disproportion de forces rend la résistance à peu près inutile, en tout cas la défaite assurée. Or, en France, les désastres militaires s'accompagnent toujours de troubles révolutionnaires. Pourquoi ne pas chercher à sauver ce qui peut être encore sauvé ? Et pourquoi ne pas traiter pendant qu'il est encore temps ? D'autre part, il faut faire l'impossible pour empêcher, presque à n'importe quel prix, une intervention italienne qui achèverait de sceller notre destin. Pour y parvenir, la France et le Royaume-Uni doivent multiplier les offres de concessions à Rome. Il s'agit d'obtenir notamment du gouvernement britannique qu'il se déclare prêt à traiter avec Mussolini en ce qui concerne Suez et Gibraltar[1]. »

Le discours du chef du gouvernement se voulait tout à fait net. Si Villelume, pour sa part, ne craignait pas de déclarer que les engagements pris envers l'Angleterre le 20 mars cessaient de compter parce qu'il y avait cas de force majeure étant donné la gravité de la situation militaire. Avant de s'embarquer au Bourget, Paul Reynaud ajouta tout de même que, « bien entendu, si Hitler posait des conditions d'armistice incompatibles avec l'honneur, il ne resterait plus qu'à combattre jusqu'à la destruction complète de l'armée française. En attendant, il ne s'agissait pas de négocier un armistice mais bien un traité de paix et, pendant les pourparlers éventuels, de se battre sur la Somme puis, le cas échéant, sur la Seine avec la plus grande énergie ».

Roland de Margerie fut « atterré » par ce qu'il entendit. S'il était prêt à s'incliner devant l'opinion de Weygand, il jugeait

1. *Ibid.* Mussolini aurait manifesté des visées hégémoniques en Méditerranée. Il s'agissait de lui donner certaines facilités à Suez et à Gibraltar en échange de sa non-belligérance.

« stupéfiant » les propos tenus par Villelelume : « Je savais déjà le colonel de Villelume défaitiste, mais ses propos me surprirent néanmoins. Chose curieuse, son réalisme s'accompagnait des vues les plus théoriques et les plus fumeuses en matière de politique extérieure. Alors que les Anglais étaient à ses yeux coupables et capables de tout, Allemands et Italiens échappaient à tout blâme et justifiaient tous les espoirs [1]. »

Comment interpréter ce comportement de Paul Reynaud dont les sentiments profonds, hostiles à l'armistice, ne sauraient être contestés ? L'hypothèse suggérée par Margerie mérite d'être connue : « Le président du Conseil était parfaitement calme, comme je l'ai d'ailleurs vu en toutes circonstances. Mais il donnait l'impression d'un homme qui a été mis en face d'une situation donnée et en accepte les conséquences, sans avoir soumis cette situation à l'épreuve de son jugement personnel. » Pour Margerie, Reynaud n'avait pas changé subitement d'avis. « Néanmoins il se préparait, sans sourciller, à annoncer au gouvernement britannique que nous nous glissions vers une paix séparée [...]. Avec une aisance d'homme politique et d'avocat qui plaidait alternativement des thèses opposées, le président du Conseil acceptait une position qui était à l'opposé même de son passé et de sa réputation. Sans doute la mission que lui avait confiée le cabinet de guerre justifiait-elle, à ses propres yeux, une attitude si contraire à ses propres convictions. » Cependant Margerie va encore plus loin : il parle d'« apathie qui neutraliserait les réactions naturelles du chef du gouvernement ». Et le même témoin de poursuivre : « Paul Reynaud n'était d'ailleurs pas à son aise et dans les réponses qu'il fit à plusieurs de mes questions, je discernai une volonté arrêtée de ne pas se prêter à la discussion. Sans doute voulait-il éviter d'entendre dire par moi nombre de choses qu'il pensait lui-même en son for intérieur. Mais c'est ce jour-là que je me rendis compte pour la première fois des alternances

1. *Ibid.*

de dépression et d'énergie dont le président du Conseil était capable et que je cessai de le croire inébranlable dans ses convictions[1]. »

À Londres, le 26, Paul Reynaud en tout cas confirma, devant le cabinet de guerre britannique, ses vues très pessimistes quant à l'issue du conflit en des termes dénués d'ambiguïté. Après s'être fait l'écho des plaintes des militaires français, et en particulier de Weygand, face à l'engagement minimum des Britanniques dans le conflit, il aborda ensuite l'hypothèse où la bataille du Nord serait perdue.

> On se battra alors sur la ligne de la Somme à l'Aisne, avec soixante divisions contre cent cinquante divisions allemandes. En ce qui concerne les effectifs, chaque division aurait à tenir un front de quinze kilomètres au moins sans réserves à l'arrière. En ce qui concerne le matériel, la supériorité allemande en divisions blindées est écrasante. Le général Weygand considère que la nouvelle ligne sera certainement crevée. Mais l'installation s'en poursuivra et l'armée française se battra, même sans espoir. Ensuite il y aura la ligne de la Seine. Là encore on s'accrochera. Mais Paris pourrait être menacé et, dans cette région qui contient 70 % de nos industries de guerre, les possibilités voire les probabilités de révolutions ont toujours marché de pair avec la défaite militaire, facteur ignoré en Angleterre. Tout gouvernement français se doit à lui-même de conserver les moyens militaires de réprimer des troubles révolutionnaires[2].

En conclusion, Paul Reynaud posa plusieurs questions aux Britanniques, les unes relatives à l'aide supplémentaire qu'ils pourraient le cas échéant apporter à la France, les autres concernant des offres éventuelles à l'Italie visant à obtenir sa non-belligérance. La dernière, enfin, était sans équivoque : « Quelle serait la situation aux yeux du gouvernement britannique si la

1. *Ibid.*
2. *Ibid.*

France, s'étant ainsi battue pour l'honneur, venait à succomber et se trouvait pratiquement désarmée ? »

Sous une forme indirecte, c'était poser clairement le problème d'un éventuel armistice et d'une remise en cause de l'accord passé entre les deux pays en mars 1940. Paul Reynaud est-il allé plus loin ? A-t-il parlé de paix séparée ? Si Villelume l'affirme en se fondant sur une confidence *a posteriori* du chef du gouvernement, Margerie se montre plus nuancé : « J'eus l'impression que, devant l'attitude des ministres anglais, il avait peut-être modifié un peu la tournure générale de son exposé et fait assez vite dévier la discussion vers la question italienne plutôt que vers notre effondrement possible[1]. »

Dans cette affaire, le rôle de Villelume paraît de toute façon avoir été important. Margerie confirme ce que le colonel a soutenu dans son journal, à savoir qu'en ces heures décisives il a exercé sur le président du Conseil une pression constante dans le sens de l'armistice. Non sans état d'âme d'ailleurs, car l'homme était incontestablement patriote : « Bien que la nécessité d'une telle solution m'apparaisse avec une clarté aveuglante, écrira-t-il, je ne me dissimule pas toutefois qu'en proposer l'adoption à Paul Reynaud est un acte d'une extrême gravité. Admettre la défaite avant qu'elle n'ait été consommée, nier toute possibilité de redressement sans en apporter une démonstration valable pour tous, renoncer définitivement après quinze jours de lutte à l'immense capital matériel et moral hérité de notre victoire de 1918 et des sacrifices qui l'ont fondée, c'est à cela qu'équivaut en définitive la décision que j'envisage d'arracher au président[2]. »

La responsabilité que prit le colonel de Villelume en mettant toute son influence au service de la cause de l'armistice paraît d'autant plus grande que Paul Reynaud ayant laissé, fût-ce un très

1. *Ibid.*
2. Paul de Villelume, *Journal d'une défaite, août 1939-juin 1940*, Paris, Fayard, 1976, p. 353.

bref instant, percé une hésitation, tous ceux qui se trouvaient à ses côtés — ministres, hauts fonctionnaires, généraux — pouvaient s'estimer fondés à plaider à leur tour en faveur d'un arrêt des hostilités. Après le général Weygand, qui avait porté un diagnostic quasiment sans appel, les interrogations du président du Conseil ne pouvaient que renforcer le camp de ceux qui estimaient venu le temps de traiter avec l'ennemi.

Bref espoir

Fugitivement, à la fin du mois de mai et dans les premiers jours de juin, l'optimisme sembla revenir dans les milieux officiels en raison de quelques succès remportés par les forces françaises. L'armistice redevint pour quelque temps un mot tabou. Les Français, il est vrai, tenaient un bouc émissaire idéal en la personne du roi Léopold III de Belgique qui, le 27 mai, déposa les armes face à l'invasion allemande, alors que ses ministres décidaient de poursuivre le combat à l'étranger et déclaraient sa décision illégale. Logiquement, ces nouvelles auraient dû jeter la consternation à Paris. Apparemment, il n'en fut rien. Margerie devait même être alors témoin de scènes étonnantes. L'air triomphant, Dominique Leca lui annonça : « Nous allons pouvoir expliquer au public français, qui ne comprend rien à notre défaite, que tout est survenu par la faute du roi des Belges et de ses conseillers et que nous avons été trahis dès le jour où nous avons franchi la frontière. Nous allons stigmatiser la conduite de ce roi et cela va fournir un thème magnifique au discours radiodiffusé que va prononcer demain matin le président[1]. » Les témoins croyaient rêver, ayant à l'esprit ce qui s'était passé la veille à Londres. Étrangement, la décision du souverain belge de cesser les combats parut même ragaillardir à la fois le général Weygand, qui, soudain, se montra

1. R. de Margerie, *Souvenirs*, *op. cit.*

moins pessimiste, et l'amiral Darlan, qui alla jusqu'à mettre en garde le commandement en chef contre les manœuvres tortueuses de Paul Baudouin, acquis, lui, définitivement à l'idée de cesser les hostilités. Sans doute y avait-il une explication rationnelle à ce changement de ton : deux millions de réfugiés belges erraient alors sur les routes de France et l'on pouvait craindre de sérieux incidents si le gouvernement français, à l'exemple des ministres belges, ne condamnait pas, dans les termes les plus vigoureux, l'attitude du monarque. Mais les plus avertis ne pouvaient s'empêcher de penser que la défection de Léopold III pourrait servir un jour à justifier une décision analogue de la part des autorités françaises. Quoi qu'il en soit, Paul Reynaud stigmatisa avec une particulière vigueur la position prise par le souverain belge, ce qui sembla témoigner d'un état d'esprit plus offensif.

Quelques heures plus tard, quand on revint à une vue plus objective de la situation, le pessimisme se réinstalla à tous les échelons. Circonstance aggravante : on dut bientôt constater que les propos tenus au sommet de l'État quant à l'éventualité d'un armistice avaient produit à Londres un effet désastreux. Soumis notamment, lors d'un conseil interallié, le 31 mai, à des demandes réitérées des Français visant à un engagement supplémentaire des forces aériennes britanniques dans la bataille, les Anglais s'étaient montrés plutôt réticents. Les objurgations de Weygand et de Pétain sur ce point suscitaient peu de sympathie du côté britannique car on n'était pas sans savoir en haut lieu, par le général Spears, officier de liaison, que l'aviation française donnait l'impression de ne pas être commandée. Le vice-amiral de l'air, Barratt, alors à la tête des forces aériennes britanniques mises à la disposition de l'état-major français, se plaignait de ne jamais recevoir d'ordres du général Vuillemin, chef d'état-major de l'armée de l'air. Après un raid aérien allemand sur Paris, le 3 juin, on s'étonna aussi à Londres d'avoir vu la chasse française demeurer inactive. Les griefs n'étaient nullement imaginaires puisque, selon Roland de Margerie, des sanctions furent prises contre les responsables de cette faute. De ce fait, en tout cas, les perpétuelles demandes françaises en matière de coopération aérienne ne cessaient de se heurter de plus en plus au scepticisme des Britanniques.

L'opération de Dunkerque donna prétexte à d'autres incidents entre Français et Anglais. Le général commandant l'arrière-garde britannique retira, semble-t-il, ses troupes alors qu'il y avait encore des Français à ramasser, ce qui conduisit Villelume à stigmatiser « ce saltimbanque de Churchill », coupable d'avoir versé des larmes de crocodile au Conseil suprême du 31 mai et réclamé pour ses hommes l'honneur de rester les derniers à combattre en France. Aussi Weygand exigea-t-il, quand il devint évident qu'une nouvelle offensive allemande sur la Somme et sur l'Aisne ne pouvait tarder, que la participation britannique à la bataille atteignît son maximum. Il insista énergiquement en particulier pour que l'aviation de chasse britannique fût mise à la disposition de la France le temps de la durée des combats et qu'elle se transportât sur des bases situées sur l'Hexagone. Le moins que l'on puisse dire est que Londres ne réagit pas avec promptitude. Paul Reynaud intervint alors auprès de Churchill, sans réussir à le faire plier complètement. Au début du mois de juin, le Premier ministre britannique se résigna à jeter dans la bataille neuf escadrilles supplémentaires, mais il fit la sourde oreille à toute autre sollicitation. Entre Britanniques et Français, la tension monta. Dans la matinée du 5 juin, un accrochage très sérieux se produisit entre Weygand et Spears, qui, par ailleurs, se détestaient cordialement[1].

Objectivement, les hésitations britanniques étaient compréhensibles. Roland de Margerie, qui fit beaucoup alors pour empêcher une trop grande détérioration du climat, était bien placé pour savoir que le discours tenu par le chef du gouvernement au cabinet de guerre britannique, le 26 mai, avait suscité des

1. Voir E. Spears, *Témoignage sur une catastrophe*, t. II : *La Chute de la France*, *op. cit.*, p. 66.

inquiétudes quant à la résolution des Français de se battre jusqu'au bout. Le corps expéditionnaire britannique ayant perdu pendant la bataille du Nord tout son armement, seule l'aviation de chasse métropolitaine restait encore intacte pour défendre l'Angleterre contre une attaque aérienne — prélude à une tentative d'invasion terrestre. Était-il raisonnable de risquer ainsi sa destruction alors même que l'hypothèse d'une paix séparée entre Français et Allemands n'était pas exclue ? Churchill et ses ministres ne le pensaient pas et l'on ne peut leur donner tort, même s'il est incontestable que leur réticence manifeste à s'engager aux côtés des Français donnait aux partisans de l'armistice un formidable argument.

Au début du mois de juin, il devint clair que Weygand ne réussirait pas à constituer un front continu d'ouest en est, comme il en avait le projet. En raison de l'avance allemande, la situation de la France devenait catastrophique. Selon Raoul Dautry, ministre de l'Armement, l'occupation d'une partie de la France privait le pays des trois quarts de la production d'acier. Les fusils commençaient à manquer. On essayait d'en acheter au Canada, en Espagne, en Yougoslavie[1]. Ceux qui voulaient arrêter les combats sentirent alors que le moment était venu de baisser les masques.

Le 5 juin, après un comité de guerre au cours duquel Spears fut violemment pris à partie à propos de l'insuffisance du concours britannique, le général Weygand déclara que, si la bataille était nettement perdue, le véritable courage consistait à traiter avec l'ennemi. Le maréchal Pétain, qui sortait ainsi d'un long silence, approuva énergiquement le généralissime. Paul Reynaud, au contraire, se montra ferme ce jour-là : aucune paix, aucun armistice n'étaient à ses yeux acceptables. Si le président du Conseil avait semblé, un temps assez court, effleuré par le doute, il paraissait à présent résolu à ne pas céder aux défaitistes qui peuplaient son entourage.

1. P. de Villelume, *Journal d'une défaite*, *op cit.*, p. 346.

Le 11 juin, le problème d'un éventuel armistice ressurgit lors du Conseil interallié tenu au château du Muguet près de Briare. La solution du « réduit breton » (qui, dans l'esprit de De Gaulle, entré au gouvernement, on l'a vu, le 6 juin, était destiné à préparer la lutte hors du territoire métropolitain) se révélait illusoire. Au surplus, dans les cercles dirigeants français, on commençait à croire non seulement à une rapide défaite française, mais à un effondrement de la Grande-Bretagne. Les plus pessimistes envisageaient même que les Allemands, une fois les Pyrénées franchies, attaqueraient et se rendraient maîtres de l'Afrique du Nord française pour atteindre Suez, centre névralgique de l'Empire britannique. Quels qu'aient pu être les sentiments profonds des uns et des autres, chacun sentait que l'heure de vérité approchait. Capitulation, poursuite de la lutte, le cas échéant dans l'Empire, armistice : telles se présentaient les diverses issues. La capitulation, il n'est pas inutile de le rappeler, engage seulement les militaires, qui, par cet acte, se rendent ainsi à l'ennemi. Conclu par les autorités gouvernementales, l'armistice suspend seulement les hostilités.

Capitulation ou armistice

La capitulation, il faut en être conscient, n'était pas une solution qui allait de soi, facile à faire accepter. Même s'il est vrai que Pétain et Weygand y étaient opposés pour dégager leurs responsabilités, on ne peut nier, comme Marc Bloch, on le sait, l'avait pressenti, que cette solution posait problème en regard des dispositions du code de justice militaire, lequel punit de mort les généraux ayant capitulé en rase campagne. Une variante était pourtant envisageable et l'on peut s'étonner avec Jean-Baptiste Duroselle que personne apparemment n'y ait pensé[1] : dans

1. J.-B. Duroselle, *L'Abîme*, *op. cit.*, p. 204.

l'hypothèse où l'on aurait continué le combat jusqu'à l'extrême limite des possibilités, la reddition des soldats aurait pu se faire à titre personnel ou en vertu d'un cessez-le-feu unilatéral, comme cela avait été le cas en Hollande, et non par la signature d'un acte officiel impliquant le haut commandement.

En dépit de ces objections, la capitulation aurait eu pour effet de placer le pays entier sous la dépendance de l'ennemi puisque, dans une telle hypothèse, le gouvernement serait parti pour l'Afrique du Nord continuer la lutte comme l'avaient fait la reine des Pays-Bas et son gouvernement. On pouvait redouter aussi que, par l'effet de la capitulation, des millions de soldats ne soient transformés en prisonniers de guerre, pour de longues années peut-être. Cette solution avait le mérite de la clarté, ainsi que le montre l'exemple hollandais : dès le 18 mai, Hitler avait placé les Pays-Bas sous l'autorité d'un commissaire du Reich, l'Autrichien Seyss-Inquart, l'un des principaux artisans de l'*Anschluss*. Ce régime d'occupation très dur et l'intention non dissimulée du Führer d'annexer au Reich une région considérée comme germanique suscitèrent une résistance importante étroitement liée aux autorités hollandaises installées à Londres. S'il n'y eut pas de collaboration officielle entre les Pays-Bas et le Reich, l'anéantissement de la communauté juive, à partir de 1941, ne connut pratiquement aucune limite : seul un dixième environ de cette population devait survivre. Pour les civils, la capitulation impliquait donc des conditions d'existence plus rudes.

Churchill, qui venait d'affirmer dans son célèbre discours du 4 juin que jamais son pays ne plierait devant l'adversité, voulait que la France suivît la même direction. Indépendamment de ce qui pouvait être accompli dans le cadre de l'Empire français, après une éventuelle capitulation militaire laissant le gouvernement libre au-delà des mers, il insistait sur le fait que les Français devaient opposer à l'envahisseur une guérilla incessante. Paul Reynaud, revenu de ses doutes, et de Gaulle se trouvaient à peu près sur la même ligne. L'idée de Churchill, rétrospectivement, se révèle séduisante mais, comme l'observe Jean-Baptiste Duroselle, il faut bien comprendre que « les stratèges de l'époque ne croyaient guère à la guérilla, sinon comme force d'appoint d'une guerre classique[1]. »

Corollaire logique d'une capitulation militaire, la poursuite des combats dans l'Empire, sous l'autorité d'un gouvernement resté libre de ses mouvements, n'allait pas non plus sans se heurter à de réelles difficultés. Là encore, Churchill avait montré la voie dans son allocution du 4 juin, et Paul Reynaud devait reprendre à son compte ce ferme langage : « Nous lutterons en avant de Paris, nous lutterons en arrière de Paris, nous nous enfermerons dans nos provinces et, si nous en sommes chassés, nous irons en Afrique du Nord et, au besoin, dans nos possessions d'Amérique », a-t-il proclamé. La résolution, salutaire, ne réglait pas toutefois le problème de la réussite technique du projet. Un point semble indiscutable : comme le « réduit breton » prôné par de Gaulle, l'opération ne pouvait être improvisée. André Truchet souligne que la défense de l'Afrique du Nord, grâce au repli sur l'Empire d'effectifs et de matériels importants, était une opération réalisable à condition qu'elle pût commencer en temps utile, c'est-à-dire, selon lui, au plus tard le 20 mai[2]. Cependant, comme le fait remarquer Henri Amouroux, le transfert n'aurait pu avoir lieu que grâce au concours des Britanniques ; or, à cette date, ils étaient tout entiers absorbés par l'opération de Dunkerque. Au demeurant, de l'aveu même de Paul Reynaud, l'Afrique du Nord se trouvait justement désarmée depuis le 20 mai environ pour faire face à l'offensive allemande. Il y avait donc peu de troupes en Afrique du Nord : une division au Maroc ; trois divisions territoriales sans moyens de transport suffisants en Algérie. À partir du 16 juin, le général Noguès, résident général de France au Maroc,

1. *Ibid.*, p. 203.
2. Dans son livre *L'Armistice et l'Afrique du Nord*, cité par Henri Amouroux, *Pour en finir avec Vichy*, Paris, Robert Laffont, 1997, 2 vol., t. I, p. 284.

disposera tout de même de nombreux avions, dépourvus de bombes il est vrai.

Mais l'élément essentiel qui devait rendre très problématique l'opération projetée en Afrique du Nord fut de toute évidence la défection de l'amiral Darlan, maître de la Marine, sans l'aide de laquelle rien n'était envisageable. Le général Noguès, dès l'annonce de l'armistice, pressera le gouvernement de se replier en Afrique du Nord pour continuer la lutte. Il en sera dissuadé par Weygand. Il pensera malgré tout pouvoir tenir seul, à la double condition que les Anglo-Saxons lui fournissent pétrole et matériels et que Darlan lui apporte l'appui de la flotte. Or ces concours feront défaut au résident général. Anglais et Américains ne répondront pas à l'appel et l'amiral de la Flotte, lui aussi un temps favorable à la poursuite des combats, lui refusera son aide, donnant même à son insu l'ordre aux commandants des navires stationnés en Afrique du Nord de rejoindre la métropole. « Ce fut, confiera Noguès à ses proches, le coup le plus dur de sa vie, rapporte dans ses souvenirs Maurice Grimaud, à l'époque membre de son cabinet. Considérant que, dans ces conditions, toute poursuite de la lutte était vouée à l'échec et entraînerait la mainmise directe des Allemands sur toute l'Afrique du Nord, il dut renoncer au combat[1]. » À Gaston Palewski, venu tenter de le convaincre, Noguès tiendra le même langage : « Je ne puis pas maintenir l'Afrique du Nord dans la guerre si je n'ai pas les bateaux pour la défendre. Or Darlan me refuse ces bateaux[2]. »

Plus tard, pour se défendre, Weygand fera valoir un autre argument : « En admettant qu'il y ait eu là une erreur d'appréciation de la part des chefs responsables de la capacité défensive de l'Afrique du Nord et que celle-ci eût pu, au début, obtenir

1. Maurice Grimaud *Je ne suis pas né en mai 68. Souvenirs et carnets, 1934-1992*, Paris, Tallandier, 2007, p. 24-25.
2. Gaston Palewski, *Mémoires d'action*, Paris, Plon, 1988, p. 128-129.

quelques succès défensifs, il ne s'agissait pas de remporter un avantage passager mais de durer. Durer non des mois mais des années, délai reconnu nécessaire par le ministre de l'Armement au cours des conseils des 12 et 13 juin pour que les armements anglo-saxons aient pu atteindre une puissance leur permettant d'intervenir[1]. »

Si l'on refusait la capitulation et si l'on ne pensait pas que la poursuite du combat dans l'Empire avait des chances d'aboutir à des résultats probants dans un délai raisonnable, l'armistice semblait alors s'imposer comme l'unique solution. Les précédents historiques jouaient dans ce sens. Le 28 janvier 1871, l'armistice signé par le gouvernement de la Défense nationale avait mis fin aux combats entre la France et l'Allemagne. Le 11 novembre 1918, les Allemands, à leur tour, avaient dû par ce moyen reconnaître leur défaite. La situation, à l'évidence, était toute différente en 1940, mais les contemporains, on l'a vu, n'en étaient pas toujours très conscients, y compris au plus haut niveau. Hitler, d'ailleurs, tablait ouvertement sur cet aveuglement, ce qui entrait dans l'ordre des choses. Contre l'avis de ses généraux, il ne voulait pas accabler la France de conditions trop dures, non par humanité ou grandeur d'âme, bien sûr, mais parce qu'il savait que tout excès aurait pour résultat le basculement de la flotte française et de l'Empire français du côté britannique, ce qui risquait de compromettre la victoire finale. À l'encontre de ce que l'on pouvait croire, le Führer ne souhaitait pas, au moins dans un premier temps, une sorte d'administration directe de la France par les Allemands ; il préférait de très loin qu'un gouvernement subsistât, certain qu'il se trouverait des Français pour entrer dans son jeu. À son confident, Hermann Rauschning, il n'avait pas caché le fond de sa pensée :

> Jamais je ne commencerai une guerre sans avoir auparavant la certitude absolue que mon adversaire, démoralisé,

1. Hoover Institution (Standford CA-USA), Fonds général Weygand.

> succombera sous le premier choc. Il existe des moyens d'obtenir la décomposition intérieure de n'importe quel État, de façon à le vaincre ensuite sans effort. Notre stratégie consistera à détruire l'ennemi par l'intérieur, à l'obliger à se vaincre lui-même. Cette démolition d'un pays quelconque par l'intérieur n'est qu'une question d'argent et d'organisation. Le vrai travail consiste à s'attacher en terre étrangère des personnages importants, et même des groupes et des partis. Je fais établir un fichier complet de toutes les personnes influentes dans tous les pays. Une connaissance détaillée des faiblesses et des vices de chacun de nos adversaires est la condition première de toute mon action. L'appétit non satisfait et l'orgueil humilié sont des auxiliaires infaillibles. Ne pas oublier les hommes d'affaires pour qui le seul mot de profit s'écrit en lettres capitales. Vous pouvez m'en croire, j'entrerai chez les Français en libérateur. Nous nous présenterons aux petits bourgeois français comme les champions de l'ordre social [...]. Ces gens-là ne veulent plus rien savoir de la guerre et de la grandeur [1].

Parce qu'il avait deviné la tactique de Hitler, et aussi pour des raisons de principe intangibles, le général de Gaulle ne pouvait que se montrer hostile à l'armistice. Le 16 août 1940, à Londres, il déclarera : « Le maréchal Pétain porte la terrible responsabilité d'avoir sollicité et accepté les abominables armistices. Il a donné des excuses à cette capitulation. » Publiquement, le Général n'émettra jamais un autre avis et manifestera sa « contrariété » quand, après la Libération, lors du procès Pétain, le procureur général Mornet renoncera à faire de l'armistice l'un des griefs d'accusation contre l'ancien chef de l'État français.

Mornet, en vérité, se trouvait en 1945 dans une situation plutôt délicate. Lui-même avait prêté serment à Pétain ; deux des principaux personnages du régime de la Libération, Jules Jeanneney et Édouard Herriot, respectivement président du Sénat et président

1. Cité par Henri Guillemin, *La Vérité sur l'affaire Pétain*, Bats, Éd. d'Utovie, 1996, p. 31-32.

de la Chambre des députés, avaient, implicitement au moins, cautionné l'arrêt des combats en 1940, puisque la veille du vote du 10 juillet 1940 ils avaient adressé au maréchal Pétain des paroles flatteuses dont on ne peut raisonnablement penser qu'elles valaient réprobation de l'armistice[1]. Et ils n'étaient pas les seuls. Non seulement 569 parlementaires issus de la Chambre du Front populaire votèrent les pleins pouvoirs mais, parmi les quatre-vingts qui émirent un vote négatif, vingt-sept avaient en réalité une position des plus ambiguës. Refusant les pleins pouvoirs qui devaient aboutir, affirmaient-ils, à la disparition du régime, ils estimaient indispensable d'accorder au maréchal Pétain, « qui en ces temps graves, incarne si parfaitement les vertus traditionnelles françaises, tout pouvoir pour mener à bien cette œuvre de salut public et de paix[2] ».

En privé, de Gaulle a-t-il tenu un langage différent? Certains l'ont prétendu, non sans arrière-pensées souvent. Le général Odic, qui ne put s'accorder avec le chef de la France libre, a affirmé l'avoir entendu dire devant lui, le 12 décembre 1941 : « N'avouez jamais que l'armistice ne pouvait être évité[3]. » Le propos a certes toujours été démenti. Un document portant des corrections manuscrites du Général est en revanche incontestable. En 1947, le colonel Rémy, grand résistant issu d'une droite royaliste, évoqua dans son livre *De Gaulle cet inconnu*, commandé par le RPF, une conversation avec le Général, qui lui avait confié : « Voyez-vous, Rémy. Il faut que la France ait toujours deux cordes

1. Le 9 juillet, Édouard Herriot déclarera en ouvrant la séance : « Autour de M. le Maréchal Pétain, dans la vénération que son nom inspire à tous notre nation s'est groupée dans sa détresse. Prenons garde à ne pas troubler l'accord qui s'est établi sous son autorité. » Dans l'après-midi du 9 juillet, Jules Jeanneney déclarera, lui : « J'atteste à M. le maréchal Pétain notre vénération et la pleine reconnaissance qui lui est due pour un nouveau don de sa personne. Il sait mes sentiments envers lui qui sont de longue date. Nous savons la noblesse de son âme. Elle nous a valu des jours de gloire. Qu'elle ait carrière en ces jours de terribles épreuves et nous prémunisse au besoin contre toute discorde. »

2. Cité par M. Ferro, *Pétain*, *op. cit.*, p. 131. Les « 27 » étaient signataires de la motion présentée par Vincent Badie (1902-1989), député radical de l'Hérault.

3. Éric Roussel, *De Gaulle*, Paris, Gallimard, 2002, p. 1001.

à son arc. Il lui fallait alors la corde de Gaulle mais il lui fallait aussi la corde Pétain. » Bien entendu, avant de publier ce texte, Rémy le soumit au Général, qui le corrigea et le compléta ainsi de sa main : « Mais à la condition qu'elles fussent toutes deux à son service[1]. »

La dernière phrase était évidemment capitale et Rémy eut grand tort de l'oublier, ce qui donna lieu à une violente polémique avec de Gaulle et à la démission de Rémy du conseil de direction du RPF. Ces quelques mots ajoutés signifiaient simplement que, en théorie, le Général pouvait admettre qu'une autorité en France occupée ait subsisté pour régler des problèmes courants, mais sous réserve d'agir toujours conformément à l'intérêt national, c'est-à-dire en s'abstenant de régler des comptes ou *a fortiori* d'apporter la moindre aide à l'ennemi.

Churchill aura une attitude un peu comparable. Officiellement, il condamna l'armistice, mais son ami le général Georges, au cours du procès Pétain, rapportera ses propos sans être démenti : « L'armistice nous a rendu service. Hitler a commis une faute en l'accordant. Il aurait dû aller en Afrique du Nord, s'en emparer pour poursuivre sur l'Égypte. Nous aurions eu alors une tâche bien difficile[2]. » Et Churchill écrira à Pierre-Étienne Flandin, le 14 novembre 1945 : « La France sous l'accablante fureur de l'irruption germanique a demandé un armistice. Je n'ai jamais adressé de reproche à la nation française pour avoir cédé à une telle nécessité[3]. »

Faut-il s'étonner de ce qui ressemble de la part de ces deux géants à un double langage ? Chateaubriand a justement dit qu'on ne mène bien les hommes que par les songes, quitte à admettre *in petto* de dures réalités. Mais aujourd'hui rien ne justifie ces précautions. Toute passionnelle qu'elle est encore, la ques-

1. *Ibid.*
2. Le 1er août 1945. *Le Procès du maréchal Pétain, op. cit.*, t. I, p. 464.
3. SHD, Fonds général Weygand, K130, carton 4-4-4.

tion de l'armistice doit pouvoir être envisagée avec sérénité, honnêteté, en tenant compte de toutes les données.

Capitulation militaire ou armistice : de toute façon, la situation militaire était si préoccupante qu'une décision du gouvernement français s'imposait dans l'urgence. Les armées de Hitler progressaient inexorablement et, sur les routes, huit à neuf millions de réfugiés allaient d'une ville à l'autre dans l'espoir d'échapper au pire. La peur régnait partout. Les souvenirs de 1914-1918 étaient proches et on n'avait pas oublié que, dès leur arrivée en France, les Allemands s'étaient livrés à des excès. Des massacres de civils avaient ainsi eu lieu dans le Nord, à Rouen, à Lyon, ailleurs encore, des otages avaient été désignés par l'occupant. On l'a souvent dit, répété, mais il faut insister sur ce point : dans leur immense majorité, les Français étaient las de se battre, même si dans l'ensemble ils s'étaient comportés courageusement au cours des combats du printemps 1940 (92 000 morts français).

En théorie, l'armistice pouvait permettre une issue envisageable. Garder un gouvernement, une zone libre, une flotte intacte, un empire, pouvait paraître inespéré compte tenu des circonstances. Pour toutes ces raisons, l'opinion réagit plutôt avec soulagement quand, le 22 juin, on apprit que les plénipotentiaires français (le général Huntziger, l'ambassadeur Léon Noël, le contre-amiral Le Luc, le général Bergeret) avaient signé le texte mettant fin aux hostilités. Sans doute y avait-il des dispositions inquiétantes ou déshonorantes. Ainsi, jusqu'à la signature d'un traité de paix, les prisonniers de guerre devaient rester captifs, ce qui donnait à Hitler un instrument de chantage. Plus scandaleux encore, et contraire à l'honneur, était l'engagement de livrer les ressortissants allemands réfugiés en France. D'autre part, d'ores et déjà, une « collaboration » était bel et bien envisagée. Choquée, en proie à une multitude de problèmes matériels, anesthésiée par les événements qui venaient de se dérouler, la population s'intéressa malheureusement peu à ces dispositions. Beaucoup se raccrochaient à l'idée que l'armistice n'engageait pas l'avenir de manière irrémédiable et n'impliquait pas un alignement sur le Reich.

Illusion ? Le Danemark envahi par Hitler pratiquement sans résistance en avril 1940 avait été transformé en une sorte de protectorat. Le roi Christian X avait conservé son trône, le gouvernement demeurait en place, des élections eurent même lieu en 1943 tandis que la résistance s'organisait. La situation était celle d'un pays occupé par un ennemi particulièrement implacable mais les autorités danoises parvinrent néanmoins, au début en tout cas, à garder une certaine autonomie et, surtout, ne cautionnèrent pas une collaboration politique impliquant des persécutions contre les Juifs. Quand, en 1943, l'étau de l'Allemagne nazie se resserra, on vit même Christian X porter systématiquement l'étoile jaune.

Le contexte en France au mois de juin 1940 était évidemment très différent. Les Allemands considéraient encore les Français comme des ennemis héréditaires, un lourd contentieux opposait les deux nations ; Hitler, surtout, avait atteint son objectif au terme de très durs combats. Un armistice avait été conclu entre la France et le Reich alors qu'au Danemark l'invasion allemande n'avait été suivie de la signature d'aucun document similaire.

Des points de comparaison existaient pourtant. Pétain n'était pas Christian X, souverain très populaire auprès de ses sujets, mais il bénéficiait alors, en France, d'une forte adhésion. En dépit de leur brutalité, les occupants ne pouvaient complètement ignorer cet élément et l'on peut même dire qu'auprès des dirigeants du Reich le Maréchal jouissait d'un prestige incontestable. Hitler, ancien combattant de 1914-1918, était même, dit-on, impressionné par ce qu'un homme comme Pétain représentait. On pouvait donc imaginer que l'armistice marquerait une pause dans un conflit qui n'était pas alors étendu au monde entier et dont l'issue n'apparaissait pas encore nettement au plus grand nombre. « L'armistice pouvait n'être qu'un répit, fera valoir en

1945 à Léon Blum Ludovic-Oscar Frossard. C'est Montoire qui a tout perdu. Et l'armistice n'impliquait pas la collaboration[1]. »

Ce point de vue sera aussi défendu par Léon Noël, désigné pour signer l'armistice et qui, après la guerre, sera l'une des grandes figures du gaullisme, jusqu'à devenir, de 1959 à 1965, le premier président du Conseil constitutionnel de la Ve République. Déposant le 30 juin 1947 devant la commission d'instruction de la Haute Cour à l'occasion du procès intenté au général Weygand, il s'exprimera en ces termes :

> Je considère comme hypocrite et déraisonnable de prétendre qu'en juin 1940, et étant donné que les chefs de notre armée étaient unanimes pour déclarer impossible la continuation de la lutte, il convenait de préférer la capitulation à l'armistice. Il me paraîtrait injuste de reprocher à Weygand de ne pas avoir imité l'exemple du Haut Commandement hollandais et du roi des Belges. Un général n'a pas le droit de capituler sans y être contraint de façon absolue, à moins de tomber sous le coup des dispositions du cadre de justice militaire qui rendent passible de la peine de mort la capitulation en rase campagne [...]. Il serait puéril de supposer que si, en 1940, Weygand avait capitulé, le Haut Commandement allemand n'aurait pas imposé aux armées françaises, avec les conditions insérées dans la convention d'armistice, toute une série d'autres exigences équivalentes à une capitulation sans conditions. Pratiquement, l'intégralité du territoire métropolitain aurait été immédiatement occupée et notamment les ports de Méditerranée auraient été aussitôt utilisés par l'ennemi comme bases pour la guerre sous-marine. Tous les militaires des armées françaises auraient été faits prisonniers et tout le matériel de nos armées capturé ; il aurait été impossible enfin de constituer la petite armée de 100 000 hommes dite de l'armistice dont une partie importante, ce qui touche les cadres au moins, a pu passer ensuite en Afrique pour rejoindre les maquis [...]. Tout cela ne saurait en

1. SHD, Fonds général Weygand, 1K130, carton 11-4-1, lettre de L.-O. Frossard à L. Blum, 22 septembre 1945.

aucune manière atténuer la responsabilité et la culpabilité de ceux qui, après l'armistice, ont pratiqué l'abominable politique de collaboration [1].

À partir de l'armistice, aurait-on pu vraiment, comme le croyaient Ludovic-Oscar Frossard, Léon Noël, d'autres encore, pratiquer une politique digne, respectueuse, dans toute la mesure du possible, de l'intérêt national ? Sans doute se serait-on heurté rapidement aux rigueurs du texte signé le 22 juin 1940 et dont les dispositions financières, notamment, s'avéraient ruineuses pour la France et la rendaient à la merci de l'occupant. De toute façon, le récit conditionnel du passé est impossible. Ce que l'on peut dire, sans risque de se tromper, est que l'exemple du Danemark tend à prouver qu'un jeu certes serré, dangereux, restait concevable à condition que l'on gardât sa dignité.

Le malheur, on allait vite le voir, fut que l'armistice pour les nouveaux maîtres de la France constitua l'occasion de règlements de comptes sous le regard de l'ennemi.

Lorsque Maurras parlera à propos de juin 1940 de « divine surprise », le terme ne désigne pas la défaite mais le prétexte que celle-ci donnait à une réforme intellectuelle et morale selon ses vœux.

1. SHD, Fonds général Weygand, 1K130, carton 4-4-1.

5

LES FOSSOYEURS

« Monsieur, renfermé dans ce grand calme presque légendaire, qui atteste la confiance dans la durée ; préservé par cette raison vigilante qui vous distingue, par cette prudence et cette prévoyance qui ont fait de vous la sagesse de l'armée ; vous qui gardez comme une frontière de vos pensées, un silence que l'on sent fortifié de faits solidement organisés en profondeur, vous êtes du moins l'homme rare que les critiques les plus difficiles, les polémistes les plus aigres, ceux mêmes qui exercent sans relâche la fonction de diminution des renommées et qui se donnent pour emploi de miner dans l'esprit public toute grandeur qui s'y dessine, avaient dû à peu près épargner. La politique même semble vous épargner, elle qui vit de choses injustes[1]. » Ces paroles prononcées par Paul Valéry, le 22 janvier 1931, lors de la réception de Philippe Pétain à l'Académie française montrent à la fois l'image du vainqueur de Verdun à l'aube des années 1930, le prestige qui s'attachait à sa personne et le léger mystère aussi dont il était entouré. Neuf ans plus tard, ce portrait demeurait exact. Entre-temps, la politique était devenue plus familière au vainqueur de Verdun, mais sa réputation n'avait été entamée ni par sa participation au cabinet Doumergue, constitué au lendemain du 6 février 1934, ni même par son ambassade auprès du général Franco, à

1. *Discours de réception du maréchal Pétain et réponse de Paul Valéry*, Paris, Imprimerie nationale, 1931.

Burgos, de mars 1939 à mai 1940. Lorsque Daladier l'avait chargé de cette mission, Léon Blum avait protesté mais pour s'indigner que l'on ait envoyé au Caudillo « ce que nous avons de mieux », et Pierre Cot voyait toujours en lui « le plus humain de nos chefs ». Bien sûr, on le voyait vieillir, ceux qui se targuaient d'être bien informés murmuraient que ses conceptions militaires dataient un peu et l'on n'ignorait pas complètement la tendance de plus en plus droitière de ses positions politiques. Rares pourtant furent ceux qui allaient plus loin, comme si cette France qui doutait d'elle-même à la veille du conflit avait obscurément besoin d'une figure tutélaire, à la fois rassurante, immuable, évoquant un glorieux passé. Parmi les maréchaux de la Grande Guerre, Pétain restait, en 1940, le seul survivant avec Franchet d'Esperey, mais ce dernier ne lui fit jamais d'ombre. Catholique de choc, sympathisant des ligues, Franchet d'Esperey apparaissait trop marqué pour être une figure de rassemblement, alors que les ambiguïtés du vainqueur de Verdun, favorisant les interprétations les plus divergentes, élargissaient le socle de sa gloire. « Un doute eût paru sacrilège sur le patriotisme d'un tel homme, écrit Henri Guillemin ; il était vieux, il n'aimait guère la République, il avait manqué de prévoyance dans les choses de son domaine ; qu'importe c'était le maréchal Pétain et on lui demandait seulement d'être là, à l'heure où les partis pris politiques n'étaient plus de mise, où toute la France ne devait plus avoir qu'une seule âme pour faire front[1]. »

Peu avant la défaite, alors que le pays subissait de plein fouet l'offensive allemande du mois de mai, le Maréchal prit figure de véritable sauveur. Les nouvelles avaient beau être de plus en plus alarmantes, on voulait se persuader qu'avec Pétain, sinon aux commandes, en tout cas près du poste de commandement, la France se tirerait de ce mauvais pas. Couplé à celui de Weygand, associé au souvenir de Foch, son nom était réputé avoir un effet magique. « Le couple Pétain-Weygand, écrivit alors Wladimir

1. H. Guillemin, *La Vérité sur l'affaire Pétain*, *op. cit.*, p. 114.

d'Ormesson, crée une immense impression de sécurité ; ces noms représentent une telle somme d'expérience, de sagesse, de science, de volonté et finalement de gloire qu'ils créent d'eux-mêmes la confiance[1]. »

Ce que personne ne semblait voir, ou du moins ne pas relever publiquement, c'était à quel point ce supposé sauveur demeurait indéchiffrable, imprévisible et pour tout dire équivoque. Sur les événements dramatiques du moment, on sait qu'il se gardait toujours soigneusement de prendre parti, sauf quand l'avance allemande devint si préoccupante qu'il crut pouvoir révéler sa préférence pour l'armistice sans prendre le risque d'entamer son crédit. C'était là, en vérité, le reflet d'une attitude plus générale. À cet égard, le vieux Maréchal s'avérait le disciple de son ancien élève, Charles de Gaulle, pour qui le prestige n'allait pas sans mystère. Tout au long de sa vie, Pétain parut s'ingénier à ne jamais se laisser enfermer dans une définition. Républicain ? Certes, mais sans jamais partager la ferveur un peu mystique de certains. Catholique ? Sans doute moins par inclinaison profonde que « par l'histoire et la géographie », pour reprendre une autre expression de Charles de Gaulle. On l'a vu assister à la messe de nouveau au lendemain de la séparation de l'Église et de l'État. Pour autant, il s'est gardé de tout cléricalisme. Il est certain que sa vie privée, fort libre, ne le désignait pas pour donner des leçons de vertu. Peu expansif, le Maréchal s'est attaché des collaborateurs de tempérament proche, par exemple le général Laure, son futur biographe. Volontiers laconique, il a plus d'une fois découragé ses subordonnés chargés d'exprimer sa pensée : « Un sujet, un verbe, un complément », telle fut toujours la règle d'or qu'il recommanda. Dans le milieu auquel accéda Pétain par ses commandements, il était de bon ton de ne pas laisser percer ses sentiments. Il appliqua la règle à la lettre. Jusqu'à la Seconde

1. Cité par M. Ferro, *Pétain*, *op. cit.*, p. 29-30.

Guerre mondiale, il se garda aussi de paraître lié à tel ou tel clan, d'où d'ailleurs son relatif isolement.

Si un mythe Pétain prit son envol durant l'entre-deux-guerres, ce fut à l'écart des chapelles, dans le milieu des anciens combattants. Au sein des élites politiques ou militaires, le Maréchal a toujours au fond été contesté. Poincaré, Clemenceau, d'autres encore ont souvent évoqué son pessimisme naturel, voire son défaitisme. À en croire certains, Nivelle aurait été le vrai vainqueur de Verdun. Les soldats de la Grande Guerre, eux, ne varièrent jamais : leur culte pour Pétain demeura toujours ardent. Parce qu'il s'était montré attentif au sort des hommes de troupe, parce qu'il s'était personnellement préoccupé de la relève des combattants de première ligne et de leurs permissions, le Maréchal bénéficia auprès d'eux d'une extraordinaire aura. Le reste, ce qu'il pouvait penser de la France et de la République, paraissait bien secondaire à leurs yeux.

Un maréchal très politique

Au fil des années, les idées politiques de Philippe Pétain avaient pourtant évolué ou plutôt s'étaient définitivement fixées. Spontanément, il avait toujours été du côté du parti de l'ordre, mais sans excès. Le milieu rural et modeste où il avait vu le jour en 1856 à Cauchy-la-Tour, en Picardie, la forte empreinte catholique qui s'était exercée sur son enfance, les notions d'ordre et de discipline naturelles dans le milieu militaire, rien de tout cela ne le disposait à devenir un rebelle au « désordre établi ». Avec le temps, cette pente s'était accusée sans que l'on s'en aperçût vraiment, tant le Maréchal se montrait attentif à rester au-dessus de la mêlée.

Ce fut seulement pendant la guerre, en 1942, qu'à son hagiographe, l'écrivain René Benjamin, il avoua que, « soldat toute sa vie, il aura eu le bonheur de ne jamais voter, sauf une fois, à l'Académie française, pour Maurras[1] ». La formule semble presque trop parfaite pour être authentique. Elle offre en tout cas une vraisemblance certaine, eu égard à ce que l'on sait par ailleurs des attitudes de Pétain avant le second conflit mondial. Que son amour de la démocratie ait été limité et sa sympathie pour le doctrinaire du nationalisme intégral bien réelle (à Vichy, il s'appellera « le plus Français des Français »), ce ne sont pas ses accusateurs qui le prétendront mais au contraire ceux qui, après 1940, avec son aval, souhaiteront mieux faire connaître sa pensée. René Benjamin, le général Laure, le philosophe René Gillouin, plus tard, Jean Tracou, le général Conquet, tous décrivaient le même personnage, sans indulgence pour le parlementarisme, affamé d'autorité, ancré surtout dans un traditionalisme profond. Trop d'historiens l'ont démontré pour qu'il soit besoin d'y insister : le Maréchal n'était pas fasciste, le régime qu'il patronna non plus. Appuyé sur l'Église et les hiérarchies naturelles, il entendait plutôt mettre en place un système en réaction contre l'esprit de 1789, les Lumières, l'individualisme de la IIIe République. Pour lui et ceux qui le suivaient, ce régime avait fait son temps, le moment était venu de le remplacer par un système plus efficace dont le modèle était fourni au Portugal par la dictature paternaliste du docteur Salazar.

À une amie, Mme Pardée, Pétain avait confié, en mars 1940, quoique à mots couverts, le fond de sa pensée : « La meilleure forme de gouvernement serait la république si tous les hommes étaient sages mais ils ne le sont pas ! Alors, que conclure ? À ne considérer que son propre bonheur ou plutôt sa tranquillité, ce qu'il y a de mieux c'est de vivre dans un pays où l'on n'est pas tracassé par des lois qui atteignent la liberté humaine [...]. N'êtes-vous pas dans cette situation en France ? Mais le pays est en guerre et la liberté individuelle peut y être entravée par des exigences politiques[2]. »

1. Cité par H. Guillemin, *La Vérité sur l'affaire Pétain*, *op. cit.*, p. 63.
2. M. Ferro, *Pétain*, *op. cit.*, p. 138.

Tout cela, la masse des Français l'ignorait en 1940. Ce que l'on savait, ce que l'on devinait plutôt confusément, c'était que le Maréchal appelait de ses vœux une remise en ordre assez énergique du pays ; mais loin de nuire à sa popularité, loin d'inquiéter, les intentions qu'on lui prêtait renforçaient encore son aura. Pétain rassurait à la fois en raison de la gloire attachée à son nom et du contraste entre sa personnalité et celle des desservants d'une république qui n'avait plus les couleurs d'autrefois. La silhouette de Cincinnatus s'ajoutait ainsi peu à peu, comme en surimpression, à celle du général vainqueur. Et personne n'imaginait que le Maréchal pourrait tordre le cou à la République, servir de paravent à des idéologies d'extrême droite, mettre à profit le malheur de la patrie pour établir un pouvoir personnel. Et pourtant tel est le scénario improbable, quasi surréaliste, qui se déroula en quelques jours au lendemain du 16 juin.

Comme le note Marc Ferro, « le complot est un mythe qui ressurgit chaque fois qu'une société est secouée par une crise qu'elle n'a pu maîtriser et ne peut expliquer[1] ». Longtemps, l'arrivée de Pétain au pouvoir le 16 juin 1940 a été décrite comme l'aboutissement d'une conjuration ourdie de longue main. Pour les tenants de cette thèse, les preuves de la conspiration abondaient. Que l'illustre soldat ait eu dans sa poche, le soir du 16 juin, la liste de ses ministres constituait déjà un indice très révélateur. Pour faire bonne mesure, on l'imagina proche de la Cagoule — un des jurés du procès de 1945, Pierre Stibbe, ira même jusqu'à penser que, lors de la signature de l'armistice, ou plutôt en marge, le Maréchal avait pu conclure des clauses secrètes avec les Allemands. Rien de tout cela, en réalité, ne résistait à l'examen et la gêne fut perceptible quand Jules Jeanneney et Édouard Daladier, entendus comme témoins, baptisèrent roman toutes ces rumeurs. S'il y eut de la part de Pétain jeu personnel et préméditation, ce fut, en vérité, dans les jours qui *suivirent* son entrée au gouvernement

1. *Ibid.*, p. 135.

quand, étonamment silencieux lors des réunions ministérielles, il réservait la primeur de ses sentiments profonds, on l'a vu, à des étrangers — l'ambassadeur des États-Unis William Bullitt, le général Spears qu'il connaissait depuis la Grande Guerre, ou alors, plus curieux et contestable encore, l'ambassadeur d'Espagne Lecquerica qui, naturellement, tenait les Allemands informés de son évolution en faveur de l'armistice. Quant à la suite, c'est-à-dire les transformations qu'il fallait apporter au système du gouvernement de la France après la cessation des hostilités, le Maréchal y pensait mais sans arrêter des idées très précises. « Pour que cette régénération puisse se faire, il faut attendre », répétait-il. Le malheur veut qu'autour de lui on y songeait beaucoup et avec méthode. En laissant transparaître ses sentiments, en ne cachant pas, depuis des années, que la République lui semblait inapte à relever les défis de l'heure et d'abord à soutenir la guerre contre le Reich, Pétain servait nécessairement de point de ralliement à tous ceux qui, plus ou moins dans l'ombre, étaient décidés à profiter des événements pour pousser leurs avantages.

On entrevoit là le drame de cet homme de quatre-vingt-quatre ans. Tous les témoins l'ont dit et d'innombrables clichés le prouvent : Pétain était alors un magnifique vieillard et il le resta longtemps, à telle enseigne qu'en 1945, lorsqu'il pénétra, captif, dans l'enceinte de la Haute Cour réunie pour le juger, tous les assistants, même les plus hostiles à sa personne et à sa politique, se levèrent d'emblée. Intellectuellement, toutefois, ceux qui travaillaient avec lui s'en rendaient bien compte : son état n'était pas aussi brillant. De Gaulle l'a dit mort en 1925. Du Moulin de Labarthète, on l'a vu, l'a décrit incapable de travailler vraiment. Il est certain que son comportement pouvait parfois surprendre. Spears, dans ses souvenirs, raconte ainsi que le 6 juin 1940, ayant eu le malheur de dire devant le Maréchal « ce qu'il faudrait à la France c'est une autre Jeanne d'Arc », il eut la surprise de se voir imposer par son interlocuteur un discours sur la Pucelle, prononcé deux ou trois ans auparavant. « Mon seul souvenir, écrit

Spears, c'est l'intense tristesse que je ressentais en le regardant, une tristesse mêlée de pitié pour ce très vieil homme pour lequel j'avais encore tout récemment tant d'affection et de respect [...]. Sa satisfaction enfantine était profondément pathétique [...]. Ce qu'il aimait se rappeler, c'étaient les circonstances qui avaient entouré le prononcé du discours, la pompe, la foule, les applaudissements et il aurait voulu m'inclure dans l'auditoire admiratif d'antan[1]. » Quelques mois plus tard, à Vichy, l'inspecteur des Finances Emmanuel Monick vivra une expérience similaire. Venu entretenir le chef de l'État d'un problème technique, il se trouvera devant un homme manifestement ailleurs, fatigué et qui finit par lâcher : « C'est passionnant tout ce que vous venez de me dire là. Vous devriez en tirer un article pour la *Revue des deux Mondes.* » Des exemples analogues pourraient être multipliés. Le meilleur diagnostic sur l'état du Maréchal a sans doute été porté dès 1940 par l'un des hommes qui le connaissaient le mieux, le commandant Bonhomme, l'un de ses proches collaborateurs qui aura été pour lui, pendant des années, une sorte de fidèle Mameluk : « Le Maréchal ne s'en tirera plus. Il ne fait plus le poids [...]. Il sera un dessus de cheminée [...]. Et puis, son insensibilité de grand vieillard augmente. C'est incroyable ! Les Français s'obstinent à penser que le Maréchal est bon et vieux. Eh bien il n'est ni l'un ni l'autre, du moins comme ils l'entendent [...]. Au fur et à mesure que les années passent, les catastrophes glissent sur lui. Après tout, peut-être est-ce une force. Seuls peuvent se rendre compte ceux qui ont un grand vieillard perdu dans leur famille[2]. »

Pour être complet, on ajoutera que cet octogénaire raisonnait selon les catégories de sa jeunesse et peinait à en assimiler de nouvelles. De tous ceux qui crurent voir en Hitler le successeur de Guillaume Ier et de Guillaume II, il fut le plus déterminé. À Lec-

1. E. Spears, *Témoignage sur une catastrophe*, *op. cit.*, p. 106.
2. Jean-Raymond Tournoux, *Secrets d'État*, t. II : *Pétain et de Gaulle*, Paris, Plon, 1964, p. 223.

querica, l'ambassadeur d'Espagne, il avait confié, quand l'armistice lui apparut inéluctable, qu'un accord entre soldats était possible. Une rencontre avec Hitler ne l'effrayait pas, mais pour les plus mauvaises raisons : tout simplement parce qu'il n'avait rien compris au personnage qu'il risquait d'avoir en face de lui. Entre 1918 et 1939, le monde avait changé, mais Pétain ne s'en était pas aperçu.

Pour autant, contrairement à une autre idée reçue, le Maréchal n'avait pas versé dans un complet gâtisme. Lorsqu'il se trouvait en représentation, il était encore capable de jouer son rôle, au moins quelque temps. S'il avait été un retraité anonyme, on se serait extasié sur son allant. Et cette bonne santé apparente donnait justement le change. « Voilà bien ce qui est grave, se lamentait à juste titre le général Bineau. Le Maréchal est d'autant plus dangereux qu'il monte les escaliers quatre à quatre[1]. »

Les représentants de la droite la plus dure, xénophobe, antisémite, avaient été naturellement les premiers à percevoir, bien avant la défaite, l'avantage que l'on pouvait tirer à avancer dissimulés dans l'ombre d'un tel personnage. Sans qu'il y eût complot au sens littéral du terme, le Maréchal avait suffisamment donné de signes de sympathie à l'égard de ce milieu intellectuel et politique pour que Maurras, maître à penser incontesté de cette mouvance, ne s'y fût pas trompé : jamais il ne douta des vertus d'une éventuelle arrivée du Maréchal aux affaires et ne se priva pas de le dire. « Maurras de tous ses vœux, pendant des mois, chaque matin, a réclamé des pouvoirs pour Pétain », écrira René Benjamin[2]. Pétain, assurément, avait assez de lucidité pour savoir s'arrêter à temps sur la voie de telles compromissions, *a fortiori* quand des appels lancés à son adresse émanaient de personnages trop voyants. Il est ainsi certain qu'il désavoua au milieu des années 1930 la campagne menée sur le thème « C'est Pétain qu'il

1. *Ibid.*, p. 223.
2. Cité par H. Guillemin, *La Vérité sur l'affaire Pétain*, *op. cit.*, p. 69.

nous faut » par Gustave Hervé, un ancien socialiste devenu compagnon de route des fascistes. Un peu plus tard, il dissuada aussi son ami, l'avocat Henry Lemery, sénateur de la Martinique, de lancer une campagne en vue de sa candidature à la présidence de la République. Il reste malgré tout, comme le souligne Marc Ferro, que les similitudes sont évidentes entre le projet de constitution élaboré par Hervé en 1935 et les actes constitutionnels du 10 juillet 1940[1]. Coïncidence ? Sans doute pas. Il est en effet établi que Gustave Hervé se trouvait en rapport avec Raphaël Alibert, un très singulier juriste, proche de l'Action française, devenu le mentor du Maréchal et qui allait jouer à ses côtés, de juin 1940 à la fin de l'année, un rôle considérable.

Les rapports du Maréchal et d'Alibert étaient anciens. Les deux hommes avaient fait connaissance au début des années 1930 dans le cadre du « Redressement français », cénacle activiste très marqué à droite, fondé par l'industriel Ernest Mercier. Lemery, semble-t-il, les présenta. Fatale rencontre. Raphaël Alibert était en effet manifestement peu équilibré et de surcroît aigri par une succession de déconvenues. Treize ans après être entré au Conseil d'État, il en avait démissionné pour se consacrer aux affaires privées et à la politique. Double échec : la société du groupe Mercier, qu'il gérait, ne reconnut pas ses mérites et les électeurs de Pithiviers, aux suffrages desquels il s'était présenté par deux fois, à l'occasion d'élections législatives, lui préférèrent d'autres candidats. Professeur à l'École des sciences politiques, Alibert, en vérité, faisait avant tout figure de théoricien, vivant hors de son époque, cultivant des chimères. « C'était un mélange de chouan, de moine, de disciple de Joseph de Maistre. Il eût été parfaitement heureux au XIIIe siècle », confiera son fils à Henri Amouroux. Souvent aussi, son comportement surprenait. « Je sortirai d'ici mort ou dictateur », prédit-il en juin 1940 lors de son entrée en fonctions aux côtés du Maréchal en tant que sous-

1. M. Ferro, *Pétain*, *op. cit.*, p. 685.

secrétaire d'État à la présidence du Conseil[1]. Lorsque le maréchal Pétain le renverra, les passants s'étonneront ainsi de le voir se promener à Vichy le long de l'hôtel du Parc, en menaçant le ciel du poing puis déménageant ses dossiers dans une voiture d'enfant.

Comme le notera Jacques Le Roy Ladurie, s'il est un personnage pour lequel juin 1940 offrit une « divine surprise », c'est bien cet idéologue aigri, avide tout à la fois de prendre une revanche et de remodeler la France selon ses principes[2]. « Coq énorme et disert, écrit Maurice Martin du Gard, il touche au rêve de sa vie et, tout ensemble, au terme d'une longue et agressive oisiveté [...]. La IIIe République l'a négligé, il l'assassine. Il savoure enfin son destin. Contre le plus petit député de France, il s'était présenté et il n'avait pas été élu. Les cheminots de Pithiviers n'avaient pas reconnu ses vertus prestigieuses, bien qu'il leur eût récité son cours sur les chemins de fer. Mais il allait sauver la France[3] ! » En réalité, dès le lendemain du 16 juin, tout le zèle d'Alibert fut consacré à mettre sur pied une constitution opposée en tout point à celle de la République défunte (d'ailleurs plus inspirée par Tardieu que par Maurras) et surtout à établir une législation antijuive reposant sur des critères plus sévères que ceux des nazis — et que ces derniers n'avaient pas encore demandée. Comme l'a remarqué justement Jean-Pierre Azéma, Pétain face aux Allemands aurait pu adopter un profil bas, se borner à défendre, dans la mesure du possible, les intérêts français, se garder de régler des comptes sous le regard de l'ennemi[4]. Incontestablement, Raphaël Alibert fut le principal partisan d'une ligne opposée. Il ne devait malheureusement pas être le seul.

1. Cité par Robert Aron, *Histoire de Vichy*, Paris, Fayard, 1955, p. 53.
2. Jacques Le Roy Ladurie, *Mémoires (1902-1945)*, édition établie par Anthony Rowley et Emmanuel Le Roy Ladurie, Paris, Flammarion / Plon, 1997, p. 104.
3. Maurice Martin du Gard, *La Chronique de Vichy*, Paris, Flammarion, 1948, p. 36-37.
4. *Le Nouvel Observateur*, 6 janvier 2009.

Dans l'entourage du Maréchal, des hommes de même orientation figuraient en effet majoritairement et, si tous ne se montraient pas aussi fanatiques qu'Alibert, on ne pouvait évidemment compter sur eux pour modérer les ardeurs de ce doctrinaire implacable. Médecin personnel de Pétain (il avait succédé dans cet office à son père), le docteur Bernard Ménétrel était également un maurrassien convaincu et un antisémite patenté. D'intelligence médiocre, brouillon, vaniteux et superficiel, il exerça l'influence d'un factotum présent à chaque instant et confortant le Maréchal dans ses convictions. Henry du Moulin de Labarthète, inspecteur des Finances, assurément d'une tout autre envergure, cultivait néanmoins les mêmes rancœurs et les mêmes préjugés. Lui aussi était un déçu du suffrage universel. En 1936, il s'était présenté en vain sous les couleurs de l'extrême droite aux élections législatives. Ostracisé par le Front populaire, il avait pris la direction de la Banque d'Afrique occidentale sans cesser de s'intéresser à la politique et d'afficher des sympathies maurrassiennes. La très haute idée qu'il se faisait de sa personne et de son destin l'avait conduit, fidèle à ses principes, à marquer une profonde indifférence à l'égard de ses patrons successifs, en qui il ne vit jamais que les instruments de son ambition. Alors qu'il devait sa carrière à l'ancien ministre Henri Chéron, il l'accabla de sarcasmes après s'être mis dans le sillage de Paul Reynaud : « Que dira du Moulin à mon sujet lorsqu'il n'aura plus besoin de ma protection ? », confia alors Reynaud, nullement dupe de son comportement. Du Moulin de Labarthète allait effectivement le trahir pour devenir à Burgos le collaborateur de Pétain, puis son directeur de cabinet. Cultivé, mondain, mordant, adorant les bons mots, on l'a comparé à un personnage de Paul Morand égaré dans la politique[1]. En vérité, c'était de l'univers romanesque de Paul Bourget qu'il paraissait sortir, car sous une allure souvent désinvolte, qui lui valut de solides inimitiés, il dissimulait un inal-

1. R. Aron, *Histoire de Vichy*, *op. cit.*, p. 177.

térable esprit de caste, la nostalgie d'une société immobile laissant peu de place au mérite à moins qu'il ne fût allié à la naissance. Ses souvenirs, *Le Temps des illusions*, publiés en 1946 en Suisse (où il trouva refuge après avoir quitté Vichy en 1942), donnent l'image avantageuse d'un homme supérieurement doué, d'une infinie sagesse, animé par un patriotisme si exigeant qu'il semble avoir finalement plus de sympathie pour les gaullistes que pour ceux que le malheur des temps l'avait contraint de fréquenter à Vichy. Une lecture plus attentive laisse apparaître un autre visage de Du Moulin, nettement moins sympathique. Revenu de ses illusions, il s'est visiblement aperçu que les règlements de comptes effectués durant l'été 1940 à l'instigation d'Alibert avaient été des erreurs très lourdes et voulut s'en démarquer. Le statut des Juifs notamment paraît ne pas avoir eu de contempteur plus déterminé, à ceci près que le mémorialiste voit en Xavier Vallat, premier commissaire aux Affaires juives, « intellectuellement et moralement le plus honnête homme du monde[1] » ; il considère que « le problème juif ne se serait pas posé en France au lendemain de l'armistice si les vannes de l'immigration avaient été moins libéralement ouvertes depuis 1933[2] » ; et, apprenant un jour que son tailleur, qui lui faisait de mauvais complets, avait subitement disparu, il ne trouve que ce commentaire : « Nous apprîmes qu'il était juif. Nous ne regrettâmes que son infortune[3]. » Les seules critiques véritables adressées par du Moulin à Alibert sont en outre de peindre trop « à la fresque[4] » et d'avoir « bâclé » le premier statut des Juifs...

On conçoit qu'un tel entourage n'ait pas sérieusement réussi à dissuader Pétain de s'engager sur la voie fatale. Beaucoup, sans doute, étaient sincèrement anti-allemands, mais à la manière de

1. Henri du Moulin de Labarthète, *Le Temps des illusions*, Genève, Le Cheval Ailé, 1946, p. 281.
2. *Ibid.*, p. 280.
3. *Ibid.*, p. 171.
4. À grands traits.

Maurras dont ils partageaient pour la plupart les conceptions. Tous, finalement, commirent la même erreur d'appréciation que Pétain ; elle sera très bien définie après coup par du Moulin de Labarthète : « Au vrai, et ce fut là son erreur, il donnait, dans le secret de son cœur, la priorité à la régénération sur la résistance. La résistance — ou ce qu'il appelait d'un mot ancien la "revanche" — il ne la verrait pas. Mais la régénération lui devrait son jaillissement. Il en respirerait les premiers bourgeons. Et, par la régénération, ne porterait-il pas l'honneur d'avoir su préparer la revanche[1] ? » On sait ce qu'il advint de ce calcul.

La faute originelle de Pétain est bien là et la responsabilité de ceux qui se servirent de lui pour réaliser leurs desseins et assouvir leur rancœur demeure entière.

Laval ou le pacifisme devenu fou

Il reste qu'en pratique la liquidation de la République ne fut pas réalisée le 16 juin et dans les jours qui suivirent jusqu'au 10 juillet ; elle n'a pas non plus été l'œuvre des représentants de la droite la plus extrême mais d'un homme politique qui n'avait alors aucun lien « ni avec les cercles franco-allemands, ni avec les milieux fascisants, ni avec l'Action Française[2] » : Pierre Laval. Le paradoxe vient même de ce que le régime fut mis à terre grâce aux intrigues de ce politicien chevronné, passé maître depuis longtemps dans l'art des combinaisons de couloir, un champion en somme du parlementarisme.

À l'automne de 1945, à la veille de son procès en Haute Cour qui se terminera le 9 octobre par sa condamnation à mort et le 15 par son exécution, le *Daily Telegraph* publiera un sondage démontrant que 78 % des Français souhaitaient que la peine suprême fût

1. H. du Moulin de Labarthète, *Le Temps des illusions, op. cit.*, p. 427.
2. M. Ferro, *Pétain, op. cit.*, p. 686.

appliquée à l'homme qui, tout au long de l'Occupation et singulièrement après son retour au pouvoir en avril 1942, s'était identifié à la politique de collaboration[1]. N'avait-il pas décidé l'envoi de travailleurs français en Allemagne, créé le Service du travail obligatoire, ordonné à la police de participer à la déportation des Juifs et déclaré le 27 août 1942 : « Je crois à la victoire de l'Allemagne » ? S'étant cru capable de duper les Allemands, comme il avait manipulé tant de gens au cours de sa vie, Pierre Laval avait perdu et il paya ses erreurs au prix fort. Quand, livré finalement par Franco, auprès duquel il avait un temps trouvé refuge, il arriva en France le 2 août 1945, aucune voix ne se fit entendre pour le défendre. Dès le lendemain de son retour, appelé à témoigner au procès de Pétain, il eut la surprise de voir le Maréchal sortir de son mutisme (alors qu'il refusa de participer à son procès) et l'accabler en précisant que la déclaration relative à la victoire de l'Allemagne l'avait consterné[2]. Pour tous, y compris les fervents de l'ancien chef de l'État français, il avait été le mauvais génie de ce dernier, celui qui l'avait entraîné à partir de Montoire sur la pente fatale de la collaboration. Durant le procès du Maréchal, Laval eut beau répéter qu'il n'avait aucune responsabilité dans la mise en œuvre de la législation relative aux Juifs et aux francs-maçons, on ne l'écouta pas. À la Libération, il fallait un bouc émissaire, une victime expiatoire. Pétain étant encore crédité souvent d'avoir mené face à l'occupant un double jeu, Laval se trouvait condamné à jouer seul ce rôle. Robert Aron, dans son *Histoire de Vichy*, publiée en 1954, officialisera en quelque sorte cette thèse. Depuis cette époque, les archives se sont ouvertes, qui révèlent, rétrospectivement, le caractère quelque peu simpliste d'une telle vision des choses. Sans exonérer le premier chef de gouvernement du régime de Vichy, les historiens ont bien montré

1. Fred Kupferman, *Laval*, Paris, Balland, 1987.
2. *Le Procès du maréchal Pétain*, compte-rendu sténographique, Paris, Albin Michel, 1945, 2 vol., t. I, p. 564.

tout le poids de Pétain et de son entourage dans la mise en œuvre du fatal engrenage : le statut des Juifs fut effectivement mis en œuvre à leur initiative.

Avec le recul, il apparaît clairement pourquoi à la Libération Pierre Laval se vit assigner par la conscience collective le rôle de « coupable électif ». Tandis que le Maréchal, qui en imposait malgré tout en raison de son âge, de son passé, de sa dignité prestigieuse, était encore relativement épargné, même s'il fut en définitive condamné à mort, Laval, lui, offrait l'incarnation vivante de la IIIe République finissante, de tout ce qu'on lui reprochait, c'est-à-dire le primat de l'intrigue sur le sain débat public, des compromissions avec les milieux d'affaires (encore que l'impressionnante fortune de Laval ait été acquise, à partir de rien, par des moyens parfaitement légaux), une faculté de retournement étonnante sinon inquiétante. En concentrant tous les tirs sur Laval, on croyait inconsciemment en finir avec un système dont on ne voulait plus et aussi probablement avec un pacifisme dont on mesurait mieux les ravages sans accepter de reconnaître à quel point il avait imprégné la société française.

Si quelqu'un incarnait cette belle idée devenue folle, ce fut bien en effet Pierre Laval. Au cours de sa météorique carrière, l'attachement à la paix constitua à coup sûr son ancrage le plus ferme et le plus sincère. Fils d'un cafetier de Châteldon, en Auvergne, non loin de Vichy, il était devenu avocat à la force du poignet, tout en exerçant le métier de répétiteur. D'abord défenseur des pauvres, adepte d'un socialisme très peu idéologique, fondé surtout sur un réflexe d'indignation face à l'injustice, élu député SFIO de la Seine en 1914, il eut l'illumination qui allait le guider tout le reste de sa vie à la veille du déclenchement de la Grande Guerre, quand Jaurès fut assassiné. Alors que des hommes tels que Pierre Renaudel, député du Var, et Léon Jouhaux, secrétaire général à la SFIO, proclamaient devant la tombe du tribun que celui-ci se serait rallié comme eux à la défense nationale, Pierre Laval, haut et fort, affirmait le contraire, ce qui lui valut de figurer, avec un autre député socialiste, Lauche, sur le fameux carnet B, c'est-à-dire la liste des deux mille personnes à arrêter en cas de conflit. Instinctivement, Laval avait horreur de la guerre et il ne craignait pas de se singulariser en faisant connaître son opinion au moment où toute la France ou presque communiait dans l'Union sacrée. Exempté définitif depuis 1902, il n'eut pas à entrer en rébellion contre l'autorité (pour rester fidèle à son idéal pacifiste). À la Chambre, toutefois, il se garda de refuser le vote des crédits militaires, ce qui explique qu'en 1917 Clemenceau ait tout de même pensé à lui pour un sous-secrétariat d'État à l'Intérieur. Mais, au sein de son parti, il fréquenta assidûment les « minoritaires », adversaires de la discipline imposée par le conflit.

Cette expérience, Laval ne devait jamais l'oublier. Durant toute la durée de la guerre, il avait assumé certes le risque d'être isolé en mettant en avant son attachement à la paix ; et comme, après l'armistice, les électeurs lui étaient restés fidèles, il fut à partir de ce moment convaincu d'avoir eu raison. Les élites pouvaient bien le critiquer, le mépriser pour sa réussite trop voyante symbolisée par son installation Villa Saïd près de l'avenue Foch, l'achat du château de Châteldon, le mariage de sa fille adorée, Josée, avec René de Chambrun, descendant de La Fayette, cousin de Roosevelt par sa mère américaine, avocat international déjà très lancé. De ce concert de condescendance, il n'avait cure ou tout au moins en donnait l'impression. Et il opposait la même indifférence à ceux qui, non sans motifs, l'accusaient de s'être détaché du socialisme de sa jeunesse. Désormais « socialiste indépendant », il poursuivait sa marche vers les sommets : le ministère des Travaux publics en 1925 dans le cabinet Painlevé et surtout, un peu plus tard, dans le gouvernement Briand, le ministère de la Justice. Sa façon de demeurer fidèle aux idéaux de sa jeunesse s'exprimait par une fibre sociale, qui ne se démentit jamais, et un pacifisme ardent, au demeurant sincère.

En 1932, Aristide Briand mourut. À partir de 1931 et jusqu'à la veille de sa disparition, il avait été le ministre des Affaires étrangères de Pierre Laval, devenu président du Conseil. Ensemble, les deux hommes s'étaient rendus à Berlin, où aucun membre du gouvernement français n'avait été vu depuis 1878. Le chancelier Brüning les avait accueillis avec de grands égards, soucieux de montrer au monde l'image d'une Allemagne encore pacifique, malgré l'activité inquiétante des « Casques d'acier » et des nazis. Et quelques mois plus tard, peu de jours avant sa disparition, Briand avait prodigué à celui qui s'affirmait le continuateur de sa ligne politique cet ultime conseil : « Vous êtes chef du gouvernement, vous avez une majorité de droite. Je l'ai eue quelquefois. N'ayez aucune confiance dans ces hommes de la bourgeoisie. Ils sont égoïstes, ils ont de l'étroitesse d'esprit. Vous êtes comme moi, un socialiste. Il n'y a de générosité que dans le peuple. C'est lui que nous devons servir et la paix que nous devons défendre[1]. »

« Je me suis toujours demandé ce qu'il aurait fait à ma place », dira par la suite Laval de celui en qui il voyait un maître. Le scrupule pouvait paraître louable et émouvant, malheureusement, il prit vite l'allure d'une obsession d'autant plus dangereuse qu'elle s'accompagnait d'une indifférence à peu près complète à tout ce qui ne concernait pas directement l'Hexagone et son existence matérielle. Fruste de manières, de plain-pied avec les petites gens d'Aubervilliers, Laval ne connaissait guère le monde. Avant d'avoir accédé aux grandes responsabilités, il n'avait pas voyagé. En outre, si l'homme était intelligent, bon tacticien, sa culture restait limitée, orientée en tout cas exclusivement vers une application pratique. Des grands mouvements historiques de son temps, il ne paraît avoir eu qu'une idée assez sommaire. Au pouvoir lorsque la France avait été touchée, tardivement, en 1931, par la crise économique consécutive au krach boursier de 1929, Laval ne semble pas avoir compris toute la gravité du séisme. L'avènement des dictatures en Europe occidentale ne l'a apparemment pas troublé davantage. Si d'autres que lui sans doute ignoraient la

1. Cité par F. Kupferman, *Laval*, *op. cit.*, p. 104.

spécificité du nazisme, il fut malgré tout l'un de ceux qui, très longtemps, contre l'évidence, refusèrent d'ouvrir les yeux. Rien n'est plus révélateur de son état d'esprit que le témoignage qu'il apportera le 3 août 1945 devant la Haute Cour de Justice chargée de juger Pétain. Décrivant la ligne qu'il avait suivie en tant que ministre des Affaires étrangères du cabinet Doumergue d'octobre 1934 à mai 1935, puis en tant que président du Conseil pendant un an jusqu'en février 1936, il avouera : « Je luttais obstinément contre la guerre. J'avais le sentiment que la politique extérieure qui était faite devait nous conduire à un conflit. Je ne me suis jamais soucié des régimes intérieurs des autres pays. J'ai toujours pensé que la France devait préserver la paix de ses foyers. On fait la guerre quand on a à se défendre. Notre pays était heureux, il jouissait de la liberté. Il avait une prospérité relative. Nous n'avions aucune raison de conflit avec aucun de nos voisins[1]. »

Tout Laval tient dans cette déclaration désarmante. Personne n'était peut-être plus éloigné *a priori* de Maurras que ce politicien devenu le symbole même des excès du parlementarisme. Et pourtant, personne n'aura en même temps adopté avec plus de foi la célèbre formule « La France seule ». Socialiste, il l'était resté un certain temps à sa manière, mais sans se rendre compte qu'en perdant toute dimension universelle, en se réduisant à la défense d'intérêts purement matériels, la doctrine dont il se réclamait s'était métamorphosée en caricature. National-socialisme ? Le mot, avec la connotation qu'il a prise, est évidemment trop fort, en tout cas inadapté. Au demeurant, plus le temps passa et plus Laval s'écartait complètement de la doctrine à laquelle il avait semblé adhérer à ses débuts : en témoigne la politique déflationniste qu'il mena pour juguler la crise au cours de son second passage à la tête du gouvernement, de 1935 à 1936. Dure pour les moins favorisés, cette ligne provoqua un si vif mécontentement,

1. *Le Procès du maréchal Pétain*, *op. cit.*, t. I, p. 500.

en particulier parmi les fonctionnaires, que la victoire du Front populaire en 1936 en fut grandement facilitée.

Tombé en 1936 en raison des critiques suscitées par une politique étrangère jugée aventureuse et confuse[1], Laval, écarté soigneusement du pouvoir à partir de cet instant et cependant certain d'avoir vu juste contre toute la classe politique, se persuada qu'il était le seul à pouvoir empêcher la guerre. Dès lors, rien ne l'arrêta. D'un document diplomatique allemand en date du 13 avril 1937[2], il ressort que, dès cette époque, il fit savoir au général Franco que, en contact avec Jacques Doriot et le colonel de La Rocque, il plaçait tous ses espoirs dans le maréchal Pétain, avec lequel il se disait aussi en relation.

Le Maréchal avait beau faire la sourde oreille à ses offres, il n'en démordait pas. Seul un mouvement national autour du vainqueur de Verdun était susceptible, à ses yeux, de sauver le pays. Comme toujours, il agissait avec une certaine discrétion, se gardant d'attirer trop l'attention. Après la conférence de Munich, il fut curieusement l'un des vingt et un sénateurs[3] qui refusèrent à Édouard Daladier les pouvoirs qu'il demandait et, au moment de la déclaration de guerre, en septembre 1939, il n'osa pas aller jusqu'à demander un débat au Parlement, comme l'avait fait Gaston Bergery, transfuge de la gauche et pacifiste résolu. En coulisses, Laval n'en menait pas moins un combat acharné contre le président du Conseil, rassemblant contre lui avec une patience obstinée de paysan auvergnat tous ceux qui partageaient ses vues sans toujours oser le dire ouvertement. De Georges Bonnet, ministre des Affaires étrangères au moment de Munich, à l'étonnant Anatole de Monzie, socialiste indépendant de plus en plus atypique qui ne songeait à nier ni un pacifisme profond ni ses accointances avec les Italiens et les Soviétiques, la nébuleuse était

1. Voir ci-dessus, p. 74.
2. F. Kupferman, *Laval, op. cit.*, p. 188-190.
3. Il représentait le Puy-de-Dôme à la Haute Assemblée à cette époque.

vaste. On y retrouvait des hommes que, dans les temps ordinaires, tout aurait dû opposer : l'avocat Jean-Louis Tixier-Vignancour, député d'extrême droite des Basses-Pyrénées, des socialistes comme Brunet, Froment ou Paul Rives, appartenant à la mouvance de Paul Faure, opposé de toutes ses forces à la guerre. Ainsi, peu à peu commençaient à se rapprocher, en vertu d'une logique d'ailleurs prévisible, les deux pacifismes dont l'émergence avait marqué l'avant-guerre : celui d'essence très conservatrice et celui de gauche. Animé par des convictions fortes mais sommaires, adversaire de toute idéologie, Laval était assurément bien placé pour servir de trait d'union à ces deux mouvances.

Le rapprochement fut complètement réalisé quand l'homme à la cravate blanche — tel était le signe distinctif auquel il resta fidèle toute sa vie — commença, pratiquement dès la déclaration de guerre, à faire entrer le maréchal Pétain dans ses manœuvres. Les deux personnages ne s'aimaient guère et avaient même l'un pour l'autre une certaine antipathie depuis leur commune appartenance au ministère Doumergue en 1934. Pétain, strict d'allure et détestant la familiarité, n'appréciait guère la compagnie de l'Auvergnat, qui se permettait de fumer en sa présence et dont la mise était souvent fort négligée. Laval se gaussait du formalisme de son ancien collègue et, en tout état de cause, ne lui assignait d'autre rôle que celui d'un « dessus de cheminée ». Quand on s'étonnait de le voir militer en faveur d'un gouvernement dirigé par le vainqueur de Verdun, il répondait sans ciller : « Que lui demandera-t-on ? Son nom, son prestige, pas davantage. »

La certitude, encore tue publiquement mais très profonde, que la déclaration de guerre avait été une erreur réunissait pourtant les deux hommes, liés aussi par leur commune conviction d'incarner une solution de rechange. Dès la fin du mois de septembre, un contact fut établi entre eux par l'intermédiaire du commandant Loustanau-Lacau, officier d'ordonnance du Maréchal, lui-même proche des milieux activistes d'extrême droite. Pétain, en l'occurrence demandeur, avait suscité la rencontre. Laval se montra direct comme à son habitude : « Vous direz au Maréchal que ce Daladier, c'est un fumier, c'est un salaud[1]. » De ses intentions immédiates, l'ancien président du Conseil ne fit pas mystère non plus : de toute urgence, il importait, selon lui, de mettre en place un gouvernement Pétain très concentré. Au sein de ce cabinet de guerre, Laval destinait curieusement le Quai d'Orsay au Maréchal, lui-même se réservant l'Intérieur, avec des pouvoirs extrêmement étendus et l'objectif avoué de rallier la classe ouvrière, grâce à son ancrage électoral à Aubervilliers, au cœur de la banlieue rouge[2].

En vérité, si cet épisode marqua une étape, ce fut moins par son contenu (l'hypothèse d'un gouvernement Pétain avait été, on l'a vu, plusieurs fois envisagée par Laval) que par le ton neuf du sénateur du Puy-de-Dôme. Jusque-là, Laval donnait l'impression de vouloir respecter certaines formes. Désormais, il n'aura plus cette pudeur. Tout au long des mois qui suivirent cet entretien et jusqu'au déclenchement de l'offensive allemande du mois de mai 1940, il attaqua au contraire de front ceux qui ne partageaient pas sa manière de voir. Plus que jamais, il était persuadé de pouvoir éviter le pire en nouant des contacts avec Mussolini. L'ambassadeur d'Italie avait beau lui faire valoir qu'il n'était pas le mieux placé pour mener à bien cette mission, l'Auvergnat s'entêtait, vouant aux gémonies ses adversaires et détracteurs, aux premiers rangs desquels Daladier et Alexis Leger (le poète Saint-John Perse), secrétaire général du Quai d'Orsay, obstinément fidèle à l'alliance anglaise. Pour les dénoncer, Laval retrouvait les accents de son vieux maître Aristide Briand. Une sorte de messianisme, *a priori* étranger à sa personnalité, devint soudain perceptible dans sa démarche.

« Ayez donc des entretiens avec l'Italie, adjura-t-il le ministre des Affaires étrangères, Georges Bonnet, lors d'un comité secret

1. Cité dans *Le Procès du maréchal Pétain*, *op. cit.*, t. I, p. 356.
2. Louis Noguères, *Le Véritable Procès du maréchal Pétain*, Paris, Fayard, 1955, Annexe, p. 632-633.

du Sénat, le 16 mars 1939 [...]. Ne sentez-vous pas qu'il y a quelque chose qui doit nous pousser à nous mettre d'accord avec tous ceux qui, demain, pourraient être les victimes de Hitler ? [...] Voulez-vous essayer ? Si oui, vous risquez de sauver la paix ; si non, vous risquez d'exposer votre pays à une situation tragique, effroyable, telle qu'on en a jamais vu. J'ai posé le problème. Je m'excuse d'avoir été grandiloquent. Je l'aurais été beaucoup plus si j'exprimais tout ce que je ressens [...]. Je vous conjure, réveillez-vous. Nous avons tous, à un degré plus ou moins grand, une responsabilité, car nous sommes tous des représentants de notre pays. Et alors si je vous affirme qu'il est possible de s'entendre avec Mussolini, voulez-vous essayer ? Si vous ne le faites pas vous êtes criminels et vous commettez contre notre pays la plus haute trahison qui ait jamais été commise[1]. »

Surnommé dans sa jeunesse « Précis le Sec » par ses camarades, Pétain n'appréciait sans doute guère ces exhortations enflammées. L'intérêt qu'il portait en dépit de tout à Pierre Laval tenait à des motifs exclusivement rationnels, voire utilitaristes. Dans le monde politique, le Maréchal se sentait isolé. En dépit de son passage au ministère de la Guerre en 1934, il ne connaissait pas grand monde à la Chambre et au Sénat. Son mentor Alibert, recalé par le suffrage universel, ne pouvait lui être d'aucun secours dans d'éventuelles manœuvres de couloir. Tout autre était le sénateur du Puy-de-Dôme, rompu de longue date à ces exercices. Pétain était d'autant plus enclin à s'en remettre à son savoir-faire que, semble-t-il, il n'avait jamais oublié ce que lui avait confié Doumergue en lui désignant Laval au cours d'une réception au Quai d'Orsay en 1934 : « La république est pourrie ; ils n'ont plus personne, mais il y a encore celui-là[2]. »

Avant le 16 juin, l'alliance objective des deux hommes

1. Cité par René de Chambrun, *Pierre Laval devant l'Histoire*, Paris, France Empire, 1983, p. 96-97.
2. *Le Procès du maréchal Pétain*, *op. cit.*, t. I, p. 355 (déposition de Loustanau-Lacau).

n'aboutit à rien d'autre de concret ; et, de manière assez étrange, ce fut une alliance contre nature entre Édouard Daladier et Pierre Laval qui faillit jeter à terre le cabinet Reynaud. Un soir d'avril 1940, le Taureau du Vaucluse — ainsi surnommait-on Daladier qui, selon ses détracteurs, n'avait que des cornes d'escargot — rencontra le maire d'Aubervilliers chez Guy La Chambre. Ils se détestaient mutuellement mais portaient la même haine à Paul Reynaud. Daladier proposa à son interlocuteur de renverser le gouvernement en place ; quand il s'entendit répondre qu'en ce cas le président du Conseil suivant s'appellerait Philippe Pétain, l'affaire tourna court.

La mise à mort de la République

La défaite consommée, au moins provisoirement, le régime tomba rapidement sous les assauts conjugués de Pétain et de Laval. Leur collaboration effective commença plutôt mal, puisque l'ancien président du Conseil se vit refuser les Affaires étrangères, ce qui l'amena, par représailles en quelque sorte, à se récuser pour le portefeuille de la Justice et en définitive à ne faire son entrée dans le cabinet présidé par le Maréchal que le 23 juin, en qualité de ministre d'État.

Ce retard ne l'empêcha pas de jouer un rôle clé à de multiples titres. S'il ne prit pas part aux tractations qui précédèrent la signature de l'armistice, le 22 juin, il s'imposa tout d'abord en empêchant le départ des présidents des assemblées et surtout du chef de l'État pour l'Afrique du Nord. En effet, alors même que les plénipotentiaires français avaient signé à Rethondes le document mettant fin aux combats et avalisant les conditions exigées par le Reich, Albert Lebrun, Jules Jeanneney et Édouard Herriot évoquaient toujours, on l'oublie souvent, la possibilité de partir pour Alger afin de mettre une partie au moins des pouvoirs publics hors de portée des Allemands. Et si le Maréchal était décidé coûte que coûte à rester sur le sol métropolitain, il n'avait pas refusé complètement la solution prônée par les premiers personnages de l'État. L'hypothèse paraît d'autant moins contestable qu'un paquebot, le *Massilia*, fut mis à la disposition du président de la République, des présidents des assemblées parlementaires ainsi que des vingt-six députés et de l'unique sénateur qui étaient résolus à les suivre. Expressément, le Maréchal donna son accord à l'amiral Darlan pour le départ du navire.

Si Pétain ne vit pas tout de suite le danger pour lui d'une pareille solution, Pierre Laval, en politicien aguerri, le comprit d'emblée. Laisser partir les principaux personnages de la République en Algérie, c'était, à ses yeux, prendre le risque de voir se constituer, à plus ou moins long terme, une autorité qui, du fait de la liberté dont elle bénéficierait, avait des chances de concurrencer le chef du gouvernement demeuré en France métropolitaine, voire de le supplanter. Si étonnant que cela puisse paraître, le péril constitué par cette perspective était, pour le gouvernement formé le 16 juin, beaucoup plus redoutable que celui représenté par le général de Gaulle, dont l'initiative historique du 18 juin n'avait pas jusque-là rencontré un vaste écho et dont la légitimité n'était pas encore établie. Dès le 21 juin, très conscient de la menace, Laval ameuta donc ses amis députés et sénateurs et les persuada de se joindre à lui pour convaincre Albert Lebrun de refuser tout transfert vers l'Afrique du Nord. Il fallait agir d'urgence car on venait d'apprendre que le chef de l'État avait l'intention de gagner Port-Vendres, d'où un contre-torpilleur devait le conduire à Alger. On disait aussi que Jeanneney et Herriot avaient reçu la délégation nécessaire pour permettre la formation à Alger d'un cabinet dirigé par Camille Chautemps.

Ayant quasiment forcé la porte du chef de l'État alors installé dans l'hôtel du préfet de la Gironde, Pierre Laval, sans la moindre précaution, sans égard pour la fonction de son interlocuteur, tomba le masque. Homme politique manœuvrier, le personnage s'était déjà transformé en imprécateur pour stigmatiser ceux qui ne comprenaient pas la sagesse de sa ligne politique. Une dernière métamorphose le révéla sous un jour inédit : celui d'un chef de bande prêt à tout pour triompher. Il tonna à l'adresse du Président :

> Plus de cent parlementaires viennent se réunir. Ils ont désigné une délégation que je suis chargé de vous présenter. Vous ne partirez pas. Vous ne pouvez pas partir. Nous n'acceptons pas que, par ce biais presque frauduleux, le gouvernement aille continuer en Afrique un combat qui s'avère impossible [...]. Si vous quittez cette terre de France, vous n'y remettrez plus les pieds... Oui, quand on saura que vous avez choisi pour partir l'heure où notre pays connaissait la plus grande détresse, un mot viendra sur toutes les lèvres : celui de défection... peut-être un mot plus grave encore, celui de trahison. Votre devoir est de suivre l'exemple du Maréchal. Je vous le déclare, je ne m'inclinerai pas. Mes amis et moi, nous conserverons notre liberté et en userons pour servir le pays. Si vous voulez partir, vous ne devez le faire qu'à titre privé. Donnez donc votre démission. N'écoutez plus les conseils de ceux qui ont conduit notre pays aux abîmes. Ah, pourquoi, pendant si longtemps, les avez-vous suivis ? Je hais ces hommes pour tout le mal qu'ils ont fait à la France [1].

Debout dans l'embrasure d'une fenêtre, Lebrun écouta l'algarade, livide, sans réagir, si ce n'est pour faire observer assez timidement qu'un gouvernement resté sur une terre occupée par l'ennemi courait le risque de n'être plus libre. Sans précédent, ce traitement réservé par Laval au chef de l'État annonçait déjà la fin de la République.

Dans la mise à mort du régime, Pierre Laval se distingua par un professionnalisme exceptionnel. Au sein du gouvernement où il venait d'entrer, il comptait très peu d'amis. Raphaël Alibert, inspi-

1. D'après F. Kupferman, *Laval, op. cit.*, p. 223, et R. Aron, *Histoire de Vichy, op. cit.*, p. 72-73.

rateur de l'architecture générale du régime à venir, ne le connaissait guère et leurs cultures respectives les séparaient. Laval, en effet, n'avait que faire des théories plus ou moins inspirées par Maurras ; il ne rêvait pas de ressusciter une ancienne France nourrie de valeurs traditionnelles ; il voulait liquider la IIIe République qui n'avait pas écouté ses conseils et provoqué sa marginalisation ; mais, hormis le renforcement considérable de l'autorité sur le modèle des dictatures qui avaient vu le jour en Europe, il n'aspirait à rien de très précis. Sans lui, pourtant, rien n'était possible et il le savait. Pour diriger les parlementaires dans le sens souhaité, son concours s'avérait essentiel. L'extrême droite antiparlementaire n'était guère représentée au sein de la Chambre élue en 1936 et qui avait porté au pouvoir le Front populaire. Logiquement, la République semblait pouvoir s'appuyer sur de fermes défenseurs. C'était compter sans le discrédit où était tombé le régime depuis le début des années 1930, sans la peur, surtout, qui, avant même l'annonce officielle de la défaite, s'était emparée des représentants du peuple. Laval savait que, dans ces conditions, le coup de grâce pouvait être donné assez facilement.

L'ancien président du Conseil se montrait d'autant plus optimiste que les pouvoirs publics quittèrent Bordeaux le 29 juin pour s'installer d'abord à Clermont-Ferrand, puis très vite, dès le 2 juillet, à Vichy en Auvergne, dans son fief en somme. Revenu à Châteldon, à quelques kilomètres seulement de la station thermale, Laval était là chez lui, entouré de sa famille. Psychologiquement, il se trouvait ainsi en position de force alors que les autres acteurs de ce drame politique, y compris le Maréchal, se voyaient contraints de camper dans des installations de fortune.

Dès l'unique Conseil des ministres tenu à Clermont-Ferrand, le 30, Laval marqua des points. Étranger au monde politique, Pétain hésitait quant au sort à réserver à la République. Deux ministres au moins, Paul Baudouin et Yves Bouthillier, respectivement en charge des Affaires étrangères et des Finances, estimaient que, le Maréchal disposant déjà des pouvoirs exceptionnels octroyés à

Daladier et le mandat des assemblées parlementaires ayant été prorogé jusqu'en 1942, le plus simple était de mettre le régime en sommeil jusqu'à la fin complète des hostilités : les institutions resteraient en place mais les élections seraient reportées à des jours meilleurs. Pétain était *a priori* enclin à accepter cette solution : il lui semblait que le prestige dont il bénéficiait alors le garantissait contre toute tentative de déstabilisation parlementaire. Tout autre était le point de vue de Pierre Laval. S'il ne pouvait guère le dire à voix haute, il pensait que le Maréchal ne serait pas éternel et, en tout état de cause, il voulait, on vient de le voir, se venger d'une république qui, depuis quatre ans, ne reconnaissait plus ses mérites. Avec toute la vigueur dont il était capable, il plaida donc en faveur d'une réforme constitutionnelle profonde. Comme il se faisait fort d'en persuader les parlementaires, on lui donna carte blanche.

Derechef, le sénateur du Puy-de-Dôme s'attela à la tâche et, la panique aidant, les méthodes éprouvées au fil d'une carrière politique déjà longue firent preuve de leur efficacité. « Laval travaille les élus par petits paquets et même individuellement, écrit Fred Kupferman. C'est sa manière. Il tutoie, il prend le bras, il explique en confidence ce qu'il faut faire pour sauver le pays, il rassure chacun sur son sort et entame doucement les résistances[1]. » Désorientés, se sachant déjà suspects aux yeux d'une opinion avide de boucs émissaires, les parlementaires furent d'autant plus réceptifs que les Allemands n'étaient pas loin de Vichy où ils se réunissaient, que les soldats de Weygand — sur son ordre — montaient autour d'eux une garde vigilante, voire menaçante. Bien évidemment, les représentants du régime en voie de disparition se trouvaient en position de faiblesse. Victime d'un accident de voiture à l'issue duquel sa compagne Hélène de Portes trouva la mort, Paul Reynaud faisait triste figure, la tête enveloppée de bandages. Bravant l'adversité, Léon Blum avait eu l'audace de se montrer, mais

1. F. Kupferman, *Laval*, *op. cit.*, p. 228-229.

pour constater avec tristesse que beaucoup de ceux qu'il estimait hier encore cédaient à la peur et au chantage. Quant aux présidents des assemblées, Jules Jeanneney et Édouard Herriot, incontestables adversaires de l'armistice, ils étaient très réservés à l'égard du sénateur du Puy-de-Dôme mais respectueux envers le Maréchal[1].

Devant les sénateurs réunis à la salle des Sociétés médicales, Pierre Laval ne s'embarrassa pas de circonlocutions. Sentant l'affaire mûre et ses interlocuteurs tétanisés, il fonça droit au but avec une incontestable franchise.

> Le Parlement doit être dissous, la Constitution doit être réformée. Elle doit s'aligner sur les États totalitaires. L'institution de camps de travail doit être envisagée. Si le Parlement n'y consent pas, c'est l'Allemagne qui nous imposera toutes ses mesures, avec comme conséquence immédiate l'occupation totale de la France. [...]. J'appartiens au Parlement depuis 1914 et je n'oublie pas que je suis du peuple. Mais puisque la démocratie parlementaire a voulu engager le combat contre le nazisme et le fascisme, et qu'elle a perdu ce combat, elle doit disparaître. Un régime nouveau, audacieux, autoritaire, social, national, doit lui être substitué. C'est sous le triple signe du travail, de la famille et de la patrie que nous devons aller vers l'ordre nouveau. Je le dis et je le répète : un régime qui a amené la guerre et la défaite n'est pas qualifié pour faire la paix. Vous redoutez la dictature ? Rassurez-vous. Je suis ici devant vous pour défendre le pouvoir civil. Je vous propose, je vous demande de faire prévaloir selon les vœux du pays, le pouvoir civil, afin que nous sauvions de nos libertés ce qui peut être sauvé[2].

En agitant l'épouvantail d'une dictature alors que tout aussi crânement il venait d'avouer son intention de s'aligner sur les États totalitaires, Laval allait très loin, en parfaite connaissance

1. Voir ci-dessus, p. 109.
2. D'après R. Aron, *Histoire de Vichy*, *op. cit.*, p. 113, et F. Kupferman, *Laval*, *op. cit.*, p. 231.

de cause. Ces parlementaires auxquels il s'adressait étaient, en dépit de tout, des républicains méfiants envers l'autorité militaire réputée hostile au régime et, de surcroît, « cléricale ». Or, en ces temps dramatiques, si le Maréchal demeurait toujours presque unanimement respecté, on ne saurait en dire autant de ce que l'on commençait à entrevoir derrière lui. Le général Weygand, ministre de la Guerre, suscitait de fortes réserves ; on le suspectait, non sans raison, de ne guère aimer la République et de vouloir malmener le personnel politique s'il lui prenait fantaisie de résister à des réformes autoritaires. En utilisant une certaine rhétorique dont l'efficacité avait été démontrée en d'autres circonstances, Laval pouvait espérer vaincre les obstacles.

Cette précaution oratoire n'était pas inutile car la pilule paraissait tout de même difficile à faire passer. Le 5, au Sénat, une timide résistance commença à s'organiser. Les propos de Laval la veille avaient été sans détour et, à l'initiative de Jean Taurines, sénateur de la Loire, héros de la Grande Guerre, vingt-cinq anciens combattants membres de la Haute Assemblée, parmi lesquels l'ancien président du Conseil Paul-Boncour, décidèrent de mettre en œuvre une contre-offensive. Celle-ci prit la forme d'un projet qui, en accordant au Maréchal les pleins pouvoirs, n'entendait pas abolir pour autant le régime républicain. L'ordre du jour suivant fut voté sur-le-champ : « Les sénateurs anciens combattants réunis à Vichy le vendredi 5 juillet, sous la présidence de M. Jean Taurines, premier vice-président, saluent avec émotion et fierté leur chef vénéré, le maréchal Pétain, qui, en des heures tragiquement douloureuses, a fait don de sa personne au pays. Lui apportent leur confiance pour, dans la légalité, regrouper la force nationale, galvaniser les énergies et préparer le terrain moral qui refera une France digne de leurs sacrifices. »

Pour Pierre Laval, il ne pouvait évidemment être question d'accepter ce contre-projet et Raphaël Alibert, qui campait sur la même ligne, s'évertua à empêcher les sénateurs récalcitrants de rencontrer le Maréchal. Sans tarder, l'ancien président du

Conseil employa aussi toute son énergie à emporter la conviction des députés. Ce même 5 juillet, il leur exposa ses idées dans la salle du casino de Vichy. Avant son intervention, Marcel Héraud, député indépendant de Paris, avait vivement protesté contre les mesures d'intimidation vis-à-vis des parlementaires, que l'on attribuait au général Weygand. Recevant la veille à Clermont-Ferrand les troupes de la 14ᵉ division qui y prenaient garnison, le nouveau ministre de la Guerre les aurait averties, disait-on, de se tenir prêtes « pour des opérations de nettoyage à l'intérieur ». « Il ne faut pas tolérer, avait martelé Héraud, les menaces qui visent à coup sûr le régime. »

Après avoir reçu d'avance le plein appui d'un élu socialiste, Chasseigne, aux yeux duquel il fallait de toute urgence remettre les pleins pouvoirs à Pétain, Laval répliqua vertement à Marcel Héraud : « Vous avez fait un beau discours, monsieur Héraud. Vous imaginez que nous avons encore le temps d'écouter des discours. Vous vous trompez. C'est fini les discours. Nous avons à rebâtir la France. Nous voulons détruire la totalité de ce qui est. Ensuite, cette destruction accomplie, créer autre chose, entièrement différente de ce qui a été. De deux choses l'une : ou bien vous acceptez ce que nous vous demandons et vous vous alignez sur la constitution allemande ou italienne, ou bien Hitler vous l'imposera. Désormais, il n'y aura qu'un seul parti, celui de tous les Français, un parti national qui fournira les cadres de l'activité nationale. »

Laval se montra, ce jour-là, encore plus violent qu'il ne l'avait été la veille. Son agressivité était décuplée par le drame de Mers el-Kébir qui venait d'avoir lieu — la destruction par les Anglais d'une partie de la flotte française, à commencer par les plus beaux bâtiments de la Marine nationale. Cette tragédie, le sénateur du Puy-de-Dôme y voyait l'aboutissement d'une politique étrangère selon lui désastreuse et qu'il n'avait cessé de dénoncer : « La France n'a jamais eu et n'aura jamais d'ennemis plus acharnés que la Grande-Bretagne. Toute notre histoire est là pour l'attester. Nous n'avons été que des jouets entre les mains de l'Angleterre, qui s'est servie de nous pour assurer sa propre protection. Nous sommes aujourd'hui au fond de l'abîme où elle nous a conduits. La France n'a le droit de conserver pour elle et son empire qu'une armée de 100 000 hommes. Voilà la réalité tragique pour notre pays. » Il affirmait, lui, savoir ce qu'il convenait de faire. « Il y a Hitler et Mussolini, expliqua-t-il hors séance à Marcel Héraud. Il faut prendre une place entre eux. En jouant l'un contre l'autre, peut-être arriverai-je à faire quelque chose, mais pour le faire, il faut que je sois là. Tes critiques n'ont aucune raison d'être. Laisse-moi faire, c'est dans l'intérêt de la France que je travaille. »

Le 6 juillet, Pierre Laval sembla près du but quand deux parlementaires, que tout, par ailleurs, opposait théoriquement — le socialiste Charles Spinasse et un homme d'extrême droite, Xavier Vallat —, tombèrent d'accord pour demander au Parlement de se saborder. Par l'intermédiaire de ces personnalités, les deux courants qui, avant guerre, avaient en fait prôné le renoncement face au Reich se rejoignaient pour signer à court terme la fin de la République. Pendant quatre jours, on assista tout de même à des combats d'arrière-garde pour faire échouer les plans de l'Auvergnat. Le Maréchal, en définitive, reçut les sénateurs récalcitrants réunis autour de Taurines et marqua sa confiance en Laval ; la motion dite « des Anciens Combattants » devenait donc sans objet puisque Pétain ne l'approuvait pas. Pour autant, Paul-Boncour, signataire du texte, ne s'avoua pas vaincu. Il fit donc adopter un autre contre-projet : « La Constitution de 1875 est suspendue jusqu'à la conclusion de la paix, le maréchal Pétain ayant tous les pouvoirs pour prendre par décrets ayant force de loi les mesures nécessaires au maintien de l'ordre, au relèvement du pays et à la libération du territoire. »

Confronté à ce nouvel obstacle, Laval changea alors de tactique. Après l'invective et la menace, il essaya la persuasion assortie d'arguments de nature à faire évoluer les plus résolus : tous les avantages attachés à la fonction parlementaire seraient maintenus et l'on veillerait à recruter les fonctionnaires d'autorité (préfets, trésoriers, payeurs généraux, etc.) parmi les membres des assemblées. On dut bien constater, hélas, qu'un pareil discours n'était pas sans effet. Néanmoins, les anciens combattants de la Haute Assemblée résistaient ; ils se prévalaient du soutien du Maréchal, en laissant entendre qu'ils avaient des titres à intervenir dans un débat pareil, eux qui en 1914-1918 avaient sauvé la France. Pierre-Étienne Flandin, ancien président du Conseil (en 1935, Laval avait fait partie de son gouvernement), s'opposa lui aussi à la réforme envisagée. Arrivant de son fief électoral de l'Yonne, il fit valoir l'incongruité d'un tel changement constitutionnel dans des circonstances aussi dramatiques. « Ceux qui l'écoutaient, écrit Emmanuel Berl, étaient à la fois enthousiasmés et honteux. Ils l'acclamaient[1]. » Grand bourgeois, anglomane, attaché au parlementarisme, membre de l'Alliance démocratique, le même parti que Paul Reynaud, Flandin rejoignait ainsi les parlementaires anciens combattants. Comme eux, il pensait que l'unique solution consistait à donner satisfaction à Pétain. Simplement, alors que la motion Taurines tendait à confier au Maréchal une sorte de dictature temporaire à la romaine, Flandin défendait un projet un peu plus compliqué : à ses yeux, Albert Lebrun devait se démettre de ses fonctions ; l'Assemblée élirait ensuite le vainqueur de Verdun président de la République en lui confiant, de surcroît, les fonctions de chef du gouvernement. L'idée, accueillie avec attention par le Maréchal, n'aura guère de suite pour la simple raison que Lebrun refusa d'accomplir le geste qu'on réclamait de lui.

C'est seulement le 8 août que Pierre Laval put considérer la partie gagnée. Encore eut-il besoin de recourir, selon son habitude, à un bluff pour déjouer une manœuvre de dernière minute. Le socialiste Rivière, toujours membre du gouvernement et partisan de la motion « des Anciens Combattants », demanda en effet

1. E. Berl, *La Fin de la IIIe République*, *op. cit.*, p. 245.

que le texte qu'il défendait fût présenté à l'Assemblée nationale comme proposition gouvernementale. Sans ménagement, Laval l'interrompit : « Je viens de m'entretenir avec le groupe sénatorial des Anciens Combattants ; je leur ai donné tous apaisements. Ils ont retiré leur contre-projet. La proposition de Rivière n'a donc plus d'objet. » Deux jours plus tard, Rivière apprendra par Vincent Auriol que Laval leur avait joué la comédie.

Il ne restait plus au sénateur du Puy-de-Dôme qu'à se rendre devant la Chambre et le Sénat afin de donner lecture du projet de loi soumis au vote de l'Assemblée nationale[1] : « Article unique : l'Assemblée nationale donne tous pouvoirs au gouvernement de la République, sous la signature et l'autorité du maréchal Pétain, président du Conseil, à l'effet de promulguer, par un ou plusieurs actes, la nouvelle constitution de l'État français. Cette Constitution devra garantir les droits du Travail, de la Famille et de la Patrie. »

Le texte était extraordinairement vague et ambigu : Laval, approuvé par Pétain et Alibert, l'avait voulu ainsi. Il autorisait en réalité toutes les interprétations et l'exposé des motifs ne permettait pas davantage de conclure dans un sens ou dans un autre puisqu'il précisait simplement que le futur régime « ouvrirait les portes de l'avenir » en encourageant la natalité, qu'il rendrait la France à sa vocation agricole, tout en laissant subsister une représentation nationale. Aux parlementaires Laval tint un discours identique, équivoque : « La démocratie parlementaire a perdu la guerre. Elle doit disparaître pour laisser la place à un régime autoritaire, hiérarchisé, national et social. Il ne s'agit pas de dictature mais bien au contraire de préserver la prédominance du pouvoir civil. Si les assemblées ne comprennent pas leur devoir, gare au coup d'État militaire. Je vous mets en garde, on nous guette. »

Lors du Conseil des ministres qui se tint le soir même de ce 8 juillet, et qui devait être le dernier présidé par Albert Lebrun, le

1. L'Assemblée nationale sous la IIIe République était constituée par la réunion de la Chambre des députés et du Sénat.

garde des Sceaux Frémicourt se refusa à signer le projet de loi constitutionnelle, qui, en fait, signait la mort de la IIIe République. L'incident n'émut guère Pierre Laval : il savait l'affaire en passe d'être réglée, avec ou sans l'accord de son garde des Sceaux. Le lendemain 9 juillet, la Chambre des députés et le Sénat devaient se réunir — séparément — afin de voter un texte déclarant la nécessité de réviser les lois constitutionnelles. Le jour suivant, si tout se passait bien, l'Assemblée nationale devait approuver le projet de réforme déposé par Laval au nom du gouvernement.

Réunis dans le cadre rococo 1890 du Grand Casino de Vichy, les parlementaires n'opposèrent guère de résistance sérieuse. Tout avait été mis en œuvre pour les faire évoluer dans le sens désiré. La carotte et le bâton avaient été prévus. Par un dernier égard à leur endroit, on avait pris soin de donner au décor d'opérette où se déroulaient les séances une allure évoquant vaguement le Palais-Bourbon ou le Palais du Luxembourg. Dans le même temps, rien n'était mis en œuvre pour faire taire les plus inquiétantes rumeurs et d'abord celles qui tendaient à rendre responsables du désastre les politiques, à commencer par ceux qui avaient eu l'idée folle de jeter la France dans une guerre. Soumis à un tel traitement, on conçoit que la plupart des parlementaires n'aient pas résisté. « J'ai vu là pendant deux jours des hommes s'altérer, se corrompre comme à vue d'œil, comme si on les avait plongés dans un bain toxique, dira Léon Blum. Ce qui agissait c'était la peur : la peur des bandes de Doriot dans la rue, la peur des soldats de Weygand à Clermont-Ferrand, la peur des Allemands qui étaient à Moulins. C'était vraiment un marécage humain dans lequel on voyait, je le répète, à vue d'œil se dissoudre, se corrompre, disparaître, tout ce qu'on avait connu à certains hommes de courage et de droiture[1]. »

Avant le scrutin final, presque tous les obstacles avaient disparu. Flandin, après son intervention remarquée, s'était pratiquement

1. *Le Procès du maréchal Pétain*, *op. cit.*, t. I, p. 240.

rallié à Laval ; les sénateurs anciens combattants avaient maintenu leur texte mais sans illusion. Un autre contre-projet, celui du radical Vincent Badie, dont l'objectif était de confier les pleins pouvoirs à Pétain tout en sauvegardant les principes républicains, paraissait *a priori* plus dangereux, mais Laval par l'intermédiaire d'un de ses proches, l'ancien président de la Chambre Fernand Bouisson, réussira à empêcher qu'il fût défendu par son auteur publiquement. En vérité, tout fut joué quand le sénateur du Puy-de-Dôme lut un message très explicite du Maréchal lui demandant de le représenter devant les assemblées et concluant : « Le vote du projet que le gouvernement soumet à l'Assemblée nationale me paraît nécessaire pour assurer le salut de notre pays. » Pour plus de sûreté, il fut décidé, à l'initiative du sénateur Émile Mireaux, directeur du journal *Le Temps*[1], que la majorité ne serait pas calculée d'après le nombre légal des sièges des deux assemblées mais d'après celui des parlementaires effectivement présents en séance, au nombre de 660. Du coup, 330 voix devaient suffire à faire passer le texte gouvernemental.

Le vote fut acquis par 503 voix contre 80 et 17 abstentions. Le triomphe de Laval était d'autant plus éclatant que parmi les 80 se trouvaient les 27 signataires de la motion Badie, qui souhaitaient en fait voir Pétain investi de tous les pouvoirs. Surtout, il avait été décidé *in extremis* que, chargé de promulguer une nouvelle constitution, le Maréchal pourrait s'attribuer le pouvoir législatif. Pétain, par ce scrutin, était métamorphosé en vrai monarque.

✧

Profitant de la défaite militaire de la France et de la stupeur qu'elle avait provoquées, les deux courants d'essence très différente qui, avant la guerre, avaient nourri le pacifisme et instruit le

1. En guise de remerciement, il devint ministre de l'Éducation nationale dans le gouvernement de Vichy.

procès du régime, étaient ainsi parvenus en moins d'un mois à liquider la IIIe République et même la République tout court. Il avait fallu ces circonstances inouïes pour que parviennent à s'allier, au moins objectivement, des hommes aussi différents que Pétain et Laval, Alibert et Chautemps, le général Weygand ou l'amiral Darlan. Apparemment, en tout cas aux yeux des parlementaires, Laval avait tenu le rôle principal avec une maîtrise confondante. Logiquement, il apparaissait comme l'homme fort du nouveau régime, et cette impression allait se trouver concrétisée très vite, dès le 12 juillet, par l'acte constitutionnel n° 4, paraphé par le Maréchal, qui fit de lui le successeur désigné en cas de vacance du pouvoir. Pourtant, un examen objectif de la situation laisse entrevoir une réalité plus contrastée. En vérité, dès le 10 juillet, Laval se repentit d'avoir fait donner tant de pouvoirs à Pétain qui, en guise de remerciement, lui déclara le jour même : « Parfait. Et maintenant, monsieur Laval, il faudra que vous appreniez à obéir[1]. » Le prix de cette apostrophe n'a pas échappé à l'intéressé. « Dès la signature de l'acte constitutionnel avec la formule "Nous Philippe Pétain, Maréchal de France, chef de l'État", je compris l'erreur que j'avais commise », dira-t-il[2]. Dans l'entourage du Maréchal, Laval, par ailleurs, fut aussitôt l'objet de suspicions parfois très poussées. Du Moulin de Labarthète et Ménétrel, en particulier, le détestaient, le soupçonnant de ne vouloir rompre qu'à demi avec les usages de la République défunte. Ils n'avaient du reste pas tout à fait tort, car le tout nouveau vice-président du Conseil ne tarda pas à faire entrer dans son jeu nombre de personnalités républicaines, craignant ou réprouvant les excès de la Révolution nationale d'inspiration ouvertement maurrassienne, qui, bientôt, s'abattit sur le pays. Le radical Georges Bonnet, Jean Montigny, disciple de Caillaux, et

1. Cité par F. Kupferman, *Laval*, *op. cit.*, p. 237.
2. *Ibid.*, p. 238.

l'ancien communiste Ludovic-Oscar Frossard seront notamment l'objet de ses attentions, voire de ses assiduités.

En réalité, si Laval avait su renverser la République en un temps record, il peinait à définir le cadre politique et constitutionnel qui allait la remplacer. Il n'avait certes pas manqué d'évoquer la nécessité d'un alignement sur les dictatures, mais cette perspective, redoutable, à plus d'un titre, était elle aussi sans contenu réel, du moins en ce mois de juillet 1940. Dans l'ombre, ceux qui préparaient la Révolution nationale n'avaient pas chômé, eux, et Emmanuel Berl a raison de voir dans le général Weygand l'inspirateur principal du régime de Vichy (Alibert en ayant été la cheville ouvrière). Comme l'a noté l'auteur de *La Fin de la IIIe République*, aucun texte ne jette un jour plus cru sur les arrière-pensées de ceux qui ont voulu l'armistice qu'une note de l'ancien généralissime établie dès le 28 juin 1940 :

> I. L'ancien ordre des choses, c'est-à-dire un régime politique de compromissions maçonniques, capitalistes et internationales, nous a conduits où nous sommes.
>
> La France n'en veut plus.
>
> II. La lutte des classes a divisé le pays, empêché tout travail profitable, permis toutes les surenchères de la démagogie. Le relèvement de la France par le travail ne peut être réalisé sans l'institution d'un nouveau régime social fondé sur la confiance et la collaboration entre ouvriers et patrons.
>
> C'est le régime social qu'il faut instituer.
>
> III. La baisse de la natalité en diminuant le potentiel de la France nous a amenés :
>
> — au point de vue militaire, à défendre notre territoire avec une proportion inadmissible de contingents nord-africains, coloniaux et étrangers ;
>
> — au point de vue national, à effectuer des naturalisations et à livrer une partie de notre sol et de nos richesses à des exploitants étrangers.
>
> — La famille doit être remise à l'honneur.
>
> IV. La vague de matérialisme qui a submergé la France,

> l'esprit de jouissance et la facilité sont la cause profonde de nos faiblesses et de nos abandons. Il faut revenir au culte et à la pratique d'un idéal résumé en quelques mots : Dieu — Patrie — Famille — Travail.
>
> L'éducation de notre jeunesse est à réformer.
>
> V. Les réformes sont trop fondamentales pour qu'elles puissent être accomplies par un personnel usé qui n'inspire plus confiance. La France ne comprendrait pas qu'on la livre encore une fois à lui. Elle en perdrait toute foi en son redressement.
>
> À programme nouveau, hommes nouveaux.
>
> Le temps nous presse.
>
> Les vieux cadres responsables qui craignent le châtiment travaillent dans l'ombre pour reconquérir le pouvoir.
>
> L'ennemi, qui occupe notre sol, cherche à s'y faire une clientèle.
>
> Demain, il sera trop tard. C'est aujourd'hui qu'une équipe d'hommes nouveaux sans taches ni attaches, animés de la seule volonté de servir, doit, sous la direction du Maréchal Pétain, chef reconnu de tous, proclamer son programme et se mettre à l'œuvre[1].

Tous les thèmes qui allaient être ceux de la Révolution nationale figurent dans ce texte « un peu délirant », selon l'expression de Berl, et auquel ne manquait qu'une référence explicite à l'antisémitisme. Reste que la fin de la République comme l'avènement du nouveau régime n'avaient été rendus possibles qu'en raison du naufrage du parlementarisme.

1. E. Berl, *La Fin de la IIIe République*, *op. cit.*, p. 160.

6

UN SYSTÈME À BOUT DE COURSE

Dans le grand débat historique et politique suscité par la chute de la IIIe République, deux types d'explications ont été avancés. Pour les uns, la qualité des hommes en charge des affaires publiques avant juin 1940 se trouvait en cause. Aux yeux de Pierre Mendès France, partisan de cette thèse, le régime parlementaire ne pouvait être incriminé ; quelques réformes destinées à remédier à l'instabilité gouvernementale auraient suffi à rendre le système efficace. Depuis les événements de février 1934, qui avaient failli faire vaciller les institutions, Mendès se rangeait derrière Joseph Caillaux, l'un de ses maîtres à penser, qui estimait que l'autorité ne se crée pas à coups d'artifices juridiques mais s'impose naturellement si la politique menée par les gouvernants correspond manifestement à l'intérêt général. André Tardieu, selon lequel les institutions de la IIIe République généraient l'impuissance et le déclin du pays, ne convainquait pas Pierre Mendès France. Pour le député de Louviers, tout dépendait en dernière analyse du caractère des hommes au pouvoir. « Churchill, dira-t-il, n'a jamais eu besoin d'écraser le Parlement ou les partis pour être l'animateur décisif[1]. »

D'autres, au contraire, se montraient persuadés du caractère fondamentalement nocif du régime parlementaire, et le général de Gaulle en particulier reprit constamment cette argumenta-

1. Pierre Mendès France, *Œuvres complètes*, t. VI, Paris, Gallimard, 1990, p. 236-237.

tion. Dans ses *Mémoires de guerre*, il se garda d'accabler les responsables politiques, parfois il se paya même le luxe de leur rendre hommage mais pour souligner que les institutions, par leur perversité, annihilaient leurs qualités.

En vérité, le système constitutionnel de la IIIe République, déformé au fil des ans par une pratique de plus en plus parlementaire, avait généré une culture du compromis peu favorable à l'émergence de grandes figures possédant les attributs de l'homme d'État. D'où la paralysie que l'on nota au sommet à l'heure décisive et qui empêcha les meilleurs, les plus lucides, de donner leur pleine mesure.

Les caciques réduits à l'impuissance

La scène eut lieu peu de temps après le 16 juin. De Londres, où il se trouvait à la tête du Comité de coordination franco-britannique, Jean Monnet était revenu à Bordeaux accompagné de René Pleven, d'Emmanuel Monick et de Robert Marjolin. Après l'appel historique lancé par le général de Gaulle le 18 juin, il s'agissait de vérifier si, au sein du nouveau gouvernement français et dans les milieux dirigeants, toute velléité de résistance était morte et si un départ des pouvoirs publics vers l'Afrique du Nord demeurait envisageable. Lord Llyod, ministre des Colonies du cabinet de guerre britannique, avait été dépêché, par ailleurs, avec le même objectif auprès des autorités françaises repliées à Bordeaux.

De Gaulle n'avait guère caché son scepticisme quant au succès de ces missions de la dernière chance. La suite des événements allait prouver qu'il avait raison et, en même temps, que la fin d'une certaine république se jouait suivant un scénario shakespearien, le comique se mêlant au tragique.

À peine arrivés à Bordeaux, Monnet et ses amis avaient rendu visite au ministre des Affaires étrangères, Paul Baudouin, pour constater très vite la pente fatale sur laquelle il était engagé. Si, quelque temps plus tôt, le ministre des Affaires étrangères avait semblé ne pas exclure un départ du gouvernement, cette fois, il se montrait opposé à toute idée de cet ordre. Le dernier espoir de Jean Monnet et de ses compagnons était fondé sur Édouard Herriot, président de la Chambre des députés. On connaissait son hostilité de principe à l'armistice. On pouvait donc en déduire qu'il ne varierait pas. Dans l'hôtel abritant ses services, les visiteurs venus de Grande-Bretagne trouvèrent l'inamovible maire de Lyon au milieu d'une foule d'obligés qui le regardaient dîner, comme jadis Louis XIV à Versailles, assis seul à une grande table, une serviette autour du cou, dévorant avec entrain un carré d'agneau à l'oseille. Le spectacle parut déjà affligeant. La conversation qui suivit ne le fut pas moins.

Herriot, au dire de René Pleven, semblait ému mais très ferme : la France devait rester fidèle à son alliance avec la Grande-Bretagne et attendre du succès de son allié, soutenu par les États-Unis, la restauration de son intégrité. « M. Herriot, rapportera René Pleven, eut une formule saisissante pour décrire la situation en France : il dit qu'en six semaines, elle avait subi autant de ravages que pendant la guerre de Cent Ans [...]. M. Herriot devenait de plus en plus ému et certainement il donnait l'impression d'être pour la résistance [...]. Il nous demanda de revenir le voir après dîner[1]. »

À l'heure fixée, Monnet et ses adjoints se rendirent auprès du président de la Chambre mais ils constatèrent vite son changement d'état d'esprit. Il apparaissait las, résigné et le cachait mal. Darlan venait de lui écrire pour l'assurer que l'équipage du *Massilia* avait reçu l'ordre de conduire à Casablanca les parlementaires montés à son bord. « Et si l'ordre est rapporté ? lui demanda Emmanuel Monick. — Alors il y aura encore un Parlement,

1. Cité par R. Tournoux, *Pétain et de Gaulle*, *op. cit.*, p. 436.

tonna, théâtral, le pape du radicalisme, et on entendra ma voix pour protester contre une paix injuste. »

On sait ce qu'il en advint. Installé bientôt à Vichy, Herriot alla de renoncement en renoncement. Il avait désapprouvé l'armistice : il couvrit d'éloges le Maréchal, qui en avait été l'avocat. Encore ignorait-on toujours qu'il avait insisté pour que sa chère cité de Lyon, dont il devait être maire cinquante ans durant, fût déclarée ville ouverte. Pendant le reste de la guerre, sa conduite allait se révéler plus désolante encore. Sans doute prit-il quelque distance avec Vichy, ce qui provoqua sa mise en résidence surveillée. En août 1944, toujours théoriquement président de la Chambre des députés, il refusa de convoquer les assemblées, suivant le vœu de Laval, en vue de ressusciter *in extremis* le Parlement de la IIIe République et d'accueillir les Alliés à Paris : le stratagème ne laissait pas d'être trop voyant. Il se distingua cependant après la Libération en reprochant à de Gaulle d'avoir laissé la Légion d'honneur à ceux qui avaient pris part aux combats de Syrie en 1941 du côté vichyste, ce qui lui attira une verte réponse : « Avec Vichy, j'ai tout de suite procédé à coups de canon ! », répliqua le Général. Entre-temps, témoin au procès Pétain en 1945 et prié par le bâtonnier Payen, l'un des défenseurs de l'accusé, de s'expliquer sur les paroles louangeuses qu'il avait adressées au Maréchal le 10 juillet 1940, Herriot avait seulement répondu : « Je vais vous dire ma pensée : je n'avais aucune prévention contre le maréchal Pétain. J'ai été ministre en même temps que lui. J'ai été, au Conseil des ministres, assis à côté de lui. Sans être intimes, nos relations ont toujours été correctes, je crois pouvoir même dire courtoises. Il avait sa légende. J'ai désiré y croire. J'ai dû renoncer à y croire. Voilà ma réponse [1]. »

Après 1945, Édouard Herriot survécut, assez bien d'ailleurs. Élu à l'Académie française en 1946, redevenu maire de Lyon, président puis président d'honneur de l'Assemblée nationale, on

1. *Le Procès du maréchal Pétain*, *op. cit.*, t. I, p. 341.

le nomma même président à vie du Parti radical ! Son ultime intervention marquante devait être, le 30 août 1945, dans le débat sur la Communauté européenne de défense, une adjuration vibrante à ne pas ratifier le traité dont la France avait pris l'initiative. Sa grande époque, malgré tout, était passée et jamais plus on ne revit un tel type d'homme politique. Le parlementarisme qu'il incarnait a disparu avec lui : Herriot avait été mortellement atteint en juin et juillet 1940 lorsqu'il devint clair que de toutes les situations, surtout les plus tragiques, on ne pouvait se sortir par de belles envolées lyriques non suivies d'effets. Magnifique orateur et grand lettré, Herriot n'était pas un médiocre. Son grand tort avait été de s'identifier à un système devenu pervers et dont l'agonie dans le décor d'opérette du Grand Casino de Vichy eut quelque chose d'atroce.

✧

Le système se révélait tel que même ceux qui en percevaient les tares ne pouvaient plus rien faire pour le réformer et se voyaient condamnés, s'ils détenaient de hautes responsabilités, à accompagner sa décrépitude. Ainsi Jules Jeanneney ne put-il arrêter le processus qui devait aboutir à l'armistice et à la disparition de la République. L'homme, assurément, méritait l'estime et, dans le naufrage de Bordeaux, il demeura l'un des seuls à conserver sa dignité. « Son grand âge et les malheurs du temps pesaient sur sa condition physique, mais sa lucidité d'esprit n'en était pas le moindrement affectée, note Spears. Je le regardais avec admiration et respect, il était l'honneur et la droiture mêmes, l'incarnation de ces plus belles vertus de l'esprit et du cœur qui furent si longtemps l'apanage de la haute bourgeoisie française, celle où se recrutent les professions libérales[1]. » Opposé à l'armistice, Jules Jeanneney l'avait été d'autant plus sincèrement qu'à l'inverse de

1. E. Spears, *Témoignage sur une catastrophe*, *op. cit.*, p. 322.

beaucoup d'autres radicaux, il avait compris le danger mortel que représentait l'Allemagne hitlérienne. Le pacifisme de toute façon l'avait épargné. « Longtemps encore, écrivait-il en 1926, la paix restera affaire de force matérielle et morale. Bêler la paix n'a jamais chassé le loup. » La défaite consommée, il se rangea donc naturellement parmi ceux qui souhaitaient poursuivre le combat en Afrique du Nord. Il était prêt, pour sa part, à s'y rendre et se montra l'un des plus déterminés à combattre Laval.

Profondément patriote, il ne cachait pas à ses visiteurs, au lendemain du 16 juin, combien il réprouvait la politique mise en œuvre par le nouveau gouvernement. « Pourtant il crut devoir observer, écrit Jean-Noël Jeanneney, son petit-fils, une certaine réserve afin de garder toute l'autorité nécessaire pour présider l'Assemblée nationale du 10 juillet et assurer sa régularité[1]. » « Dans la même ligne et le même dessein, poursuit Jean-Noël Jeanneney, il remplace, au dernier moment à la séance du Sénat tenue le 9, un projet d'allocution qui est un violent réquisitoire contre les grands chefs militaires par un discours plus terne où il exprime l'opinion de tous en rendant hommage à la personne du maréchal Pétain[2]. Sa vive aversion pour Laval ne s'étend pas encore jusqu'à celui qu'il a vu associé aux grandes heures de la victoire, qu'il a retrouvé depuis, régulièrement au Conseil de la Société des Amis de Georges Clemenceau[3]. »

Lors du procès du maréchal Pétain, en 1945, Jules Jeanneney fut bien entendu amené à revenir sur cet épisode et à s'en expliquer « sans le moindre embarras », précisera-t-il. « Et puis avait-on le choix ? Il est incontestable qu'à ce moment, tous les yeux étaient tournés vers le maréchal Pétain. Il était une sorte de bouée de sauvetage vers laquelle toutes les mains se tendaient. Il était certainement le seul nom autour duquel on pouvait faire

1. Jules Jeanneney, *Journal politique, septembre 1939-juillet 1942*, édition établie, présentée et annotée par Jean-Noël Jeanneney, Paris, Armand Colin, 1972, Introduction, p. XI.
2. Voir ci-dessus, p. 109.
3. J. Jeanneney, *Journal politique, op. cit.*, Introduction, p. XII.

l'union et la concorde dans notre pays. C'est pour avoir voulu cela que je me suis exprimé. Je vous laisse le soin de dire si j'ai eu tort[1]. »

Sur le moment, en tout cas, Jules Jeanneney n'hésita pas. Malgré son hostilité à l'armistice, malgré son opposition aux projets de Pierre Laval, il décida de jouer le rôle que lui assignaient les institutions et, après avoir envisagé d'enfreindre, pour émettre un vote négatif, une tradition républicaine selon laquelle le président de l'Assemblée nationale ne prend pas part aux scrutins, il y renonça à la demande d'Édouard Herriot. Il ne joignit donc pas sa voix aux « 80 ». Ce n'est qu'après le vote qu'il allait entrer en opposition au nouveau régime. Il devait rompre complètement avec Pétain au début de 1941 pour garder, à partir de ce moment, une attitude digne et courageuse.

« Ce qui étonne, note encore Jean-Noël Jeanneney, à le suivre tout au long de ces semaines cruelles, c'est un contraste éclatant entre, d'un côté, la lucidité de ses analyses, la droiture de son caractère, la fermeté de ses positions, la cohérence des buts qu'il propose, et, d'autre part, l'infirmité des résultats et la faiblesse de l'influence[2]. » L'âge, « un doute secret de soi-même », un certain isolement politique donnent peut-être la clé d'un comportement qui, aujourd'hui encore, surprend. Mais la vraie raison de son attitude est à rechercher ailleurs. Car, si différent qu'ait pu être Jules Jeanneney du reste de la classe politique, si critique même qu'il fût vis-à-vis de ses comportements, les hautes responsabilités qu'il exerçait le rendaient tributaire d'un milieu dont la règle d'or était la recherche du compromis. Dans le journal qu'il tint durant ces événements, on le voit très opposé aux projets constitutionnels de Pierre Laval, navré de ne voir personne se lever pour lui barrer la route mais, à coup sûr, loin d'imaginer ce que deviendra le régime de Vichy. Du 16 juin au 10 juillet 1940, il semble y

1. *Le Procès du Maréchal Pétain*, t. I, *op. cit.* p. 191.
2. J. Jeanneney, *Journal politique*, *op. cit.*, Introduction, p. XII.

avoir eu pour lui une période chargée d'incertitudes, où tout était encore possible, y compris son espoir secret : la résurrection d'une république digne de ce nom, la République des pères fondateurs et de Clemenceau, son maître. Il n'a pas renié son opposition à l'armistice, simplement ce qui s'est passé à Rethondes le 22 juin 1940 constituait à ses yeux un fait dont il ne pouvait faire abstraction. En dépit de son aversion pour tout ce qui se préparait, Jules Jeanneney estimait que son devoir était de continuer à exercer ses fonctions avec conscience et de tenter, dans la mesure du possible, de contenir la vague qui déferlait. Le 5 juillet 1940, au cours d'un entretien avec Laval, il veilla en effet scrupuleusement à ce que la convocation de l'Assemblée nationale se fît dans les formes requises par la Constitution[1]. Dans la paix, il s'était toujours voulu le défenseur intransigeant du droit. Dans l'épreuve de la défaite, il ne crut pas devoir changer de registre. Cette calme détermination témoignait de sa confiance en l'avenir ; mais, avec Jean-Noël Jeanneney, on se demandera peut-être en lisant les pages de son journal « si la haute rigueur de ses analyses juridiques [...] ne lui fut pas dans la tourmente, une entrave pour quelque élan qu'on attendrait[2] ». En pratique, Jules Jeanneney échappa difficilement au principe de non-contradiction.

✧

Jules Jeanneney n'avait certes pas manqué d'être frappé par la quasi-disparition de la fonction de chef de l'État provoquée par le dévoiement des institutions et des hommes. Désolant spectacle en effet que celui donné par Albert Lebrun durant ces jours terribles. La première victime du parlementarisme perverti qui s'était peu à peu installé en France fut sans doute cet homme honnête, mais autant dépourvu de charisme que d'énergie et qui, pour cette

1. *Ibid.*, p. 91.
2. *Ibid.*, Introduction, p. XIIII.

raison précise, avait été par deux fois élu président de la République. Lui aussi avait su faire preuve d'une certaine clairvoyance. Il sentait instinctivement que l'armistice ne serait pas respecté longtemps par les Allemands et, très conscient du jeu de Laval, se montrait opposé à ses objectifs. Le 4 juillet 1940, il avait fait part de ses craintes à Jules Jeanneney : l'entreprise de Laval contre la Constitution était, à ses yeux, manifeste. Pétain lui servait de pavillon mais se trouvait, selon lui, hors d'état de la diriger, n'étant guère à même de suivre une conversation un peu longue et ponctuant les conseils des ministres de remarques puériles : souvenirs de voyages ou interventions personnelles[1]. Jeanneney avait essayé de ranimer la flamme du Président, lui faisant valoir en particulier que « son droit et son rôle » étaient d'exiger qu'aucune affaire de gouvernement ne fût tranchée en dehors de lui. Peine perdue. « En quittant le Président, notera Jules Jeanneney, je lui représente qu'il peut beaucoup contre l'entreprise de Laval et consorts plus que suspecte, tarée comme ses animateurs et dont le Maréchal risque d'être le pitoyable instrument. Il est visible que Lebrun pense de même. Les événements le laissent lucide, mais trop calme, comme ébahi et finalement sans réaction[2]. »

À défaut d'incarner le refus de la fatalité, Albert Lebrun aurait pu, à tout le moins, mener un combat de retardement en barrant la route à Laval. Pour ce faire, il lui eût fallu entrer dans les vues de Flandin, c'est-à-dire démissionner de son poste et laisser Pétain y accéder dans un cadre républicain maintenu. Or, par un curieux paradoxe, cet homme qui, habituellement, ne savait jamais dire non, s'arc-bouta au pouvoir illusoire qui lui restait et n'accepta pas de s'effacer. Le 7 juillet, à 18 h 30, quand Pierre-Étienne Flandin, accompagné notamment de l'ancien ministre radical Jean Mistler, lui rendit visite pour essayer de le convaincre, le Président opposera à ses interlocuteurs une détermination

1. *Ibid.*, p. 87-88.
2. *Ibid.*, p. 88.

absolue. «Je ne vois pas, répondit-il, pourquoi je donnerais ma démission. La situation est très claire: les chambres sont saisies d'une proposition par le gouvernement. Cette proposition ne leur convient pas. Elles la rejettent. Je constitue un autre gouvernement. C'est tout à fait simple.» Ainsi, jusqu'au bout, jusqu'à l'absurde, Albert Lebrun sera-t-il demeuré fidèle à une conception étroitement parlementariste des institutions. Que le pays se trouvât plus qu'à demi occupé, que l'ennemi lui ait imposé un armistice humiliant, que la République apparût sur le point de rendre l'âme, tout cela semblait secondaire à ses yeux. L'essentiel était que les institutions ou ce qu'il en restait continuent à fonctionner comme si l'ennemi ne menaçait pas Bordeaux. Déjà le 18 juin, quand le Maréchal avait sorti de sa poche un cabinet tout constitué, le chef de l'État n'avait pas caché une satisfaction puérile, naïvement heureux qu'on lui eût épargné les affres d'une crise ministérielle. Décidément, Lebrun restait fidèle à sa ligne. « Ou il ne comprend rien ou il ne veut rien comprendre », dira à son propos Jean Mistler. Avec le recul, on pourrait ajouter qu'en dépit d'efforts méritoires, on ne comprend rien non plus à son attitude puisque, alors même qu'il s'apprêtait à favoriser objectivement les visées de Laval, il crut devoir préciser à Pierre-Étienne Flandin : « Que voulez-vous, je n'ai pas de garanties que les institutions républicaines avec votre système seront sauvegardées. » Dans *Le Désert des Tartares*, Dino Buzzati met en scène des militaires en proie à une sourde menace, accomplissant les tâches mécaniquement, sans autre logique que l'obéissance au règlement, sans espoir aussi. Lebrun, qui, très poliment cette fois et sans opposer la moindre résistance, s'effacera finalement devant le Maréchal, fait songer à ces soldats déboussolés, devenus esclaves d'un système absurde, sans autre finalité que ses règlements routiniers et inexplicables.

L'énigme Paul Reynaud

Paul Reynaud n'inspire assurément pas les mêmes sentiments, mais lui aussi se trouva victime d'un système politique devenu si pervers qu'il broyait les meilleurs. Le mystère est que cet homme si remarquable, si clairvoyant à tant d'égards, si courageux, ne voyait pas à quel point ses qualités et son talent étaient paralysés, voire annihilés par les règles étonnantes qu'il devait subir : sans murmure, il avait accepté de se soumettre aux oukases des groupes parlementaires, de choisir ses collaborateurs et ses ministres en fonction d'impératifs partisans. Il faut revenir sur cette énigme.

À son arrivée au pouvoir, en mars 1940, Paul Reynaud faisait figure d'un indépendant farouche. Les grands combats qu'il avait livrés jusque-là, notamment en faveur d'une politique financière et de la création de divisions blindées, il les avait menés très souvent contre son propre camp. La droite, au fond, n'aimait pas cet homme qui bousculait les routines, détestait les dictatures d'Allemagne et d'Italie. L'agnosticisme connu de Reynaud n'était pas davantage de nature à susciter la sympathie des gros bataillons catholiques en ces temps où le parti de l'ordre se confondait pour une large part avec celui d'une Église mal remise du traumatisme de la séparation. Maurras et les siens en particulier haïssaient ce grand parlementaire, si peu respectueux des tabous et dont l'horizon ne se limitait pas à « la France seule ». Dès 1926, quand Paul Reynaud avait pour la première fois adopté une position très raisonnable en soutenant la ratification des accords Mellon-Béranger relatifs à la dette de la France vis-à-vis des États-Unis, il avait subi les foudres de l'Action française. Le député assurait que Paris n'avait pas intérêt à rouvrir le dossier des dettes et à s'isoler ainsi sur le plan international. Pour Maurras, cette position inspirée par le bon sens, mais peu flatteuse pour la fierté nationale, apparaissait évidemment inacceptable et surtout suspecte. L'explication ne tarda pas à être trouvée : Reynaud avait des liens financiers avec l'Amérique. Un détail ne trompait pas : sa naissance à Barcelonnette et son père qui, comme d'autres habitants de cette ville, avait fait fortune au Mexique. À dater de ce jour, le journal royaliste ne l'appela plus que « Paul Reynaud de Mexico ». L'hostilité redoubla en 1929 quand le parlementaire, à l'occasion d'un voyage en Allemagne, rencontra, parmi d'autres interlocuteurs, un représentant des « Casques d'acier », une formation d'extrême droite. Cette fois, les amis de Maurras accusèrent Paul Reynaud d'entretenir des relations non avouables avec l'Allemagne !

Ses soutiens, Reynaud les obtint souvent hors de son propre camp qui, de 1934 à 1938, lui barra l'accès aux responsabilités. Sa conception élevée de l'intérêt national le rapprochait, sur un plan personnel, de personnalités comme Léon Blum ou le jeune Pierre Mendès France. En 1936, au moment de l'avènement du Front populaire, il se distingua du reste de la droite en pratiquant ce qu'il appela « une opposition de service public », c'est-à-dire non systématique et constructive. Dénué d'hostilité de principe à l'égard des mesures sociales proposées par le gouvernement, il concentra ses critiques sur un point pour lui essentiel : la nécessité de ne pas commettre des erreurs en matière financière qui compromettraient l'avenir. Partisan comme Pierre Mendès France d'une dévaluation rapide, il s'en fit l'avocat avec fougue — et en vain. Cette attitude, à défaut d'être reconnue publiquement, fut du moins appréciée par Léon Blum.

Aux yeux de Paul Reynaud, la montée des périls imposait au nom de l'intérêt national des rapprochements entre adversaires de bonne foi. En mars 1938, à l'occasion du débat d'investiture du second cabinet Blum, il n'hésita pas ainsi à joindre sa voix à celles des représentants de la gauche, ce qui lui valut la réprobation glaciale de ses amis politiques. Un mois plus tard, en avril 1938, il entra dans le ministère Daladier, d'abord en qualité de garde des Sceaux puis, à partir de novembre, en tant que ministre des Finances. Avec Georges Mandel, Paul Reynaud devint au sein de ce gouvernement l'apôtre de la résistance à Hitler. S'il n'a pu empêcher Munich, il réussit à mettre en œuvre, par décrets-lois, un aménagement de la loi des quarante heures et une série de dispositions nouvelles visant à alléger les charges des entreprises en vue d'accélérer les préparatifs de guerre.

Ce plan contribuera grandement à faire sortir le pays de la crise, au prix il est vrai de tensions sociales assez vives ; mais son promoteur demeurait un homme isolé, sans parti derrière lui, fort seulement d'une aura, d'une légende naissante. Dans le conflit qui, dès le début de l'hiver 1940, l'opposa à Daladier, cette image constituait un atout. Tandis que l'on critiquait âprement l'inaction du gouvernement aux frontières, les initiatives engagées pour assister la Finlande puis pour agir en Norvège afin de couper la route du fer aux Allemands, Paul Reynaud faisait figure de rassembleur, voire de sauveur. « Beaucoup (de plus en plus parmi les jeunes et j'en vois ici d'assez nombreux) comptent sur vous pour exercer dans un sens plus énergique une influence, imposer une nouvelle politique générale, lui écrit alors Pierre Mendès France. Je n'ai pas toujours été d'accord avec vous, vous le savez, mais la politique que vous faites aujourd'hui me paraît vraiment la seule possible et raisonnable. J'espère que vous pourrez aussi, dans un cadre plus large encore, montrer le chemin et y engager le pays[1]. » Le 20 mars 1940, Paul Reynaud accédait enfin aux responsabilités suprêmes.

Le système politique de la IIIe République, prolongé jusqu'en 1958 par la IVe, ménageait toujours une place, aux côtés des chefs de partis ou de clans, à de fortes personnalités qui incarnaient, à des titres divers, une perspective de renouveau. Aucun de ces personnages n'arriva à s'imposer durablement, comme si le régime se vengeait de ceux qui ignoraient ses lois. Caillaux, Tar-

1. Archives municipales de Louviers. Fonds Pierre Mendès France. Lettre de Pierre Mendès France à Paul Reynaud, non datée.

dieu, Mendès France en 1954-1955, tous finalement échouèrent. Paul Reynaud n'échappa pas à la règle, même s'il était arrivé aux affaires dans des circonstances tout à fait exceptionnelles, lesquelles justifiaient *a priori* une mise en veilleuse d'anciennes habitudes qui, si souvent, avaient paralysé l'action des gouvernements. Par un curieux paradoxe, on vit cet homme, que son exceptionnelle valeur devait placer au-dessus de toutes les intrigues, construire un ministère suivant toutes les règles de l'art, en procédant à des dosages et à des équilibres savants — pour donner finalement l'impression de faire le contraire de ce que l'on attendait de lui. On a déjà raconté les conditions dans lesquelles furent constitués un gouvernement et un entourage qui surprirent[1]. Il reste à essayer de savoir pourquoi on aboutit à ce résultat.

Le déclenchement de la guerre n'avait pas provoqué de vrai changement dans les milieux politiques, où l'on continuait à raisonner en termes d'équilibres partisans, de rivalités de personnes, d'incompatibilités d'humeur. Si durant la Grande Guerre l'union sacrée avait été une réalité, il n'en allait pas de même un peu plus de vingt ans plus tard. Dans ce contexte, la position de Paul Reynaud n'était pas des plus confortables. Comptant peu d'amis parmi les membres du Parlement, il se trouvait obligé de composer. On a souvent évoqué, pour les stigmatiser, les manœuvres, voire les contorsions auxquelles il fut contraint lors de son investiture, le 20 mars 1940. On a moins fréquemment rappelé les circonstances très difficiles dans lesquelles il arriva au pouvoir. Édouard Daladier, auquel il succédait et dont il venait d'être le ministre, gardait à ce moment une grande capacité de nuisance. Il importait de ne pas le braquer et ce fut la raison pour laquelle Georges Mandel qui, en coulisses, déployait une grande activité pour trouver une majorité, suggéra au président du Conseil pressenti d'évoquer dans sa déclaration devant la Chambre « la trahison des Soviets », allusion fort

1. Voir ci-dessus, p. 17-18.

explicite au pacte germano-soviétique signé en 1939. Mandel, selon son habitude, évaluait les êtres froidement. Il savait que Daladier, responsable de la mise au ban des députés communistes, reprochait à Paul Reynaud, en privé, son attachement à une alliance franco-russe. Introduire quelques mots très durs pour les Soviétiques ne pouvait, selon Mandel, qu'influencer Daladier dans un sens favorable [1].

Georges Mandel eut sans doute raison d'agir de la sorte puisqu'en définitive le cabinet Reynaud obtint l'investure par une majorité d'une voix. Encore le bruit courut-il que le président de la Chambre, Édouard Herriot, n'avait pas compté les suffrages trop strictement. Jusqu'au bout, on s'était demandé si ce cabinet n'aurait pas le sort de tant d'autres : morts avant d'avoir une existence légale. Les rumeurs les plus alarmistes avaient couru ; on avait annoncé notamment que nombre d'élus radicaux, fidèles à Daladier, n'accorderaient pas la confiance afin de provoquer un retour en fanfare de leur champion. Finalement, Léon Blum, au cours d'une intervention décisive, réussit à retourner la situation, non sans avoir été interrompu à de multiples reprises par de médiocres interpellateurs. Néanmoins, l'assise du gouvernement se révélait très fragile. « Nous avions le sentiment, écrira Dominique Leca, de construire un édifice faible qui s'effondrerait peut-être le soir même, ou, si l'on préfère, l'impression d'atteler une piaffante locomotive à une longue file de wagons dont les roues ne tourneraient pas [2]. »

Arrivé au pouvoir dans de telles conditions, Paul Reynaud ne pouvait à l'évidence en tirer aucune conséquence. Le soir de son investiture, il put prendre la mesure des difficultés qui l'attendaient. Peu avant un conseil de cabinet, Paul Baudouin, l'un des chefs de file du clan des « mous », déjà prêts à composer avec l'ennemi, était venu l'avertir : « Vous ne pouvez pas vous aventu-

1. D. Leca, *La Rupture de 1940, op. cit.*, p. 21-22.
2. *Ibid.*, p. 21.

rer avec un soutien parlementaire aussi précaire ! Vous serez paralysé, victime de pièges, de trahisons ; vous ne serez pas obéi. La France ne veut pas d'une guerre menée avec allégresse par des bellicistes aveugles. Vous n'êtes pas cela ! Ne donnez pas l'impression d'être cela[1]. » Malgré cette exhortation, Paul Reynaud ne faiblit pas. Il était résolu à prendre le risque de gouverner dans des conditions très difficiles et pariait sur l'épuisement des défaitistes. « Il présuma, note encore Dominique Leca, que le camp des durs finirait pas entraîner, dans sa dynamique et, sous la contrainte des événements, le camp des "mous". Il conçut ce jour-là son rôle comme celui d'un rassembleur. Il allait accéder au pouvoir d'extrême justesse, d'aucuns prétendraient même sur un vote contestable, soit ! Il démonterait le mouvement en marchant ; la guerre forgerait l'unité française autour de lui. Au pire, ce serait l'unanimité sous les bombes[2]. »

Le gouvernement formé par Paul Reynaud ne permettait certes pas de refléter cette détermination : on sait qu'il comptait nombre d'attentistes, voire de défaitistes. Objectivement, à ce moment-là, il pouvait difficilement en être autrement puisque, sans les précautions déjà évoquées, l'investiture n'aurait pas été obtenue.

Dès son entrée en fonctions, Paul Reynaud devait constater également que le contrôle parlementaire nécessaire, habituel, sain dans son principe, prenait en ces temps troublés un aspect agressif, cauteleux, déstabilisant. Le 20 avril, le nouveau président du Conseil en eut la preuve en s'exprimant devant la commission des Affaires extérieures du Sénat. « Il était prévenu, notera Roland de Margerie, présent lui aussi, qu'il y serait mal accueilli par des gens si peu enclins à reconnaître que nous étions en guerre, que les membres du cabinet de la présidence du Conseil me conseillaient de quitter l'uniforme et de me mettre en civil

1. *Ibid.*, p. 24.
2. *Ibid.*

pour la circonstance. Dès l'abord, je pus constater combien le milieu, où ne manquaient ni les affairistes ni les gâteux, était hostile au Président et animé par une malveillance toute particulière envers le Quai d'Orsay. Chaque fois que l'un des membres de la commission s'en prenait à l'inertie du Département, à son incapacité, à la faiblesse de la propagande mise en œuvre contre l'Allemagne hitlérienne, un chœur d'approbation général venait renforcer ses dires[1]. » La tension monta subitement quand Paul Reynaud, après un exposé sur la Norvège, relativement bien accueilli, lut une note de la direction politique du Quai d'Orsay relative aux tentatives répétées de la France, depuis 1939, de négocier avec l'Italie. La gêne devint d'emblée perceptible, car le propos du chef du gouvernement contredisait formellement les membres de la Haute Assemblée qui réclamaient à cor et à cris des pourparlers avec Mussolini, comme si rien, en ce sens, n'avait jamais été entrepris. À plusieurs reprises, le président de la commission, le sénateur Béranger, marqua son irritation. Après la lecture par Paul Reynaud d'un télégramme d'André François-Poncet stipulant que, selon des sources italiennes, aucun envoyé spécial français ne serait reçu par le Duce, la tension monta soudain. Pierre Laval, sénateur du Puy-de-Dôme, était présent dans la salle et l'on savait qu'il se targuait précisément, en raison de ses relations avec Mussolini, de pouvoir être l'homme d'une telle mission. Pour lui, la claque était manifeste. « J'assistai alors à une scène singulière, se souviendra Margerie. Blessé jusqu'au sang par le trait que venait de lui décocher M. Paul Reynaud, M. Pierre Laval fit front. Avec sa complexion olivâtre et son teint bilieux, avec sa véhémence paysanne, il ressemblait à quelque animal sauvage acculé devant son antre et qui se défendait contre les chiens[2]. » Au moment où le président du Conseil s'apprêtait à partir, il dut encore subir le ressentiment de l'Auvergnat (qui, le

1. R. de Margerie, *Souvenirs*, *op. cit.*
2. *Ibid.*

soir même, les écoutes téléphoniques le prouveront, racontera toute l'affaire à l'ambassade d'Italie).

Paul Reynaud et son collaborateur quittèrent, accablés, le Palais du Luxembourg après avoir dû entendre plusieurs autres interventions tout aussi déplaisantes. Un sénateur de l'Aisne avait manifesté une agressivité particulière. On finit par apprendre qu'il reprochait, en réalité, au chef du gouvernement de lui avoir préféré Georges Monnet pour le portefeuille de l'Agriculture. Dans la voiture qui les reconduisait au Quai d'Orsay, Margerie, « stupéfié par cette atmosphère d'humeur et de méchanceté », s'interrogea à haute voix : « Pourquoi se sont-ils montrés si aigris, si irascibles ? — Que voulez-vous, lui rétorqua Reynaud, ce sont de vieilles gens qui ne peuvent plus faire l'amour, alors ils sont contractés[1]. »

Indépendamment de ce contexte difficile, il y avait de la part de Paul Reynaud un attachement très fort non seulement à la République mais à sa forme parlementaire. Sur ce plan, il ne variera jamais. En 1962, quand le général de Gaulle voudra instituer l'élection du président de la République au suffrage universel direct, on le verra, octogénaire, monter au créneau, voter la censure du gouvernement non sans avoir ainsi apostrophé le Premier ministre Georges Pompidou : « La France est ici et non ailleurs [...]. Monsieur le Premier ministre, allez dire à l'Élysée que notre admiration pour le passé est intacte mais que cette Assemblée n'est pas assez dégénérée pour renier la République[2]. » Admirateur de la démocratie britannique, Reynaud était profondément convaincu des vertus du débat parlementaire. Cet homme qui, à tant d'égards, apparut moderne, tourné vers l'avenir, restait un fidèle de la IIIe République première manière, celle d'avant 1914. Waldeck-Rousseau, auquel il avait consacré un ouvrage, faisait figure pour lui de modèle. Fût-ce dans les pires circonstances, il

1. *Ibid.*
2. E. Roussel, *Charles de Gaulle*, *op. cit.*, p. 730.

n'entendait pas abandonner cet idéal et s'il déplorait la lente dégradation des mœurs publiques, il avait tendance, comme Mendès France, à l'imputer plus aux hommes et à leurs faiblesses qu'aux institutions.

Ainsi s'explique son obstination, jusqu'au bout, à vouloir concilier au sein de son gouvernement et même de son entourage les deux camps qui se déchiraient en ce printemps de 1940, les « durs », partisans de la lutte à outrance, et les « mous », déjà acquis à l'idée d'un armistice. Son optimisme était tel qu'apparemment il pensait que ses ministres les plus enclins à négocier, à commencer par Pétain, finiraient par changer d'avis. Churchill, après tout, avait eu à affronter les mêmes difficultés en prenant la tête du cabinet de guerre en mai 1940, et il les avait surmontées de façon similaire en gardant avec lui l'ancien Premier ministre Neville Chamberlain et lord Halifax, secrétaire au Foreign Office, tous deux partisans de l'*apeasement*.

La suite des événements démontra assez vite le caractère illusoire d'un tel raisonnement. Ainsi, au cours du procès de Pétain en 1945, Paul Reynaud avouera qu'il s'était trompé sur le compte du Maréchal, de Weygand, de Baudouin et de Bouthillier : à tort les avait-il cru susceptibles d'évoluer vers des positions fermes. À partir d'un certain moment, que l'on peut situer à la fin du mois de mai, quand il devint clair que les dés étaient jetés, il était devenu en effet déraisonnable d'attendre un changement de la part de ceux qui doutaient, depuis longtemps déjà, de la possibilité d'un sursaut. De toute manière, dans le cadre institutionnel en place, ce sursaut ne semblait guère possible. « Pour agir, dans l'extrémité du péril, écrit Évelyne Demey, la fille de Paul Reynaud, il eût fallu qu'il ne fît rien entrer dans la balance, il eût fallu marcher vers la victoire, les yeux fermés par la foi, il eût fallu piétiner les institutions au risque de tuer la République. Mais Paul Reynaud n'est pas ce type d'homme, comme Churchill ou Clemenceau, pour qui l'action représente une nécessité vitale et qui obéit aveuglément à sa mission. Sa clairvoyance et son courage devaient se consumer en efforts impuissants. Le désespoir, qu'engendre chez lui l'impuissance, l'incite à arborer un optimisme acharné[1]. »

✧

Beaucoup d'historiens se montrèrent sévères envers Paul Reynaud. On lui a reproché ses choix apparemment inconciliables, ses calculs le 16 juin, s'imaginant en mesure de revenir au pouvoir quelques jours plus tard, les contradictions enfin des différents récits dans lesquels il allait évoquer plus tard les événements. Les acteurs de la tragédie de 1940, et non des moindres, furent en revanche plus équitables. À plusieurs reprises, le général de Gaulle s'est notamment astreint à cet exercice. Sans cacher qu'à ses yeux il n'y avait qu'une seule option possible : la rupture immédiate avec Pétain et la poursuite de la lutte hors du territoire national, il a tenu à relater objectivement la conduite durant ces journées de son ancien protecteur. « Ceux-là seuls qui en furent témoins peuvent mesurer ce qu'a représenté l'épreuve du pouvoir pendant cette période terrible, écrira-t-il dans ses *Mémoires de guerre.* À longueur des jours sans répit et des nuits sans sommeil, le président du Conseil sentait peser sur sa personne la responsabilité entière du sort de la France. Car, toujours, le chef est seul en face du mauvais destin [...]. La tourmente, il l'affronta avec une solidité d'âme qui ne se démentit pas. Jamais, pendant ces journées dramatiques, M. Paul Reynaud n'a cessé d'être maître de lui. Jamais on ne le vit s'emporter, s'indigner, se plaindre. C'était un spectacle tragique qu'offrait cette grande valeur, injustement broyée par des événements excessifs[2]. » Churchill, de son côté, porta un jugement similaire sur l'ancien président du Conseil français. En mars 1959, les deux hommes se retrouvèrent pour un

1. Évelyne Demey, *Paul Reynaud, mon père*, Paris, Plon, 1980, p. 11.
2. Ch. de Gaulle, *Mémoires de guerre, L'Appel, op. cit.*, p. 69.

déjeuner à Roquebrune-Cap-Martin chez des amis communs ; l'ancien Premier ministre britannique assura que lui-même avait eu beaucoup de chance en 1940 et qu'il demeurait persuadé que « personne à la place de son ancien collègue français n'aurait pu faire mieux[1] ». Le propos, évidemment circonstanciel, mérite malgré tout d'être connu. On n'oubliera pas enfin ce que relate Emmanuel Monick dans ses souvenirs : de passage à Bordeaux les 19 et 20 juin, en compagnie de Jean Monnet, de René Pleven et de Robert Marjolin, il se trouva plongé dans le climat d'une crise ministérielle apparemment ordinaire, ce qui tend à prouver que l'espoir nourri par Paul Reynaud d'un retour rapide au pouvoir ne paraissait pas alors aussi irréaliste qu'on le croit aujourd'hui.

Comme l'a fait valoir le général de Gaulle, « au fond, la personnalité de M. Paul Reynaud répondait à des conditions où il eût été possible de conduire la guerre dans un certain ordre de l'État et sur la base de données traditionnellement acquises. Mais tout était balayé[2] ». Dans un régime parlementaire normal qui eût gardé intact son équilibre, le président du Conseil de juin 1940 aurait pu sinon forcer le destin, du moins conduire le pays jusqu'au bout d'une main ferme ; dans l'atmosphère qui était celle de la IIIe République finissante, un tel rôle s'avérait impossible. Et ce d'autant plus que, tout au long de cette période cruciale, Paul Reynaud se trouva sans doute déstabilisé par les interventions incessantes, semble-t-il, de sa compagne Hélène de Portes. *A priori*, ce problème relevait de sa vie privée. On ne peut cependant l'ignorer en raison des implications qu'il eut sur son activité publique, en raison aussi des interprétations multiples et parfois très romanesques auxquelles il donna lieu.

La relation entre le président du Conseil et la comtesse de Portes était déjà ancienne en 1940. Fille d'un grand entrepreneur

1. Propos rapportés par Emery Reves, hôte des deux hommes d'État, *Le Figaro*, 24 septembre 1966, cité par Thibaut Tellier, *Paul Reynaud*, Paris, Fayard, 2003, p. 800.
2. Ch. de Gaulle, *Mémoires de guerre*, *op. cit.*, p. 69.

marseillais, la jeune femme, dont le premier mariage n'avait pas été heureux, connaissait Paul Reynaud depuis le début des années 1930. André Tardieu les avait, semble-t-il, présentés l'un à l'autre. Marié en premières noces à la fille du bâtonnier Henri-Robert, l'un des ténors du barreau de Paris, membre de l'Académie française, Reynaud avait lui aussi repris sa liberté. Depuis 1935, il vivait quasi officiellement avec Hélène de Portes dans son appartement de la place du Palais-Bourbon. En théorie, cela n'avait aucune incidence de nature politique. En pratique, il en allait autrement car la compagne du chef du gouvernement était non seulement omniprésente mais, selon certains, très influente. Le général Spears notamment, dans ses souvenirs, a beaucoup contribué à répandre cette thèse. Dans une scène déjà évoquée, il a ainsi montré Hélène de Portes, repliée au château de Chissay, réglant la circulation en peignoir. D'autres témoins sont allés plus loin encore. Gaston Palewski a soutenu que l'amie de Paul Reynaud, qui détestait de Gaulle et connaissait Paul Baudouin de longue date, avait imposé ce dernier au poste de secrétaire du cabinet de guerre[1]. Selon Jacques Isorni, avocat de Pétain lors de son procès en 1945, ce fut encore Hélène de Portes qui aurait, en mai 1940, puissamment œuvré en faveur de l'entrée au gouvernement, en qualité de vice-président du Conseil, du vainqueur de Verdun, avec lequel elle était très liée depuis toujours. Des diplomates étrangers, par ailleurs, se sont émus de la présence, selon eux envahissante, de l'égérie de Paul Reynaud. Le 6 juin, alors que Roosevelt venait de s'entretenir au téléphone avec le chef du gouvernement français, l'ambassadeur américain William Bullitt avertit le président des États-Unis : « Les Français qui se battent méritent mieux que d'être gouvernés par la maîtresse d'un président du Conseil [...]. Ce soir, Reynaud lui a interdit d'entrer dans la pièce où il venait pour vous parler au téléphone. Elle est entrée, néanmoins, et quand il lui a ordonné de quitter la pièce,

1. Témoignage de G. Palewski à l'auteur (1983).

elle a refusé. Je pense que vous devriez à l'avenir éviter de telles conversations, car la dame en question les répétera dans toute la ville en les exagérant[1]. » Premier secrétaire de l'ambassade des États-Unis, Freeman Matthews sera encore plus catégorique, attribuant carrément à Hélène de Portes la responsabilité de la démission de Reynaud le 16 juin 1940 : « Je crois qu'il ne faut pas sous-estimer le rôle qu'elle a joué en encourageant des éléments défaitistes pendant les derniers jours de Reynaud à la présidence du Conseil [...]. M. Biddle et moi-même avons vu Reynaud au moins quatre fois par jour pendant ses quelques jours comme Premier ministre et jamais une seule fois sans qu'Hélène de Portes vienne tout juste d'entrer dans son bureau ou d'en sortir et je crois que, s'il a peu à peu perdu son sang-froid, c'est en grande partie à cause de l'influence qu'elle a exercée sur lui[2]. »

Roland de Margerie fait montre de la même véhémence. Il avait certes des raisons très personnelles d'en vouloir à la compagne de Paul Reynaud : le 20 juin 1940, elle provoqua en effet, de concert avec le ministre des Affaires étrangères Paul Baudouin, son départ et son envoi à Shanghai en tant que consul général. Son récit n'en reste pas moins impressionnant. Avant même de devenir le collaborateur de Paul Reynaud, Margerie, au cours d'un déjeuner au ministère des Finances, avait été frappé par la nervosité d'Hélène de Portes et la légèreté avec laquelle elle s'exprimait en public sur les affaires les plus importantes de l'État, ne cessant pas un instant, d'une voix stridente, de dire du mal de Gamelin et d'Alexis Leger. Le 15 mai, quand il fut décidé, devant la rapidité de l'avance allemande, de brûler dans la cour du ministère des Affaires étrangères des milliers d'archives en un

1. J.-L. Crémieux-Brilhac, *Les Français de l'an 40*, *op. cit.*, p. 599.
2. Cité par W. Shirer, *La Chute de la IIIe République*, *op. cit.*, p. 840.
Le grand journaliste Pierre Lazareff a soutenu une thèse à peu près identique. Dans son livre *De Munich à Vichy* (New York, Bretano's, 1944, p. 229), il décrit en mai 1940 une réunion de travail au domicile de Paul Reynaud quasiment « présidée » par Hélène de Portes.

gigantesque autodafé, la compagne de Reynaud apparut à la fenêtre du bureau de Dominique Leca, vociférant avec une aigreur croissante dans un vocabulaire de plus en plus grossier : « Le con qui a donné cet ordre ne l'emportera pas au paradis. » À quoi le chef du service du matériel, qui tisonnait le feu, riposta tranquillement : « C'est le président du Conseil, Madame ! » Une scène plus pénible encore se produisit, toujours selon Margerie, le 20 mai quand Alexis Leger, secrétaire général du Quai d'Orsay depuis des années, apprit sa disgrâce. Mis en présence de Paul Reynaud, il l'accusa d'avoir cédé « aux rancunes personnelles de son entourage féminin ». Le chef du gouvernement s'en défendit vigoureusement, déclarant que les influences féminines dont lui parlait le diplomate s'arrêtaient au seuil de sa vie privée. Margerie, pour sa part, inclinait d'autant plus à croire la version de Leger que, peu de temps après, il apprit par l'ambassadeur des États-Unis William Bullitt qu'au cours d'un dîner Hélène de Portes avait prévenu : « J'ai eu la peau de Leger, j'aurai celle de Margerie[1]. »

D'autres indices vont dans le même sens. Le plus accablant pour Hélène de Portes est une note rédigée de sa main, où, sur un ton véhément, elle attaque le général de Gaulle et Gaston Palewski, ce dernier, indépendamment de ses sentiments bellicistes, ayant visiblement le tort supplémentaire à ses yeux d'être juif[2].

Pour autant, peut-on conclure à la dépendance de Paul Reynaud à l'égard de sa compagne ? Il paraît d'autant moins raisonnable de s'aventurer dans cette voie qu'on entre là dans le domaine de la vie privée, opaque par définition. Telle fut toujours, d'ailleurs, l'opinion d'un autre témoin de poids, Dominique Leca. « Madame de Portes était une femme agitée, instable [...]. Ses interventions brouillonnes et contradictoires

1. R. de Margerie, *Souvenirs*.
2. Cité par Jean-Luc Barré, *Devenir de Gaulle, 1939-1943*, Paris, Perrin, 2003.

dans la vie publique de Paul Reynaud n'avaient jamais eu aucune influence sérieuse sur le jugement de ce dernier. Mouche du coche, s'il en fut ! L'exode qui obligeait à une certaine promiscuité les entourages et les visiteurs des hommes publics, ajouta singulièrement à l'interprétation théâtrale de quelques scènes sans portée historique[1]. »

Une évidence s'impose : alors que Paul Reynaud avait besoin autour de lui de calme et de sérénité, le moins que l'on puisse dire est qu'Hélène de Portes ne contribuait guère à créer un tel climat. En ce sens, il semble possible qu'elle ait pu exercer, dans des journées de grande tension comme le 16 juin, une influence indirecte. Paul Reynaud n'épousait pas toutes ses querelles, ni toutes ses inimitiés, ni *a fortiori* tous ses fantasmes. Mais, comme le dit encore de Gaulle à Claude Guy, « il était un homme » et sa résistance avait ses limites[2]. Sur les options fondamentales, la marque d'Hélène de Portes ne paraît guère avoir été profonde. Pour les affaires moins importantes, le choix d'un collaborateur par exemple, on ne peut exclure en revanche qu'elle ait pu jouer un certain rôle.

Ainsi, il n'est pas douteux que le colonel de Villelume, conseiller militaire très écouté de Paul Reynaud, fut introduit dans l'entourage de ce dernier par Hélène de Portes. Roland de Margerie le confirme expressément dans ses souvenirs. Il montre aussi combien Villellume se servit de ce soutien, déployant « un goût de l'intrigue assez déconcertant, où revivait le vieil esprit domestique de la noblesse française à l'égard des favorites ». Le colonel, selon lui, ne quittait pas Hélène de Portes, discutait avec elle des opérations militaires et des mérites du Haut Commandement, lui racontait tout ce qu'il cachait à ses collaborateurs. Plus tard, on vit aussi Villelume décommander des rendez-vous avec Paul Reynaud pour voir Mme de Portes, lire en sa compagnie des

1. D. Leca, *La Rupture de 1940, op. cit.*, p. 113.
2. Cl. Guy, *En écoutant de Gaulle, op. cit.*, p. 101.

transcriptions d'écoutes téléphoniques et veiller constamment à son bien-être. En l'espèce, l'intervention d'Hélène de Portes ne fut certainement pas sans portée, car Villelume pesa de plus en plus de tout son poids en faveur de l'armistice. Le personnage se révélait d'autant plus redoutable qu'il n'était pas médiocre. Roland de Margerie, qui le côtoya de près à cette époque, l'a bien percé à jour. Pour lui, il était difficile d'avoir une opinion nette sur une personnalité aussi complexe, mais il devenait de plus en plus perceptible que, chez le colonel, le caractère ne s'élevait pas à la hauteur du sens critique. Nourri de Bergson et de Valéry, sans plus aucun contact avec la troupe puisque, depuis longtemps déjà, il servait avant la guerre au Quai d'Orsay dans un emploi assez vague, ce provincial devenu familier des salons de la capitale semblait avoir perdu le goût de l'action. L'incontestable crédit dont il bénéficiait auprès du président du Conseil tenait à sa compétence non discutée en matière purement militaire. Dès avant le conflit, Villelume s'était montré fort pessimiste quant aux possibilités d'action contre l'Allemagne. Le plan de marche en Belgique lui paraissait aussi très dangereux et il avait raison. Conscient des insuffisances de Gamelin, il n'avait cessé par ailleurs de réclamer son remplacement — et les événements, là encore, ne lui avaient pas donné tort.

De plus en plus, Villelume se comporta en « M. Teste de l'État-major », imbu de sa supériorité intellectuelle, jugeant de tout avec hauteur, dominé de plus en plus par sa passion anti-anglaise. D'après Margerie, le colonel, avec sa conception des intérêts français, n'eût pas hésité s'il avait eu à choisir entre l'Angleterre d'un côté, l'Allemagne et l'Italie de l'autre. Dans l'épreuve que traversait la France, la présence d'un tel conseiller militaire auprès du chef du gouvernement parut pour le moins étrange.

En forçant à peine le trait, on serait tenté de dire que le parlementarisme dévoyé de la fin de la IIIe République eut raison des ultimes forces de Paul Reynaud, déjà accablé par la déroute des armées françaises. L'énergie qu'il lui restait, il était contraint de la dépenser tout au long des journées cruciales de mai et juin 1940 dans des combinaisons destinées à ménager la susceptibilité des uns et des autres. En raison de sa formation, de son passé, Paul Reynaud ne pouvait imaginer un système politique différent de celui qu'il avait servi et cette disposition d'esprit aide également à mieux comprendre son attitude au lendemain de sa démission le 16 juin. Si son espoir de revenir au pouvoir quelques jours plus tard fut vite déçu, tout indique qu'à l'instar de beaucoup d'autres personnalités de la IIIe République, il ne parvenait pas à concevoir que le vainqueur de Verdun pourrait mettre à terre le régime ni surtout s'engager dans une politique d'alignement sur le Reich. Ainsi s'explique sa distance avec de Gaulle dans les derniers jours de juin : sans cesser de lui témoigner son estime, il semble, dans un premier temps, avoir considéré son initiative du 18 juin avec une certaine circonspection, jugeant qu'un militaire devait avant tout obéir ; ou encore le fait qu'il ait accepté, le 23 juin, de devenir ambassadeur aux États-Unis comme le maréchal Pétain le lui avait proposé. Reynaud ne revint de ses illusions qu'un peu plus tard, après l'accident de voiture qui coûta la vie à Hélène de Portes, le 28 juin, alors qu'ils se dirigeaient vers Montpellier.

Le drame de Georges Mandel

Georges Mandel, qui aurait pu lui aussi jouer un rôle décisif en juin 1940, se révéla pareillement victime d'un système à l'agonie, suffisamment fort cependant pour tétaniser les meilleurs. Comme Paul Reynaud, il était un solitaire en politique, doublé d'un malaimé. Né Louis Rothschild (sans lien avec le banquier du même nom), il choisit le patronyme de sa mère pour pseudonyme quand il embrassa la carrière de journaliste en 1909. À *L'Aurore*, il rencontra très jeune Georges Clemenceau et ne le quitta plus. En octobre

1906, quand l'ancien maire du XVIIIe arrondissement de Paris accéda à la présidence du Conseil, Mandel devint son bras droit, plus particulièrement chargé de suivre les relations de son patron avec les parlementaires. Dix ans plus tard, au moment du retour de Clemenceau au pouvoir, en pleine guerre, ses fonctions prirent encore plus d'importance. Chef de cabinet en titre du Tigre, il tint alors en main pratiquement toute la politique intérieure du pays, surveillant les préfets, pourchassant les défaitistes, censurant la presse. L'homme, déjà, était entouré d'une légende. Mais si Clemenceau loua toujours son efficacité, ses innombrables ennemis dénonçaient pêle-mêle son penchant inné pour les affaires de police, son goût du mystère, son train de vie dispendieux. Georges Mandel ne se soucia jamais de plaire. Curieusement, il semblait même prendre plaisir à cultiver l'équivoque. Lui qui, disait-on, savait tout sur tous les personnages notoires de la République s'ingéniait à faire naître autour de lui les rumeurs les moins flatteuses. « Il se montrait tellement menteur, assurait Aristide Briand, qu'on ne pouvait même pas croire le contraire de ce qu'il racontait[1]. »

Ce style constituait certes une aubaine pour ses adversaires et d'abord pour les antisémites de tous bords. Avec Léon Blum et Pierre Mendès France, Mandel fut sans doute le personnage public le plus attaqué au XXe siècle en raison de ses origines. Apparemment, il n'en souffrait pas trop et opposait un souverain mépris à ses insulteurs : « J'appartiens, dira-t-il toujours, à une race qui a été, au cours des siècles passés, victime de ce régime d'inquisition qui, s'il dégrade parfois ceux qui en sont l'objet, en déshonore toujours les auteurs[2]. » En réalité, ces attaques le touchaient plus qu'il eût aimé l'admettre. Il ne pouvait comprendre qu'à cause d'une religion qu'il ne pratiquait pas, on lui contestât la qualité de Français.

1. Cité par Bertrand Favreau, *Georges Mandel ou la Passion de la République*, Paris, Fayard, 1996, p. 25.
2. *Ibid.*, p. 29.

Évidents, ces travers n'empêchaient pas Georges Mandel d'avoir envergure et caractère. « Une âme d'acier dans un fourreau de verre », disait Maurice Barrès. Froid, cynique, d'une ironie mordante, souvent vindicatif, il fut tout au long de l'entre-deux-guerres l'un des rares hommes politiques obstinément fidèle à une ligne bien définie. Député de Gironde de 1919 à 1940, politiquement assez isolé, il prit rapidement des positions très fermes tant en politique intérieure qu'extérieure. Fidèle à Clemenceau envers et contre tout, il critiqua dès les années 1920 Briand et même Poincaré, jugés trop conciliants à l'égard de l'Allemagne. Surtout, dès 1933, il dénonça le réarmement du Reich et incarna une ligne de résistance au nazisme dont il n'allait plus dévier. Ministre des PTT dans le gouvernement d'union nationale de Pierre-Étienne Flandin, de novembre 1934 à juin 1936, il acquit la réputation d'un responsable politique énergique, dur dans les rapports humains. Acharné à rentabiliser au maximum son administration, il brisa les grèves et révoqua à tour de bras au point de se faire haïr par son personnel.

Mandel, en vérité, n'était pas fait pour les temps ordinaires ; son personnage, son caractère n'étaient supportables qu'en période de fortes tensions. Dans ce contexte, il révélait ses dons et d'abord sa formidable aptitude à discerner l'essentiel. D'une certaine manière, il aura été un résistant avant l'heure. Ministre des Colonies dans le gouvernement d'Édouard Daladier, d'avril 1938 à mars 1940, il développa d'étroites relations avec les colonies britanniques, car l'alliance avec le Royaume-Uni, en cas de guerre avec l'Allemagne, lui parut fondamentale. Vigoureux dénonciateur de la remilitarisation de la Rhénanie en 1936, antimunichois farouche, Mandel s'opposa également de toutes ses forces aux sympathisants fascistes et à ceux qui recherchaient un accommodement avec les régimes totalitaires. À telle enseigne que, par un singulier paradoxe, cet homme de droite ouvertement nationaliste se retrouva à la fin de sa vie aux côtés des antifranquistes de gauche, plus proche de Léon Blum, voire du communiste Gabriel

Péri, que de ceux qui avaient été au départ ses amis politiques : Tardieu, Flandin et Laval.

En mai 1940, après l'offensive allemande, il se retrouva tout naturellement au ministère de l'Intérieur dans le gouvernement de Paul Reynaud. Son nom devint synonyme de résolution et d'énergie. « Hâtons-nous de faire de la bonne besogne et nous serons jugés sur nos actes, avait-il conseillé à Reynaud en mars. Si vous savez vous y prendre, vous ne perdrez pas une seule voix. Vous ne cesserez d'en acquérir[1]. » Durant les quelques semaines qui précédèrent le 16 juin, il donna toute sa mesure et incarna véritablement une politique dure, opposée à l'armistice. Il ne redoutait pas la guerre : pugnace, autoritaire, il savait que les périodes de combat révèlent les hommes de caractère. Invinciblement optimiste, il eut cette formule étonnante : « De catastrophe en catastrophe, nous volons à la victoire. » Contrairement à ce que crurent certains, Mandel ne plaisantait pas ; par ces mots, note son biographe, « il voulait faire comprendre que ce qui compte dans la guerre, ce n'est pas un échec, c'est l'implacable volonté de ne jamais plier[2] ». Systématiquement, il fit la chasse aux défaitistes. Dès le 5 juin, Alain Laubreaux, directeur de *Je suis partout*, se retrouva sous les verrous, de même que plusieurs autres personnages soupçonnés d'activités pro-allemandes. Le ministre n'en était pas moins lucide : « Il n'y a pas de volonté de combattre, dit-il à Spears le 25 mai [...]. Les officiers de réserve, faute d'une puissante impulsion de la part des professionnels, reflètent le point de vue des professionnels et de la bourgeoisie qui, vous le savez, n'est guère belliqueuse. Le pays est divisé en factions, chacune considérant l'autre comme vaguement ou complètement inféodée à une influence étrangère. Rien n'a été fait pour unir la nation. Le patriotisme, ce lien suprême, s'est relâché.

1. Cité par Pertinax *Les Fossoyeurs*, New York, Éd. de la Maison française, 1943, 2 vol., t. II, p. 185.
2. B. Favreau, *Georges Mandel*, *op. cit.*, p. 367.

La France représente une chose pour l'un et tout autre chose pour l'autre. Le jour viendra où ils sauront qu'ils sont tous ses fils, mais je ne vois encore aucun signe que cela se soit produit. Il y a eu encore une défaillance générale, un effondrement de tout le pays[1]. »

Sans illusion sur les hommes et d'abord sur Pétain dont il connaissait le caractère pessimiste, Mandel redoutait, quand vint le moment pour les pouvoirs publics d'abandonner la capitale, qu'un de ses collègues ne demeurât sur place et y conclût un accord avec les Allemands. « Je partirai le dernier », avait-il annoncé. Et, de fait, il quitta Paris après tous les membres du gouvernement, dans la nuit du 10 au 11 juin, vers 1 h 30 du matin. Sur les routes de l'exode, sa détermination ne faiblit pas : « Je continuerai le combat en Afrique du Nord, affirmait-il à Spears. Vous pouvez être sûr que tant que j'en aurai le pouvoir, je plaiderai pour qu'on se batte partout et jusqu'à la mort[2]. »

À Bordeaux, Mandel vit tout de suite le jeu de Pierre Laval, qu'il connaissait bien et définissait ainsi : « Un homme supérieur sur un plan bas[3]. » Chautemps ne lui paraissait pas moins dangereux : on sait que le vice-président du Conseil souhaitait non que le gouvernement français demandât l'armistice mais que l'on tentât de savoir à quelles conditions cet éventuel armistice pourrait être conclu avec le Reich. Et le 16, à l'occasion du Conseil des ministres qui se tint dans l'après-midi, Mandel mit les points sur les *i* devant ses collègues du gouvernement : « La question est simple. Il y en a ici qui veulent se battre et d'autres qui ne le veulent pas. — Je n'ai pas de leçons à recevoir de M. Mandel », répliqua Chautemps. Mandel, pour autant, ne s'avoua pas vaincu. Il ne pouvait se résoudre à la perspective de l'armistice.

1. E. Spears, *Témoignage sur une catastrophe*, *op. cit.*, t. I, p. 234.
2. *Ibid.*, p. 233-236.
3. Joseph Barthélémy, *Ministre de la Justice, Vichy 1941-1943. Mémoires*, Paris, Pygmalion, 1989, p. 100.

Finalement, le Conseil ne se prononça que sur la proposition Chautemps, et Reynaud démissionna. Mandel jugea sévèrement l'attitude du président du Conseil. Plus tard, en 1941, tandis que, captifs, ils cheminaient en direction de Vals-les-Bains, il prononça un réquisitoire à l'adresse de celui qui avait été son ami : « Vous n'avez jamais tenu bon quand vous étiez chef du gouvernement en 1939. Vous n'avez pas osé vous replier en Afrique du Nord quand cela était possible, alors que c'était la seule solution permettant de sauver l'honneur et de poursuivre la guerre. Le choix de vos ministres était souvent détestable [...]. Vous avez remplacé le général Gamelin qui était insuffisant par Weygand qui ne l'était pas moins[1]. »

Reynaud ayant abandonné la partie, Mandel put penser un bref instant que son heure allait sonner. En vérité, il n'y songea pas longtemps. Il savait que ses origines juives ne lui permettraient guère de réaliser l'unanimité autour de lui. Depuis longtemps déjà, on l'attaquait en utilisant cet argument. De tout cela, il était d'ailleurs très conscient et comme tétanisé. Dans la soirée du 16 juin, Spears voulut le convaincre de partir avec lui pour la Grande-Bretagne prendre la tête d'une résistance : Mandel ne se laissa pas fléchir. Le général anglais avait beau lui faire valoir : « Il faut une voix autorisée qui n'ait jamais accepté la capitulation, pour soulever l'Empire », il refusait avec obstination de quitter la France. « Vous êtes inquiet pour moi parce que je suis juif, finit-il par dire à Spears. C'est justement parce que je suis juif que je ne partirai pas demain, j'aurais l'air d'avoir peur et de prendre la fuite. Mercredi peut-être. — Ce sera peut-être trop tard, objecta le Britannique. — Je ne partirai pas demain », martela Mandel.

Le dernier ministre de l'Intérieur de la IIIe République ne fut pas le seul Juif paralysé par les attaques que, des années durant, il avait subies en affectant de ne rien laisser paraître. Peu après,

1. Cité par Jules Moch, *Une si longue vie*, Paris, Robert Laffont, 1976, p. 315-316.

Pierre Mendès France, député de l'Eure et ancien ministre du Front populaire, devait être odieusement accusé de désertion, traduit en justice et condamné lourdement. Et lui aussi réagira en proclamant très haut sa qualité de Français. Mandel refusa de quitter le pays. Mendès, pour sa part, n'accepta de devenir membre du Comité français de Libération nationale qu'après avoir courageusement combattu dans les Forces aériennes françaises libres.

Mais le 16 juin, lorsqu'il refusa de suivre Spears, Georges Mandel n'était pas entièrement mû par la crainte de se voir accusé de fuir en raison de ses origines. Si puissante et originale qu'apparût sa personnalité, ce disciple de Clemenceau, fin connaisseur de l'histoire de la Restauration, admirateur de Guizot, restait un homme d'ordre et observait les événements à travers le prisme parlementaire. Partir pour Londres, quelques heures après que le chef de l'État eut, en vertu de ses pouvoirs constitutionnels, nommé un nouveau gouvernement, c'était rompre avec ce qui demeurait encore la légalité républicaine. « Monsieur Clemenceau avait mené la France à la victoire dans le cadre strict des institutions de la République et Georges Mandel n'avait pas de raison de penser au soir du 16 juin que cette voie était définitivement fermée, note Bertrand Favreau. La République avait connu d'autres sursauts au cours de son histoire[1]. »

La suite des événements devait encore grandir la stature de Georges Mandel mais l'occasion pour lui de jouer un rôle à sa mesure ne se représenta pas. Arrêté dès le 17 juin, pour « menées contraires à l'ordre public », sur instruction de Raphaël Alibert, libéré quelques heures plus tard, il se paya le luxe d'obtenir de Pétain une lettre d'excuses, ce qui ne l'empêcha pas de lui dire fort directement son fait : « Je ne m'abaisserai pas à vous donner des explications. C'est à vous de m'en fournir. C'est une affaire qui commence. Nous la réglerons plus tard. Aujourd'hui, je vous

1. B. Favreau, *Georges Mandel*, *op. cit.*, p. 402.

dis simplement ceci : je vous plains, Monsieur le Maréchal, d'être à la merci de votre entourage et je plains mon pays qui vous a pris pour chef[1]. » Les 19 et 20 juin, Mandel, redevenu libre de ses mouvements, fut l'objet des sollicitations de René Pleven – venu, on le sait, avec Jean Monnet, pour une mission de la dernière chance à Bordeaux – et de lord Lloyd, ministre britannique des Colonies, dépêché en France par Churchill avec le même objectif. À ses interlocuteurs français et anglais, qui, tous deux, le pressaient de partir pour Londres, Mandel objecta qu'il « avait de trop gros bagages » pour accepter l'offre. Provincial, peu au fait des secrets de la vie parisienne de son propre aveu, René Pleven ne comprit pas que l'ancien ministre de l'Intérieur désignait par « bagages » sa maîtresse, la comédienne Béatrice Bretty, et leur fille Claude. Lord Lloyd, lui, saisit l'allusion mais n'insista pas. Bien qu'Édouard Herriot, conscient du danger couru par son collègue en raison de ses origines juives et de sa prise de position antihitlérienne, eût tout fait pour le persuader de trouver refuge en Grande-Bretagne, ces différents projets n'eurent pas de suite. Finalement, Mandel s'embarqua sur le *Massilia* en compagnie de vingt-six autres parlementaires. Toujours aussi opposé à l'armistice, il souhaitait continuer la lutte au Maroc mais, dès son arrivée à Casablanca, la police de Vichy l'arrêta. Transféré dans une prison française, après de multiples péripéties, il devait être livré aux Allemands en novembre 1942, interné à Oranienburg puis à Buchenwald, remis enfin à la Milice qui l'assassina, dans la forêt de Fontainebleau, le 7 juillet 1944, en représailles de l'attentat perpétré contre Philippe Henriot le 18 juin précédent.

Jusqu'au bout, Georges Mandel aura malgré tout refusé d'admettre qu'aucune action utile n'était possible dans le cadre existant. Et, comme Paul Reynaud, il crut à la fois que les conditions d'armistice seraient trop sévères pour être acceptées par la France et que, si affaibli intellectuellement qu'il ait été, Pétain n'irait pas

1. Cité dans *ibid.*, p. 406.

jusqu'à cautionner le déshonneur. Ainsi cet homme de fer, à l'aise dans les grandes épreuves, et dont Churchill regretta longtemps l'absence à Londres, ouvrit-il, involontairement, la voie à Charles de Gaulle.

7

UN HOMME LIBRE

« Il a cette espèce de génie, si rare à notre époque, d'être l'homme des grands refus : refus de capituler, refus de s'incliner et d'incliner la France devant aucune sommation ou aucune manœuvre, refus de compromettre sous prétexte de sauvegarder, refus de ce qui est bas, hypocrite ou petit, c'est par tous ces refus qu'il a sauvé la continuité française, et c'est par eux qu'on la sauvera encore [...]. On lui a fait grief, en France et ailleurs, d'être ainsi sorti d'un rôle purement militaire et d'avoir assumé un rôle politique [...]. C'est montrer qu'on n'a pas compris le problème de la France tel qu'il se pose depuis deux ans. Ce problème c'est un problème moral. Ce qu'il fallait au pays, c'est que quelqu'un le représentât alors qu'on le croyait anéanti ; il fallait que ce quelqu'un le représentât non point "militairement" ni "politiquement", mais moralement, totalement. C'est là ce que de Gaulle a compris le premier jour, avec une intuition remarquable. Et puisque personne ne s'est présenté pour tenir ce rôle ingrat et périlleux, il a trouvé en lui-même le courage de s'y risquer lui-même. Et il y a réussi[1]. »

De tous les textes consacrés au général de Gaulle, cet « hommage », signé Pierre Brossolette et paru dans le journal clandestin *Résistance*, le 2 mars 1943, est peut-être celui qui résume le mieux le

1. Pierre Brossolette, *Résistance* (*1927-1943*), textes rassemblés et commentés par Guillaume Piketty, Paris, Odile Jacob, 1998, p. 181-182.

sens de sa démarche en juin 1940, la force et la singularité de sa personnalité aussi. Autour de lui, au sein du gouvernement où il était entré un peu en catastrophe et comme par effraction le 6 juin, les hommes courageux et lucides n'étaient pas totalement absents. En dehors de Reynaud et de Mandel, César Campinchi, ministre de la Marine, élu radical de la Corse, comptait parmi ceux qui voulaient continuer la lutte. Yvon Delbos, ancien ministre des Affaires étrangères de Léon Blum et lui aussi radical, était sur la même ligne. Issu d'une formation conservatrice, la Fédération républicaine, Louis Marin, ministre d'État, campait sur une position identique. Raoul Dautry, ministre de l'Armement, l'ancien patron de la SNCF, partageait également cet avis[1]. Mais ces hommes, si respectables qu'ils pussent être, demeuraient dans des cadres de pensée classiques. Si certains d'entre eux avaient bien saisi les enjeux de l'heure, aucun n'envisageait de rompre sans plus tarder avec le gouvernement de Bordeaux régulièrement constitué. De Gaulle, lui, a choisi. Il a compris qu'avant de rassembler, d'assumer toute l'histoire de la France, il lui fallait refuser les compromis médiocres, rejeter ceux qui en étaient les avocats, ne pas craindre d'opposer à la légalité la légitimité qu'il prétendait incarner.

Républicain de raison

De Gaulle, pourtant, était avant tout un homme de tradition. Sa famille, tant du côté paternel que du côté maternel, avait récusé le legs de la Révolution française. Son père, Henri de Gaulle, qualifiait de « satanique » la grande tourmente de 1789 et, en 1884, il avait préféré démissionner de son poste de rédacteur au

1. Dans une note prophétique rédigée le 12 juin 1940, il avait écrit : « En 1943, ou en 1944, ou en 1945, nous serons en puissance d'écraser l'Allemagne et de refaire sur les ruines et les misères de la patrie, si nous en avons sauvé l'âme, une France nouvelle » (AN, 74 AP 22).

ministère de l'Intérieur plutôt que de cautionner la politique, déjà anticléricale, de la IIIe République. Dès lors, il poursuivit sa carrière dans l'enseignement libre. Jeanne Maillot, qu'il avait épousée en 1886, se montrait encore plus véhémente dans l'expression de ses sentiments. Ainsi dénonça-t-elle en Léon Blum un suppôt de Satan !

Né le 22 novembre 1890 dans un milieu qui était, selon l'expression de Raymond Tournoux, « un îlot de résistance au mouvement des idées en marche[1] », Charles de Gaulle n'entendait pas renier cet héritage, bien au contraire. Si, au désespoir de ses parents, il avait accepté le régime républicain, il ne dissimulait pas son admiration pour l'œuvre de la monarchie. Chateaubriand, Bergson, Péguy, Barrès, ses auteurs de prédilection, peuvent difficilement passer pour des contestataires. Comme beaucoup de jeunes gens de sa génération et de son origine sociale, il avait aussi lu Maurras. Il n'en avait pas retenu tous les préceptes, loin s'en faut. À l'instar de Barrès, inspirateur d'un nationalisme émotif, il pensait que l'histoire d'un pays ne se divise pas et que l'on ne peut donc retrancher à son gré tel ou tel épisode, à commencer par la Révolution française, qu'il n'aimait pas pourtant, comme en témoignent surabondamment ses *Lettres, notes et carnets.* À aucun moment, de Gaulle ne partagea non plus les sentiments antisémites de l'auteur de l'*Enquête sur la monarchie*, bien qu'il n'ait pas complètement échappé aux préjugés de son époque. En revanche, Pierre Hassner a pu démontrer de manière convaincante tout ce que la politique étrangère du Général devait, plus tard, sinon à Maurras lui-même, du moins à l'école de pensée qui gravitait autour de lui[2]. Il est évident que dans la controverse entre Keynes et Bainville sur le traité de Versailles, Charles de Gaulle était du côté de l'historien royaliste. Comme ce dernier, il ne croyait qu'aux États

1. R. Tournoux, *Pétain et de Gaulle*, *op. cit.*, p. 20.
2. Pierre Hassner, « Une France aux mains libres », *Preuves*, n° 204, février 1968.

et l'idée d'un ordre international lui était et lui sera toujours étrangère. Contrairement à Keynes, il ne trouvait pas particulièrement injuste le sort qui avait été réservé à l'Allemagne en 1919.

Alors que plusieurs membres de sa famille s'étaient élevés autrefois dans la magistrature ou les charges judiciaires, lui avait choisi la carrière des armes à un moment où, pour reprendre son expression, « l'armée était l'une des plus grandes choses du monde » et où, surtout, la France presque unanime communiait dans l'idée de la revanche — récupérer par la force l'Alsace et la Lorraine, les territoires perdus en 1871. Le rêve, c'est vrai, ne fut pas exclusivement celui des conservateurs ; en 1913, un puissant courant d'opinion qui ne se confondait pas avec la droite porta Poincaré à la présidence de la République. Reste qu'à aucun moment Charles de Gaulle ne manifesta la moindre sympathie ni même la moindre compréhension vis-à-vis de ceux qui, attachés à la paix, n'acceptaient pas la logique guerrière des nationalistes. En ce sens, il appartenait bien au parti de l'ordre.

Ce que l'on sait de ses attitudes durant l'entre-deux-guerres va dans le même sens. Sa correspondance, notamment, se révèle très critique à l'égard de la IIIe République et de son personnel politique. En 1928, il écrivit à son ami Lucien Nachin : « Ah, toute l'amertume qu'il y a de nos jours à porter le harnais ! Il le faut pourtant. Dans quelques années, on s'accrochera à nos basques pour sauver la patrie [...] et la canaille par-dessus le marché[1]. » La canaille désignait les parlementaires. Ses sentiments transparaissaient aussi dans cette note sur Raymond Poincaré : « Commis de premier ordre, si quelque très grand Français l'avait mis en œuvre, que n'eût-il pas donné sous Louis XIV ! Mais livré à lui-même, demi grand, demi honnête, demi compréhensif. Bref un homme d'État à la mesure de la République[2]. »

1. Cité par R. Tournoux, *Pétain et de Gaulle*, *op. cit.*, p. 74.
2. Charles de Gaulle, *Lettres, notes et carnets*, Paris, Plon, 1981, 2 vol., t. II, p. 286.

Pourtant, de Gaulle n'était pas de ces hommes de droite, passéistes et figés dans leurs allergies. Dès le début des années 1930, lorsqu'il commença sa campagne en faveur de l'arme blindée, il n'hésita pas à faire appel à toutes les bonnes volontés, sans distinction d'opinion. Si Paul Reynaud fut l'homme politique qui comprit le mieux ses conceptions et les défendit, d'autres furent sollicités qui ne partageaient pas tous ses idées : à gauche, Marcel Déat, dont personne ne prévoyait alors l'évolution vers le fascisme, Léo Lagrange, Léon Blum ; au centre, Camille Chautemps ; à droite, Édouard Frédéric-Dupont, qui sera député du VIIe arrondissement de Paris durant plusieurs décennies. Pourvu que l'on acceptât de faire avancer les idées auxquelles il croyait, de Gaulle ne jetait aucune exclusive. Au demeurant, des liens d'amitié l'unissaient depuis assez longtemps déjà à un militaire très peu conformiste, le colonel Émile Meyer, Juif, libre penseur, homme de gauche que ses conceptions stratégiques, développées dans de nombreux écrits, avaient peu à peu marginalisé.

Pour comprendre de Gaulle, il ne faut jamais oublier qu'il était issu d'un milieu très singulier, presque disparu aujourd'hui : une droite catholique, intellectuelle, indifférente à l'argent, très stricte en matière religieuse mais attentive aux réalités sociales. Sa grand-mère, Joséphine de Gaulle, auteur de dizaines de romans moralisateurs qui, malgré leur large diffusion, ne lui avaient guère apporté la fortune, ne cachait pas sa sympathie pour Proudhon, l'auteur de la célèbre formule : « La propriété c'est le vol. » Elle correspondait par ailleurs avec Jules Vallès. Henri de Gaulle, le père du Général, se voulait aussi indépendant : assez tôt, il douta, semble-t-il, de la culpabilité de Dreyfus et n'hésita pas à le dire ; s'il ne s'affirma pas dreyfusard au sens propre, il sut au moins se défaire des préjugés de son milieu. Homme de principes, il ne transigeait pas quand l'essentiel lui semblait en jeu.

Tel fut aussi Charles de Gaulle. On l'a parfois décrit sous les traits d'un rebelle. Si l'on entend par là un homme spontanément opposé à l'ordre établi, à une morale ancestrale, à une discipline, la définition s'avère évidemment inadéquate : on le verra en particulier beaucoup plus tard, en mai 1968, quand le Général aura beaucoup de mal à analyser la situation créée par la révolte étudiante. Rebelle, en vérité, il ne l'était pas par destination, seulement par nécessité lorsque ce à quoi il croyait de toutes ses forces se trouvait mis en cause. Ainsi s'explique sa campagne en faveur de l'arme blindée avant la guerre. Ainsi s'explique aussi la détermination dont il fit preuve après la déclaration de guerre, en 1939, à partir du moment où il comprit la menace mortelle qui pesait sur la France.

De Gaulle connaissait alors la situation réelle du pays sur le plan militaire. Aussi ne se berçait-il pas d'illusions, comme en témoignent ces lignes adressées à Paul Reynaud en octobre 1939 : « Notre système militaire a été basé exclusivement en vue de la défensive. Si l'ennemi nous attaque demain, je suis convaincu que nous lui tiendrons tête. Mais s'il n'attaque pas, c'est l'impuissance quasi totale. Or, à mon avis, l'ennemi ne nous attaquera pas, de longtemps. Son intérêt est de nous laisser cuire dans notre jus [...]. Puis quand il nous jugera lassés, désorientés, mécontents de notre propre inertie, il prendra en dernier lieu, l'offensive contre nous, avec, dans l'ordre moral et dans l'ordre national, de toutes autres cartes que celles dont il dispose aujourd'hui[1]. »

Au début de la drôle de guerre, de Gaulle se morfondait à son poste au PC de la Ve armée dans le donjon du château de Wangenburg en Alsace. Faute de pouvoir agir et alors que personne ne jugeait utile de mieux utiliser ses compétences, il a rédigé des notes, préconisé un meilleur emploi des chars, découvert ainsi le rôle de l'aviation, négligée par lui jusque-là. Au début du mois de janvier 1940, las d'attendre la moindre réaction des milieux politiques ou des autorités militaires, il s'est décidé à frapper un grand coup et, dérogeant à tous les usages, il adressa à quelque quatre-vingts personnalités, soigneusement choisies pour leur influence,

1. Ch. de Gaulle, *Lettres, notes et carnets*, *op. cit.*, t. II, p. 590.

une note en forme d'avertissement : « Le conflit qui est commencé pourrait bien être le plus étendu, le plus complexe, le plus violent de tous ceux qui ravagèrent la terre. La crise politique, économique, sociale, morale dont il est issu, revêt une telle profondeur et présente un tel caractère d'ubiquité qu'elle aboutira fatalement à un bouleversement complet de la situation des peuples et de la structure des États. Or l'obscure harmonie des choses procure à cette évolution un instrument militaire — l'armée des machines — exactement proportionné à ses colossales dimensions ; il est grand temps que la France en tire la conclusion[1]. »

Avec cette initiative, qui ne reçut un accueil favorable que de la part de Paul Reynaud et de Léon Blum, de Gaulle, en vérité, accomplissait un nouveau pas vers le rôle politique, au sens le plus élevé, auquel il aspirait sans l'avouer ouvertement. Depuis toujours, il pensait que dans la crise traversée par le pays, l'armée pouvait être, en dépit de la médiocrité de ses chefs, une sorte de pôle de résistance. Au début des années 1930, il avait fait transmettre expressément ce message au colonel de La Rocque, le chef des Croix-de-Feu[2]. Charles de Gaulle, naturellement, n'attendait rien d'un putsch, ni de l'avènement d'un régime militaire. Simplement, il constatait que la France s'était faite « à coups d'épée » et l'armée, dans le contexte de l'avant-guerre, lui paraissait être un réservoir d'énergies, un conservatoire de vertus et de disciplines indispensables à la survie de la nation. Pour être en mesure de jouer, le moment venu, le rôle auquel depuis très longtemps il s'estimait prédestiné (à quinze ans, n'avait-il pas écrit une saynète dans laquelle la France était sauvée par le général de Gaulle[3] ?) et ainsi peser sur le cours de l'Histoire, il lui fallait sortir des fonctions obscures où il était cantonné. En dépit, ou peut-être à cause de ses qualités éclatantes, la hiérarchie jusqu'à présent ne l'avait

1. É. Roussel, *Charles de Gaulle*, *op. cit.*, p. 77-78.
2. Témoignage de Georges Roditi à l'auteur.
3. Ch. de Gaulle, *Lettres, notes et carnets*, *op. cit.*, t. I, p. 14.

guère favorisé. L'heure était venue de réagir et, puisqu'il s'agissait de se battre, de Gaulle n'eut aucun scrupule à forcer un peu le cours des choses. Enfin, les deux premières divisions cuirassées étaient alors en passe d'être constituées. Depuis des années, il en réclamait la création. Il lui paraissait donc naturel que lui revînt le commandement d'une de ces unités. Très simplement, il fit part de son vœu à Paul Reynaud, à la fin de janvier 1940.

> Monsieur le Ministre,
>
> Les deux premières divisions cuirassées de l'armée française sont constituées depuis quinze jours. La formation de deux autres est prévue respectivement pour le début de mars et la fin de juin prochain...
>
> À la tête de chacune de ces grandes unités est placé un officier général (en fait, un Brigadier). Votre serviteur, n'étant pas général (bien qu'il occupe depuis la mobilisation un poste de ce grade), n'a pu entrer en ligne de compte pour le commandement des deux premières divisions.
>
> Reste à désigner le chef de chacune des deux suivantes, ce qui est du ressort du général Gamelin personnellement. Le Président Daladier devant, bien entendu, avoir son mot à dire.
>
> Je n'ai pas besoin, Monsieur le Ministre, de vous exprimer les diverses raisons d'ordre général et d'ordre particulier qui me font souhaiter ardemment de recevoir un tel commandement. Il faudrait pour cela qu'on me donnât en même temps la fonction et le grade.
>
> En ce qui concerne la fonction, je ne me permettrai pas de parler de mes compétences. Mais mes deux chefs actuels, le général Bourret, Commandant de la Ve Armée, et le général Keller, inspecteur des chars de combat, sont qualifiés pour le faire. J'ai des raisons de penser qu'ils n'élèveraient aucune objection, bien au contraire.
>
> Quant au grade, mon ancienneté actuelle comme colonel put paraître insuffisante de quelques mois pour une promotion « à titre définitif ». Mais les décrets du temps de guerre ont institué, précisément en vue de cas de ce genre, le régime des promotions « à titre temporaire » qui pourrait m'être appliqué sans difficulté aucune, pourvu qu'on le souhaite.

Reste la question de « faveur » auprès du Commandant en chef. Je suis très convaincu de l'esprit de justice de celui-ci. Je le suis moins, je l'avoue, du désir que lui-même et son entourage peuvent avoir de me « favoriser », surtout au moment et dans un domaine où certaines idées l'emportent facilement.

Comme vous êtes, Monsieur le Ministre, le champion de ces idées sur le plan de l'homme d'État, comme vous savez, d'autre part que l'esprit de réforme et le fait d'avoir eu raison ne contribuent pas toujours à assurer la carrière d'un soldat, tant que les grandes batailles ne sont pas engagées, je me permets de me tourner vers vous. Vous ferez ce qui vous paraîtra bon et le sera par le fait même.

Je vous prie de bien vouloir agréer, Monsieur le Ministre, l'assurance de mon respectueux et fidèle dévouement.

CHARLES DE GAULLE [1]

De Gaulle n'obtint satisfaction que plus tard, au printemps, après l'accession de Paul Reynaud à la présidence du Conseil. Entre-temps, il ne cessa de se préparer à des échéances dramatiques. « On peut dire que cette guerre est perdue, a-t-il écrit à Reynaud le 21 février, mais il est encore temps d'en gagner une autre [2]. » Au moment de l'investiture de son protecteur en mars, il a repris un instant espoir, ou du moins en a donné l'impression. Au nouveau président du Conseil, il n'a ménagé ni son aide pour la rédaction de son discours d'investiture ni ses encouragements comme l'atteste cette autre lettre inédite, datée du 20 mars :

Monsieur le Ministre,

Votre réussite est certaine parce qu'il faut que la France gagne la guerre.

Après tant de faiblesses, de routines, de médiocrités, votre chance sera de faire fort, neuf et grand.

Je souhaite de pouvoir vous servir et vous prie de bien

1. Archives Évelyne Demey (lettre inédite du 30 janvier 1940).
2. Cité par Jean Lacouture, *De Gaulle*, Paris, Éd. du Seuil, 1984, 3 vol., t. I, p. 301-302.

vouloir accepter, Monsieur le Ministre, l'assurance de mon respectueux dévouement[1].

La très étroite majorité de Paul Reynaud à la Chambre ne permit pas le sursaut espéré. En butte à l'hostilité des défaitistes, nombreux, comme on l'a vu, dans l'entourage du chef du gouvernement, de Gaulle prit alors en Alsace le commandement par intérim de la 4e division cuirassée en voie de constitution. Chaque jour ou presque, les nouvelles du front justifiaient ses sombres prédictions et ses avertissements. En mai, quand les Allemands, craignant de voir couper la route du fer suédois, réagirent en envahissant la Norvège et même le Danemark avant l'arrivée des Alliés, il confia à son ami l'avocat Jean Auburtin : « L'affaire de la Norvège est une victoire de plus à l'actif de la force mécanique. Hélas, une fois de plus cette victoire est allemande[2]. »

Après le début de l'offensive des armées du Reich le 10 mai, de Gaulle croyait-il encore vraiment qu'un retournement pourrait se produire ? Il le confia en tout cas à son épouse et se battit avec l'énergie du désespoir. S'il avait des doutes, il les gardait secrets. Militaire, il obéissait encore. À Montcornet, le 18 mai, et deux jours plus tard à Abbeville, il démontra brillamment que l'arme blindée, dont il avait réclamé la création depuis si longtemps, pouvait résister à l'envahisseur. Mais il pensait déjà à l'étape suivante, comme en témoigne l'appel étonnant qu'il lança le 21 mai sur les ondes d'une radio locale : « Nos succès de demain et notre victoire — oui ! notre victoire — nous viendront un jour de nos divisions cuirassées et de notre aviation d'attaque. Il y a des signes précurseurs de cette victoire mécanique de la France[3]. »

Alors que le gouvernement et les principales autorités du pays continuaient de s'enfoncer dans des routines et des querelles hors

1. Archives Évelyne Demey (lettre du 20 mars 1940).
2. Ch. de Gaulle, *Lettres, notes et carnets*, *op. cit.*, t. II, p. 492.
3. Olivier Germain Thomas et Philippe Barthelet, *De Gaulle, jour après jour*, Paris, Éd. F. X. de Guibert, 2000, p. 37.

de saison, de Gaulle commençait, lui, à raisonner en termes de rupture. Dans l'immédiat, il lui fallait entrer vraiment en politique et acquérir de ce fait une légitimité qu'il n'avait pas encore. Pour cela, il importait de ne pas perdre de temps et même de brusquer un peu les choses. D'où le ton comminatoire sur lequel il s'adressa, par lettre, à Paul Reynaud le 3 juin : « Sortez du conformisme, des situations “acquises”, des influences d'académie. Soyez Carnot ou nous périrons. Carnot fit Hoche, Marceau, Moreau. Venir près de vous comme *irresponsable*? Chef de cabinet? Chef d'un bureau d'études? Non, j'entends agir avec vous, mais par moi-même. Ou alors, c'est inutile et je préfère commander[1]. »

Très explicitement, de Gaulle demandait au président du Conseil de le faire entrer au gouvernement, ou tout au moins de le nommer commandant du corps regroupant les quatre divisions cuirassées. Trois jours plus tard, le 6 juin, il devint sous-secrétaire d'État à la Guerre. Il lui avait fallu évidemment avaler des couleuvres et notamment accepter la présence à ses côtés de Pétain, dont le défaitisme était déjà bien connu. Qu'importe ! Les circonstances étaient si graves, si exceptionnelles, qu'elles justifiaient ces accommodements. L'essentiel, pour le tout nouveau général de brigade à titre temporaire — il avait récemment obtenu satisfaction sur ce point —, était d'accéder enfin à des responsabilités politiques qui, le moment venu, lui permettraient d'agir utilement.

Ce moment arriva très vite, dix jours plus tard. À partir de son entrée au gouvernement, tout indique que de Gaulle, sans illusion sur l'issue du combat en France, ne pensa plus qu'à continuer la lutte par d'autres moyens et sans exclure de rompre avec les cadres légaux devenus pour lui de plus en plus illégitimes. Jusque-là, il avait servi légalement au sein de cette armée qui, à sa désolation, n'était plus « l'une des grandes choses du monde ». Parce que les élites, à ses yeux, avaient trahi, il reprenait sa liberté pour défendre

1. J. Lacouture, *De Gaulle*, *op. cit.*, t. I, p. 76.

les principes auxquels il croyait et assumer la France, jusqu'au jour où le sort des armes lui serait de nouveau favorable.

Paul Reynaud, qui faisait de la situation une analyse similaire à celle du Général, était un démocrate sincère doublé d'un juriste très attaché au respect des formes légales. Tel fut précisément son drame. Tout autre était Charles de Gaulle. Républicain par résignation, il se faisait aussi une conception très personnelle de la démocratie. Depuis toujours, le parlementarisme de la IIIe République lui inspirait de vives critiques qu'il ne cherchait guère à cacher. La toute-puissance des partis, la faiblesse de l'Exécutif entièrement soumis au bon vouloir du Parlement, l'absence de ligne cohérente qui en découlait constituaient pour lui autant de tares du régime en place depuis la chute du second Empire. Étranger à la tradition issue de 1789 — même s'il acceptait la Révolution, on l'a dit —, il n'avait cessé d'appeler de ses vœux une réforme des institutions. Un temps, André Tardieu lui avait paru l'homme capable de mener à bien cette tâche. En 1929, l'arrivée au pouvoir de cette brillante personnalité de droite, devenue fort critique envers le régime, avait suscité chez lui une grande espérance. « Qu'il joue sa chance, écrivit-il alors à son père. Et puisse ce négociateur du traité de Versailles et cet élève de Clemenceau redresser à l'intérieur et à l'extérieur notre politique que Briand et ses lâches admirateurs dénationalisaient honteusement[1]. » Attiré par ses conceptions, de Gaulle avait noué des relations avec Tardieu. Sans être proches, les deux hommes s'appréciaient. Mais l'auteur de *Vers l'armée de métier* fut déçu que l'ancien président du Conseil ne soutînt pas ses conceptions en matière militaire. Pour autant, il n'oublia jamais la réflexion constitutionnelle de Tardieu, dont il allait plus tard s'inspirer souvent.

Aux yeux de beaucoup d'hommes politiques de la IIIe République, il n'en fallait pas plus pour transformer de Gaulle en suspect. L'éloge un peu appuyé, dans *Vers l'armée de métier*, de

1. Ch. de Gaulle, *Lettres, notes et carnets*, *op. cit.*, t. II, p. 354.

« Messieurs les maîtres » — autrement dit les centurions en charge de l'armée blindée — et un intérêt certain pour la critique maurassienne de la IIIe République complétaient l'acte d'accusation dressé contre cet officier non conformiste. Pourtant, s'il n'adhérait pas au credo des républicains « labélisés », le Général, à sa manière, était démocrate. En d'autres temps, en d'autres lieux, peut-être ne l'aurait-il pas été. Mais, de même qu'il acceptait la République, il acquit la conviction que rien de durable, à l'époque où il vivait, ne pouvait être entrepris sans l'aveu du suffrage universel. Et le fait est que, jusqu'au bout de sa trajectoire, il demeura fidèle à cet axiome. On sait qu'il quitta sur-le-champ ses fonctions de chef de l'État à l'issue du référendum du 27 avril 1969 quand une majorité de Français repoussa les réformes qu'il avait proposées.

Penser au-delà de la défaite

Avec le recul, comment ne pas constater que cette position singulière de Charles de Gaulle fut une chance inouïe pour lui-même et pour le pays ? Tel « un météore dans le ciel ravagé de la défaite », pour reprendre l'expression de Jacques Soustelle, il a surgi au milieu de la déroute militaire alors que le système qui avait régi la France depuis 1875 s'écroulait, entraînant avec lui les élites. Tout se passait comme si l'on aboutissait précisément à la fin d'un cycle. Le système était si sclérosé que, de l'intérieur, personne ne pouvait plus agir utilement. Reynaud, Mandel, Jeanneney, Herriot, tous ceux qui avaient voulu éviter l'armistice se trouvaient pris au piège, contraints, *nolens volens*, de cautionner ceux qu'ils avaient condamnés quelques heures auparavant. Pour sortir de l'impasse, il fallait un homme neuf, libre, affranchi de règles obsolètes. Et la chance voulut que ce personnage eût l'intelligence d'assumer la France, dans le respect de son histoire et de la diversité de ses familles spirituelles et politiques.

De cette volonté de voir, selon ses propres termes, « au-delà de la défaite » et donc, éventuellement, de continuer la lutte hors du cadre légal, la geste de Charles de Gaulle, du 6 au 16 juin 1940, offre de multiples indices. Le 11 juin, lors de la conférence franco-britannique tenue au château du Muguet non loin de Briare[1], Churchill fut l'un des premiers à être frappé par cette détermination farouche. « Reynaud, écrira-t-il peu après à Roosevelt, est partisan de poursuivre la lutte et il a avec lui le jeune général de Gaulle qui pense que les possibilités sont loin d'être épuisées[2]. » Les deux hommes se sont jaugés : malgré bien des heurts et des incompréhensions, leur collaboration durera jusqu'à la fin du conflit. Le lendemain, au cours d'une nouvelle réunion franco-britannique à la préfecture de Tours, de Gaulle sembla tout prêt de se lancer dans la grande aventure. À l'issue de la conférence, son impression avait été très négative. Churchill, fatigué, avait paru se résigner à une demande d'armistice par les Français. En dépit des assurances de Paul Reynaud, le Général était persuadé de ne plus pouvoir s'opposer avec succès aux défaitistes et il rédigea à l'intention du président du Conseil une lettre de démission. Il ne renonça à son projet que sur les instances de Georges Mandel : « Nous ne sommes qu'au début de la guerre mondiale. Vous avez de grands devoirs à remplir, Général ! Mais avec l'avantage d'être, au milieu de nous tous, un homme intact. Ne pensez qu'à ce qui doit être fait pour la France et songez que, le cas échéant, votre fonction actuelle pourra vous faciliter les choses[3]. » Le 15, à Brest, d'où il s'apprêtait à appareiller pour la Grande-Bretagne afin de décider Churchill à apporter une contribution au transfert des troupes vers l'Afrique du Nord, le sous-secrétaire d'État franchit un pas de plus en qualifiant Pétain et Weygand de « traîtres » devant l'amiral de Laborde, commandant

1. Voir ci-dessus, p. 19.
2. Winston Churchill, *L'Heure tragique*, Paris, Plon, 1949, p. 187.
3. Ch. De Gaulle, *Mémoires de guerre, L'Appel*, *op. cit.*, p. 62.

en chef du théâtre d'opérations maritimes ouest. Peu après, à bord du contre-torpilleur le *Milan* qui le transportait de Brest à Plymouth, il demanda même carrément au capitaine de vaisseau qui commandait le navire s'il était prêt éventuellement à combattre sous les couleurs britanniques[1]. Avant de quitter la France, il exposa enfin une perspective beaucoup plus précise à un lieutenant-colonel non identifié qui s'en ouvrit à Geoffroy de Courcel, l'aide de camp du sous-secrétaire d'État : « Le général de Gaulle, me dit-il, un peu effrayé, m'a fait part de certains projets. S'ils les met à exécution, cela peut le conduire au conseil de guerre[2] ».

Dès son arrivée dans le gouvernement de Paul Reynaud, de Gaulle était résolu à ne se laisser arrêter par aucun obstacle. Sûr d'avoir raison, il avait la certitude que l'avenir justifierait son intuition. Mais il savait aussi qu'il se trouvait seul, sans appui, marginalisé même. Sans tarder, il lui fallait donc édifier sa légende qui dès lors le servirait.

Dans ces conditions, son histoire réelle en juin 1940, et particulièrement le 16 — l'histoire que révèlent les archives et parfois ses propres écrits inédits —, diffère nécessairement de celle qu'il laissera se répandre par la suite. D'après ses *Mémoires de guerre*, il suivit, à partir de son entrée dans le cabinet Reynaud, une conduite bien arrêtée. Dès le 7 juin, il était décidé, du moins l'affirme-t-il, à ne considérer que pour mémoire la thèse dite « du réduit breton », un plan qui consistait, rappelons-le, à enfermer en quelque sorte les pouvoirs publics en Bretagne dans l'espoir assez illusoire de contenir la poussée allemande. Le plan qui, selon lui, avait ses préférences était, dès ce moment, le départ des principales autorités de l'État vers l'Afrique du Nord. En vérité, rien n'a été aussi simple.

Que fit en effet de Gaulle dès son entrée au gouvernement ? Il rédigea, précisément, une note destinée au président du Conseil

1. J. Benoist-Méchin, *Soixante jours qui ébranlèrent l'Occident*, *op. cit.*, t. II, p. 234.
2. Archives Geoffroy de Courcel.

et relative au « réduit breton »[1]. Cette note se trouve dans les archives de Paul Reynaud, où elle a longtemps dormi ; elle montre que l'hypothèse de travail retenue par le Général était bien la constitution d'une enclave fortifiée en Bretagne (même s'il ne croyait pas complètement à cette solution qui, de toute façon, s'avérait difficilement réalisable dans l'improvisation), le départ des pouvoirs publics vers l'Afrique du Nord étant évoqué, mais à titre indicatif.

Sur d'autres épisodes, le Général a également donné des versions très personnelles, contredites par des documents irrécusables. En 1943, devant le journaliste Jean Oberlé et en 1946 devant le juge chargé de l'instruction du procès intenté à Weygand devant la Haute Cour de Justice, de Gaulle affirmera que, le 12 juin 1940, celui qui était alors généralissime refusa d'obéir à Paul Reynaud, qui lui avait enjoint de faire passer le maximum de troupes en Afrique du Nord. Contredit par tous les témoins de cette affaire, de Gaulle dans ses *Mémoires de guerre* sera finalement contraint d'admettre que l'instruction donnée le 12 juin par Reynaud ne constituait pas un ordre formel[2]. Au demeurant, dans une lettre adressée le 13 juin 1940 à l'amiral commandant en chef les Forces maritimes françaises, Weygand paraît avoir bel et bien fait étudier les problèmes liés à l'organisation des transports maritimes entre la métropole et l'Afrique du Nord[3].

Dans ses *Mémoires de guerre*, le général affirmera aussi avoir, dès le 18 juin, dérouté vers un port de Grande-Bretagne le *Pasteur*, navire qui transportait un millier de canons de 75, des milliers de mitrailleuses et des lots de munitions provenant des États-Unis[4]. Le détournement de ce bateau de guerre aurait donc été son premier acte de résistance.

1. AN, Archives Paul Reynaud, 74AP22. Note du 7 juin reproduite dans É. Roussel, *Charles de Gaulle*, *op. cit.*, p. 91-93.
2. Voir sur cet épisode É. Roussel, *Charles de Gaulle*, *op. cit.*, p. 104-106.
3. SHD, Fonds général Weygand.
4. Ch. de Gaulle, *Mémoires de guerre*, *L'Appel*, *op. cit.*, p. 67.

Là encore, les documents dont on dispose aujourd'hui infirment formellement sa version des faits. Des recherches entreprises au service historique de la Défense, il ressort en effet que, le 16 juin, le *Pasteur* se trouvait à quai à New York et non en pleine mer ; que, le 4 juillet, les Britanniques le saisiront pour le diriger vers Halifax, mais que le Général ne fut même pas averti de cette initiative[1].

Enfin, les circonstances dans lesquelles le Général quitta la France le lendemain matin, 17 juin, font toujours l'objet de controverses. Pour de Gaulle, interrogé par Churchill après la guerre, tout se déroula très simplement : le départ eut lieu selon lui vers 9 heures. S'il fut précédé de « quelques précautions », il ne présenta aucune difficulté pour la bonne et simple raison que la passation des pouvoirs entre Reynaud et Pétain n'avait pas encore été effectuée, selon l'ancien sous-secrétaire d'État à la Guerre, qui s'estimait donc toujours membre du gouvernement. Pour Spears, au contraire, cet épisode fut mouvementé. Craignant d'être arrêté, de Gaulle aurait suggéré de jouer « une curieuse petite comédie » : pour donner le change, sur le chemin de l'aéroport de Mérignac, il se serait arrêté au quartier général de la rue Vital-Carles afin de prendre des rendez-vous fictifs dans le but d'égarer d'éventuels suiveurs. Arrivé à Mérignac, il n'aurait sauté dans l'avion qu'à la toute dernière minute, aidé par Geoffroy de Courcel et devant des témoins ahuris.

Qui croire ? Spears, qui a témoigné des années après s'être brouillé avec le chef de la France libre, peut-il être taxé de partialité ? Inversement, de Gaulle se montre de toute évidence soucieux de préserver une version favorable à son image. En tout cas, contrairement à ses dires, il est sûr qu'il était menacé : Weygand le détestait et Mandel, on l'a vu, fut bel et bien arrêté quelques

1. L'enquête effectuée au Service historique de la Défense confirme en tout point la version de cette affaire donnée par Henri Amouroux dans *La Grande Histoire des Français sous l'Occupation*, Paris, Robert Laffont, 1976, 2 vol., t. II, p. 825.

jours plus tard à la suite du changement de gouvernement. Il paraît donc fort probable que le Général essaya de faire diversion : Jean Mistler, ancien ministre radical, alors président de la commission des Affaires étrangères de l'Assemblée nationale, garda toujours le souvenir de l'avoir vu entrer dans la pièce où il se trouvait et lui déclarer tout de go : « Les Allemands ont perdu la guerre. Ils sont perdus et la France doit poursuivre le combat[1]. » Mistler, qui rejoignit Vichy, peut difficilement être soupçonné d'avoir inventé cette scène extraordinaire, où de Gaulle se révèle aussi lucide.

On n'oubliera pas enfin que, si la volonté du Général de poursuivre le combat ne fait aucun doute, son rôle était loin d'être fixé. Spears, en vérité, avait été dépêché pour ramener en Grande-Bretagne une personnalité française de premier plan susceptible de réunir autour d'elle des Français décidés à se battre. Mandel ayant décliné la proposition de Spears, ce dernier, avec l'autorisation expresse de Churchill[2], décida de revenir à Londres en compagnie du général de Gaulle, mais les termes dans lesquels Churchill apprit aux membres du cabinet de guerre cette arrivée attestent que personne ne voyait alors clairement l'avenir de cet homme seul et sans autorité : « J'ai eu, dira le Premier ministre, une conversation téléphonique avec le général Spears qui est en train de regagner la Grande-Bretagne car il ne pouvait plus rendre de service utile dans la présente situation. Le général de Gaulle l'accompagne. Il a été prévenu qu'étant donné la tournure des événements, il pouvait être bon pour lui de quitter la France[3]. »

En cautionnant et en répandant ces versions destinées à édifier

1. H. Amouroux, *Le 18 Juin 1940*, *op. cit.*, p. 327.
2. Le général Spears a souligné le point dans divers documents, en particulier un mémorandum adressé à l'historien français Robert Aron le 12 juin 1963 (Churchill College, Spears Papers, SPRS 8130). Cette précision n'est pas sans importance pour éclairer le rôle du général de Gaulle à ce moment précis.
3. NA, Cab 657, p. 454, 17 juin 1940.

un mythe, de Gaulle s'est comporté comme l'avaient fait avant lui beaucoup de grands hommes, à commencer par Napoléon. Un jour à Sainte-Hélène, l'Empereur fit confidence à Las Cases de sa conception fort personnelle de l'Histoire. Selon lui, la reconstitution « scientifique » du passé était impossible car, quand bien même les historiens se trouvaient en mesure de s'appuyer sur des documents fiables, ils n'avaient plus accès aux témoignages susceptibles d'éclairer les pièces en leur possession. La conclusion, pour Napoléon, s'imposait : les grands acteurs doivent écrire eux-mêmes le récit de leur propre parcours. D'où le *Mémorial* dont la marque sur les esprits devait être si forte que, par la suite, les spécialistes auront quelque peine à en rectifier les récits par trop romanesques. Le Général suivit une démarche similaire. André Malraux a justement noté que, sa vie durant, de Gaulle s'employa à repousser tout jugement d'ordre rationnel sur ses actes. « La vérité du général de Gaulle est dans sa légende », a renchéri Alain Peyrefitte.

Partant, on mesure la difficulté d'appliquer à un personnage comme l'homme du 18-Juin la formule de Leopold von Ranke, l'un des maîtres de l'histoire narrative au XIXe siècle : « L'histoire, c'est ce qui s'est réellement passé. » Face à un destin tellement hors normes, l'historien a, certes, le devoir de « faire reculer l'obscurité », pour reprendre une formule de Lucien Febvre, mais en n'oubliant jamais que, par la force des choses, dans un tel cas, le mythe est inséparable de la figure qui l'a suscité. Un positivisme rigoureux ne saurait évidemment rendre compte d'une pareille destinée. En l'occurrence, même s'il n'est pas du tout indifférent de connaître le véritable itinéraire de De Gaulle au cours de ces journées cruciales, l'important est que, seul parmi toutes les élites françaises, il ait saisi les vrais enjeux, compris la nécessité d'une rupture et donc, d'une certaine manière, métamorphosé cette journée du 16 juin, à première vue l'une des plus tragiques de l'histoire de France, en premier jalon d'un nouveau chapitre.

Le 16 juin marqua dans l'esprit du Général la fin de la légalité républicaine, mais aussi le terme d'une pratique politique et constitutionnelle dont il n'avait cessé et dont il ne cessera jamais de dénoncer l'extrême nocivité. L'étendue de sa culture littéraire, historique et philosophique a été, à juste titre, soulignée. On a beaucoup moins souvent remarqué en revanche combien il était allergique aux Lumières, à tout ce qui avait trait aux origines de la Révolution et donné ses principes fondateurs à la IIIe République. Dans *La France et son armée*, il ne cachera pourtant pas cet état d'esprit, dénonçant « le XVIIIe siècle qui vit naître et grandir le flot d'idées et de sentiments qui devait emporter les institutions de l'Ancien Régime après en avoir miné les fondements. Le scepticisme et la corruption, effets naturels de ce déséquilibre, dissolvent le loyalisme et paralysent l'autorité ». De tout ce qui fut écrit à l'époque des Lumières, de Gaulle n'avait qu'une connaissance limitée. Apparemment, il n'avait guère lu Diderot. De Voltaire, il retenait surtout l'historien du siècle de Louis XIV ; le reste, les contes philosophiques ou les pamphlets, semble l'avoir laissé indifférent ou très réticent. Rousseau lui paraissait, au dire d'André Malraux, plein de chimères. Enfin, rien ne témoigne de son intérêt pour Montesquieu, l'esprit le plus profond sans doute et le plus éclatant des Lumières françaises. S'il l'a lu, ce qui est tout de même probable, il n'en a retenu qu'une formule, surtout révélatrice de sa propre vision des choses : « Délibérer est le fait de plusieurs, agir ou décider est le plaisir d'un seul. »

Si de Gaulle, en dépit de tout, se rangea, comme on l'a dit, parmi les républicains, ce fut à la manière de Maurice Barrès qui, à l'inverse de Maurras, n'excluait pas la Révolution de l'histoire nationale et constatait que les « puissances du sentiment » n'étaient pas favorables au rétablissement de la monarchie. Les Immortels Principes, toute l'idéologie d'essence kantienne qui servait de fondement à la IIIe République, le Général y resta toujours profondément étranger. C'est ailleurs qu'il puisait ses sources d'inspiration et ses références. La tradition catholique, celle de l'ancienne France, les leçons de penseurs comme

Lamennais, Lacordaire ou Albert de Mun, tout un héritage historique et familial transmis et médité avaient ancré dans son esprit des principes tels que l'exigence de justice sociale, la notion d'une responsabilité des élites, l'idée d'un équilibre entre les nations. Par là, de Gaulle se distinguait nettement de l'école contre-révolutionnaire. Pour autant, il se situait à des années-lumière de la plupart des hommes politiques de son temps, et il est significatif que parmi eux Clemenceau ait été le seul à bénéficier de sa mansuétude.

À ses yeux, le 16 juin marquait donc non seulement la faillite du système institutionnel de la IIIe République, mais encore la clôture dramatique de la période d'instabilité inaugurée, selon lui, par la Révolution française. Peu de temps avant sa mort, il en fera d'ailleurs l'aveu dans le premier tome de ses *Mémoires d'espoir* en soulignant qu'en 1958 la déconfiture des partis lui offrit « l'occasion historique » de doter l'État d'institutions susceptibles de lui rendre, « sous une forme appropriée aux temps modernes, la stabilité et la continuité dont il est privé depuis cent soixante-neuf ans[1] ». De manière voilée, mais tout de même assez précise, le Général marquait ainsi son refus de la conception de la souveraineté nationale qui, en 1789, l'avait emporté au sein de la Constituante quand Sieyès, partisan de la subordination de l'Exécutif, avait triomphé des modérés. « Le peuple, martelait Sieyès, ne peut parler, ne peut agir que par ses représentants[2]. » À partir de ce moment, le pouvoir exécutif — volontairement confondu par Sieyès avec une autorité royale ravalée à ses attributs subordonnés — fut constamment l'objet de très fortes suspicions[3]. Quiconque se proposait de renforcer ce que Bertrand de Jouvenel

1. Ch. de Gaulle, *Mémoires d'espoir, Le Renouveau (1958-1962)*, dans *Mémoires*, *op. cit.*, p. 895.
2. Cité par Jean-Denis Bredin, *Sieyès, la clé de la Révolution française*, Paris, Éd. de Fallois, 1988, p. 149.
3. Voir sur ce point François Furet et Ran Halévi, *La Monarchie républicaine. La Constitution de 1791*, Paris, Fayard, 1996.

appellera « le pouvoir actif » se voyait plus ou moins clairement accusé de favoriser une restauration monarchique. La phobie de l'Exécutif se révélait telle que la Ire République récusait la notion même de chef de l'État. Par la suite, Napoléon Ier et Napoléon III, en versant dans le césarisme, allaient fortifier encore les réticences de ceux qui se disaient les seuls vrais républicains. Sous la IIIe République, particulièrement après la tentative maladroite de Mac-Mahon visant à renforcer les pouvoirs du chef de l'État, tout projet allant dans ce sens se heurta aux mêmes oppositions irraisonnées. La simple idée de donner au chef de l'Exécutif un droit de dissolution provoquait la fièvre. Seul ou presque parmi les républicains, Jules Ferry comprit la nécessité d'un aggiornamento sur ce point.

De Gaulle partageait évidemment cette vision des choses. À ses yeux, depuis la révolution de 1789, l'État se trouvait en quelque sorte décapité. Dans son principe, et plus encore dans sa pratique, le régime représentatif incarnait ce qu'il détestait au plus haut point : sous la IIIe République, et spécialement durant l'immédiat avant-guerre, l'omnipotence de la Chambre et l'instabilité gouvernementale qui en résulta n'avaient cessé de l'indigner. Il déplorait surtout que des problèmes cruciaux comme la création de divisions blindées fussent soumis aux aléas de la politique politicienne. Aucune réforme, par ailleurs, ne pouvait, à ses yeux, rendre viable un système comme celui de la IIIe République. Aussi de Gaulle ne cacha-t-il jamais son désir de voir instaurer un système constitutionnel fondamentalement différent. Témoin l'une des premières pages de ses *Mémoires d'espoir* :

> Or, si j'étais convaincu que la souveraineté appartient au peuple dès lors qu'il s'exprime directement et dans son ensemble, je n'admettais pas qu'elle pût être morcelée entre les intérêts différents représentés par les partis. Certes, ceux-ci devaient, suivant moi, contribuer à l'expression des opinions et, par suite, à l'élection des députés qui, au sein des Assemblées, délibéreraient et voteraient des lois. Mais, pour que l'État soit, comme il le faut, l'instrument de l'unité française, de l'intérêt

supérieur du pays, de la continuité dans l'action nationale, je tenais pour nécessaire que le gouvernement procédât, non point du Parlement, autrement dit des partis, mais, au-dessus d'eux, d'une tête directement mandatée par l'ensemble de la nation et mise à même de vouloir, de décider et d'agir. Faute de quoi, la multiplicité des tendances qui nous est propre, en raison de notre individualisme, de notre diversité, des ferments de division que nous ont laissés nos malheurs, réduirait l'État à n'être, une fois encore, qu'une scène pour la confrontation d'inconsistantes idéologies, de rivalités fragmentaires, de simulacres d'action intérieure et extérieure sans durée et sans portée. Ayant vérifié que la victoire n'avait pu être acquise à la nation que grâce à une autorité qui surmontait toutes ses divergences et mesurant la dimension des problèmes que le présent et l'avenir lui posaient, je voyais que ma grande querelle consisterait, désormais, à la doter d'une République capable de répondre de son destin[1].

Le souvenir obsédant du 16 juin 1940

Depuis longtemps, de Gaulle pensait comme Paul Valéry que, pour gouverner, « il faut un moi ». Élevé dans le respect de la monarchie, il tendait spontanément à favoriser le renforcement de l'Exécutif. En matière institutionnelle comme dans d'autres domaines, il se méfiait des abstractions. L'Histoire constituait sa principale source de réflexion et d'inspiration, et ses leçons l'avaient convaincu que « la France n'avait été la France » que durant les périodes où l'État avait été puissant et servi par des hommes énergiques : Richelieu, Louis XIV, Napoléon ou Clemenceau. Longtemps, sa réflexion s'arrêta là. Il fallut juin 1940, et plus précisément cette terrible journée du 16, pour que de Gaulle conclût à la nécessité impérieuse de faire du président de la République non

1. Ch. de Gaulle, *Mémoires d'espoir, op. cit.*, p. 883-884.

seulement un rouage essentiel de l'Exécutif mais, pour reprendre ses mots, « le garant de l'essentiel » et de la continuité de l'État.

Envers Paul Reynaud, le Général, on l'a vu, fit toujours preuve, au moins en public, de déférence, de modération et d'équité. Pour juger l'attitude du président du Conseil au pouvoir au moment du désastre, il tenait compte d'abord du contexte dramatique et donc du formidable défi qu'il fallait relever, mais il n'oublia jamais de souligner la nocivité des institutions de l'époque[1]. « Il faut dire qu'au moment suprême le régime n'offrait aucun recours au chef du dernier gouvernement de la IIIe République[2]. » De Gaulle jugeait en particulier avec sévérité le président Albert Lebrun, qui « s'abstenait d'élever la voix, même au sein du Conseil des ministres, pour exprimer l'intérêt supérieur du pays[3] ». Le Général, convaincu que cet anéantissement de l'État constituait le fond du drame national, ne devait jamais oublier les heures sombres de Bordeaux, durant lesquelles il ne se trouva personne pour assurer la continuité nationale.

Cela est si vrai que, dès le 15 juin 1946, à Bayeux, en Normandie, dans un discours célèbre consacré « aux institutions qu'il faut à la France », le Général mit l'accent sur la nécessaire prééminence du chef de l'État. Pour lui, le président de la République, élu par un collège élargi, devait se situer au-dessus des contingences partisanes, un arbitre mais un arbitre très actif. Il lui revenait en particulier, dans son esprit, « la charge d'accorder l'intérêt général quant au choix des hommes avec l'orientation qui se dégage du Parlement[4] ». Surtout, point capital, le gouvernement procédait du vrai chef de l'Exécutif et non plus de la représentation nationale, comme l'avait établi la tradition républicaine depuis 1789. Dans ce discours fondateur, l'un des plus

1. Ch. de Gaulle, *Mémoires de guerre, L'Appel, op. cit.*, p. 70.
2. *Ibid.*
3. *Ibid.*
4. Charles de Gaulle, *Discours et messages*, t. II, Paris, Plon, Club français des Bibliophiles, 1970, p. 15.

célèbres qu'il prononça, de Gaulle prenait soin de proclamer son respect du principe de la séparation des pouvoirs. Il précisait aussi que le gouvernement devrait rester responsable devant la représentation nationale tout entière, c'est-à-dire les deux assemblées parlementaires. La rupture avec les systèmes pratiqués depuis la Révolution n'en était pas moins évidente. Elle n'échappa pas notamment à Léon Blum, qui agita le spectre du pouvoir personnel et affirma que le dernier mot devait être réservé à la Chambre issue du suffrage universel direct. Réaction à l'évidence passionnelle car Blum, dans *À l'échelle humaine*, venait d'évoquer le régime présidentiel comme l'une des solutions possibles du problème institutionnel français. Les habitudes étaient telles que les vieux républicains ne pouvaient apparemment se résoudre à remettre en cause le dogme consacré depuis si longtemps.

La hantise de ce qui s'était passé en juin 1940 habitait littéralement de Gaulle. En 1958, le 8 août, devant le Comité consultatif constitutionnel, présidé par Paul Reynaud, chargé de préparer la rédaction d'une nouvelle loi fondamentale, le Général reviendra donc à la charge — avec plus de succès car douze ans de régime d'assemblée et, au final, la menace d'une guerre civile avaient contribué à faire évoluer un peu les esprits. Pour l'essentiel, de Gaulle reprit l'argumentation développée douze ans plus tôt à Bayeux. À ses yeux, le chef de l'État devait être un arbitre au-dessus des pouvoirs et des conflits de pouvoirs, étant tout de même entendu que le chef du gouvernement, formellement, ne pouvait être renversé que par le Parlement. Pourtant, la nouvelle Constitution ne reprenait pas purement et simplement le discours de Bayeux : son article 14 (devenu par la suite article 16) prévoyait qu'en cas de crise grave, le fonctionnement régulier des institutions étant interrompu, le chef de l'État, après avoir avisé les présidents des assemblées et saisi le Conseil constitutionnel, se voyait reconnu les pleins pouvoirs pour une durée de six mois. Devant les membres du Comité consultatif constitutionnel, de Gaulle défendit calmement mais avec vigueur cette disposition selon lui capitale, et il en justifia le principe en faisant très explicitement allusion à ce qui s'était passé le 16 juin 1940. Pour lui, le président de la République, Albert Lebrun, s'était trouvé devant une sorte de vide juridique : il n'avait pu s'appuyer sur un texte précis lui donnant le pouvoir de transférer, avec lui, la légitimité nationale en Afrique du Nord afin de la placer hors d'atteinte des Allemands. Pour nourrir son argumentation, le Général cita même, de manière un peu surprenante, les propos d'Albert Lebrun durant la débâcle.

Fidèle à la conception parlementariste, Paul Reynaud, non moins calmement, formula alors de sérieuses objections aux projets du Général. Selon lui, aucune constitution ne pouvait prévenir des errements comparables à ceux du printemps de 1940 ; tout était affaire de caractère et de volonté : de Gaulle, évidemment, ne pouvait qu'être sensible à cette remarque mais il se montra inflexible. Les événements qui venaient de précéder son retour au pouvoir en juin 1958 lui donnèrent l'occasion de parfaire sa démonstration : c'est en faisant pression sur le Parlement, expliqua-t-il, autrement dit en appliquant l'article 16 avant la lettre, que le président René Coty avait réussi à mettre un terme à la crise du mois de mai 1958.

Finalement, le Général réussit à vaincre les réticences qui s'étaient manifestées quant à l'opportunité d'introduire cette disposition dans le texte fondamental. Depuis l'issue de la guerre, les esprits avaient évolué et l'on convint que l'article 16 n'aurait l'occasion d'être appliqué que dans des circonstances tout à fait exceptionnelles. De fait, il n'a été mis en œuvre qu'une seule fois en cinquante ans, d'avril à septembre 1961, au lendemain du putsch des généraux d'Alger.

✧

S'il n'avait été aussi choqué par les événements du 16 juin 1940, de Gaulle aurait-il eu l'idée de reconnaître au chef de l'État, en cas de force majeure, des pouvoirs exhorbitants du droit commun ? Sans doute pas. En ce sens, cette journée terrible, l'une des plus sombres de notre Histoire, aura bien contribué à « faire la France ». La proposition apparaît d'autant plus fondée que l'article 16, au-delà de sa portée pratique dans des éventualités très précises, est aussi symbolique du rôle nouveau et prépondérant dévolu au président de la République depuis 1958 et confirmé tant par les réformes constitutionnelles successives que par la pratique. Si la Révolution française a ouvert un cycle consacrant la prédominance du corps représentatif, de Gaulle allait en ouvrir un autre plus favorable à la prééminence de l'Exécutif et qui ne semble pas près de se refermer.

Extraordinaire paradoxe que cette République abandonnée, trahie, reniée le 16 juin 1940 puis le 10 juillet par tant de ses figures les plus notoires, et finalement sauvée puis maintenue par un militaire de tradition, réfractaire à l'idéologie républicaine officielle et souvent soupçonné de sympathies monarchistes ! La contradiction apparente était telle que beaucoup, dans la classe politique issue de la IIIe République, éprouvèrent longtemps de grandes difficultés à ne pas voir en de Gaulle un personnage ambigu et suspect. Jean Moulin et Pierre Mendès France, pour s'en tenir aux premiers rôles, se montrèrent à coup sûr lucides quant à l'orientation véritable du Général. Radicaux l'un et l'autre, ils voyaient bien que de Gaulle n'appartenait pas à leur mouvance, ne partageait ni leurs références ni même tous leurs objectifs. Mais tous deux s'accordaient à considérer le chef de la France libre comme un homme supérieur dont la clairvoyance sur l'essentiel ne faisait guère de doute. « Avant la guerre, notera Mendès France, vu des hommes politiques de réelle bonne volonté, bonne foi, intelligents, dévoués, etc. Certains d'un niveau supérieur : Blum, Herriot, Reynaud. Leur impuissance. La machine avait détruit le caractère. De Gaulle, un caractère, un homme[1]. »

1. Pierre Mendès France, *Œuvres complètes*, t. I, Gallimard, Paris, 1984, p. 700.

À Londres, pendant la guerre, tous les Français ne partageaient pas cette opinion. L'amiral Muselier, créateur des Forces navales françaises libres, également issu du courant radical, s'obstina à voir en de Gaulle un démocrate douteux, voire un apprenti dictateur. L'entourage du Général, où l'on comptait en effet quelques hommes venus d'une droite dure comme Claude Hettier de Boislambert, alimentait particulièrement les fantasmes de l'amiral. Pour Georges Gombault et son fils Charles, tous deux grands journalistes et très liés à Léon Blum, le chef de la France libre apparaissait comme l'exact clone du général Boulanger. Pierre Cot, enfin, proclamait en 1941 : « Je suis persuadé que le général de Gaulle ne se rend même pas compte qu'il est fasciste, mais je suis sûr qu'il l'est[1]. »

À l'époque, le milieu républicain traditionnel, attaché à la conception institutionnelle qui avait prévalu jusqu'en juin 1940, nourrissait de telles préventions contre de Gaulle que les esprits les plus lucides s'en trouvaient impressionnés. Dans un article célèbre, « L'ombre des Bonaparte », publié en 1943 à Londres, Raymond Aron parut s'alarmer lui aussi de certains penchants autoritaires du Général. « Anticipation et version française du fascisme » selon le philosophe, le bonapartisme constituait la cible avouée de l'article. Apparu pour remplir le vide laissé par la disparition des rois et l'impuissance du Directoire, le bonapartisme, tentation récurrente des Français depuis la fin de la Révolution, aurait toujours abouti, selon Aron, à des résultats catastrophiques pour le pays. La raison de l'échec était simple aux yeux de l'auteur : Napoléon Ier puis Napoléon III avaient tous deux escamoté la souveraineté du peuple dont ils prétendaient émaner, réduit les plébiscites à des farces et, finalement, « superposé l'arbitraire au chaos ». Aux deux empereurs vaincus et ayant entraîné la France dans la chute, Raymond Aron opposait le maréchal

1. Cité dans É. Roussel, *Charles de Gaulle*, *op. cit.*, p. 239.

Joffre qui, en septembre 1914, « ramena jusqu'à la Marne les troupes défaites en Belgique sans que le régime fût menacé ».

En réalité, par le biais d'une étude historique, l'auteur cachait mal qu'il visait de Gaulle, auquel pouvait s'appliquer la formule de Napoléon III mise en exergue à l'article : « La nature de la démocratie est de se personnifier dans un homme[1]. » Les fidèles de l'homme du 18-Juin d'ailleurs ne s'y trompèrent pas. Maurice Schumann, porte-parole de la France libre, dénonça « une mauvaise action ». Raymond Aron devait le reconnaître plus tard dans ses *Mémoires :* son article, s'il éclairait de vraies similitudes entre de Gaulle et Napoléon III, passait tout de même sous silence le fait, essentiel, que de Gaulle, par conviction et aussi pour rassurer les Anglo-Saxons durant la guerre, avait à l'avance limité son pouvoir. « À coup sûr, conclut Aron, il ne voulait pas restaurer la IIIe République. Les radicaux et les socialistes qui publiaient le quotidien *France* pressentaient avec raison que la République gaulliste ne ressemblait pas à celle des députés. Lorsqu'on était conscient des tares de cette dernière, pourquoi rejeter à l'avance cette perspective[2] ? » Si le philosophe fit ainsi rapidement la part des choses, beaucoup d'hommes politiques et d'intellectuels, à gauche mais aussi au centre et à droite, persistèrent à estimer que le Général n'était pas un vrai républicain. Les circonstances de son retour au pouvoir en 1958, son style de gouvernement très personnel de 1958 à 1969 ne contribuèrent pas à désarmer les censeurs. Il fallut en définitive de longues années avant que l'opinion quasi unanime consente à dire avec Maurice Agulhon que de Gaulle ne fut ni non républicain, ni antirépublicain mais républicain autrement[3]. Entre-temps, l'alternance avait conforté de manière décisive le régime né de la volonté du Général et autrefois objet de si furieuses attaques. Les spécialistes de la

1. Raymond Aron, *Chroniques de guerre. La France libre, 1940-1945*, Paris, Gallimard, 1990, p. 763-776.
2. R. Aron, *Mémoires*, *op. cit.*, p. 186.
3. Maurice Agulhon, *De Gaulle. Histoire, symboles, mythes*, Paris, Plon, 2000, p. 60.

psychologie collective établiront peut-être un jour la part de la mauvaise conscience dans l'attitude des républicains de la vieille école qui se montrèrent si réticents à reconnaître que la République, trahie le 16 juin 1940 par tant de ses desservants, fût finalement maintenue par un homme venu d'un tout autre horizon.

8

L'ÉTRANGE PROJET

Dans l'histoire de la défaite de 1940, le projet d'union franco-britannique du 16 juin reste un épisode un peu obscur. Les différents protagonistes l'ont évoqué, bien sûr, mais pour la plupart sous un angle de vue particulier. Étrangement, aucune des rares études consacrées à cette affaire n'apparaît complètement satisfaisante. Acteurs, témoins et historiens, tous ont paru s'accorder à estimer que cette proposition inouïe constituait une curiosité historique, une initiative certes sans précédent mais aussi sans lendemain, un artifice en somme destiné à affirmer une solidarité des deux principales démocraties occidentales à l'heure du plus grand péril, dans l'espoir de conjurer le destin et en tout cas de retarder au maximum l'échéance redoutée. Le projet a été la plupart du temps étudié dans sa dimension purement pratique, certes très problématique puisqu'il s'agissait purement et simplement de réunir deux pays possédant une histoire multiséculaire. La personnalité de Jean Monnet, principal promoteur de cette idée, a aussi contribué à entacher de passion le débat autour de ce point d'histoire.

On a beaucoup opposé le général de Gaulle et Jean Monnet. Les deux hommes, à l'évidence, étaient aussi différents que possible. Issu d'un milieu traditionaliste et catholique, de Gaulle vivait nourri d'histoire, l'autorité de l'État et la grandeur de la France demeurèrent ses soucis primordiaux ; dans ses méthodes, il subsista enfin toujours quelque chose de son métier — celui des armes. Tout autre apparaît Jean Monnet. Né en 1888 à

Cognac dans une famille typique de la bourgeoisie radicale, sans autre formation que celle acquise à l'école jusqu'à la première partie du baccalauréat, son horizon fut d'abord celui des affaires, en l'occurrence la marque de cognac familiale dont il assura la promotion en Amérique et en Europe de l'Est. Monnet, spontanément, pensait en termes de grands ensembles et il est de fait que sa conception supranationale de l'Europe déplaira au Général. Pour autant, on aurait tort d'accentuer l'antagonisme entre les deux personnages. « Ils m'ont parlé l'un de l'autre, toujours avec de l'agacement, mais avec une estime réciproque, cachée à beaucoup[1] », a écrit Paul Delouvrier, qui travailla avec eux, parfois simultanément.

Un homme à part

De Gaulle et Monnet étaient aussi tous deux des hommes de rupture mais chacun dans des registres différents. Le Général, on l'a dit, ne se métamorphosait en rebelle qu'au moment où l'ordre auquel il adhérait risquait d'être bafoué. Monnet, lui, cachait beaucoup plus son jeu. De prime abord, il incarnait le bourgeois français type : petite taille, léger embonpoint, visage rond, moustache bien taillée. Rien dans son aspect extérieur n'attirait spontanément l'attention, sauf son regard étonnamment scrutateur. Un jour, après la guerre, le préfet d'un département de l'Est envoya l'un de ses jeunes collaborateurs le chercher à la gare : « Vous ne pouvez pas rater M. Monnet, lui dit-il. Il ressemble à tout le monde. » Seuls ceux qui connaissaient son parcours savaient combien cet homme d'affaires, aussi à l'aise dans le Nouveau Monde qu'en Europe, se distinguait des autres représentants de son milieu.

1. *Témoignages à la mémoire de Jean Monnet*, Lausanne, Fondation Jean Monnet pour l'Europe, 1990.

Très vite, Jean Monnet eut sa légende. Dès septembre 1914, il entra dans le cercle magique — celui du pouvoir —, dont il ne devait jamais plus sortir. Alors que devant l'avance allemande le gouvernement français se trouvait replié à Bordeaux et que la bataille de la Marne n'était pas encore gagnée, le jeune négociant en eau-de-vie avait réussi à se faire recevoir par le président du Conseil Viviani et à le persuader de mieux coordonner l'effort de guerre avec la Grande-Bretagne. Il est vrai qu'il était arrivé avec une offre de collaboration des dirigeants de la très puissante Hudson Bay Company. Envoyé à Londres pour mener la tâche qu'il estimait nécessaire, Monnet s'y fit en tout cas remarquer par son efficacité et un grand sens de l'organisation. À la fin du conflit, ce Français provincial sans formation supérieure se retrouva ainsi secrétaire général adjoint de la Société des Nations et commença à être entouré d'une véritable aura. « Des étincelles de génie, témoignera Louise Weiss, allumaient des paillettes dans les yeux marron du petit Jean Monnet lorsque, mystérieux, vif et charmant, il tissait le réseau des influences qui, dès le départ, assurèrent à la Société une puissance remarquable. Ses négociations de guerre lui avaient ouvert les portes, et les coffres, des bastions financiers de la City, de Wall Street, des ports de Chine même. Les propriétaires de journaux le connaissaient, mais il glissait comme une couleuvre entre les plumes de leurs rédacteurs, préférant à des négociations publiques qui l'eussent emprisonné les libres suggestions de ses démonstrations particulières. Il avait sa manière. C'était un initié. Cette manière fascina bientôt le monde entier[1]. » Très tôt, Jean Monnet était devenu un homme d'influence possédant un clavier étonnamment large, surtout pour l'époque, puisqu'il allait des principaux dirigeants politiques français à l'élite financière londonienne et aux hauts fonctionnaires du Département d'État américain. Dès 1923, il avait quitté la SDN, dont il déplorait l'impuissance. Devenu vice-

1. Louise Weiss, *Mémoires d'une Européenne*, Paris, Albin Michel, 1971, p. 141.

président de Blair & Co., une firme d'investissement américaine très importante, il participa alors à des opérations financières de très haut niveau : la stabilisation du franc en 1926, celle du zloty, la monnaie polonaise, un an plus tard, celle du leu, la monnaie roumaine, en 1928. Peu après, il exerça son activité en Chine aux côtés de Tchang Kaï-chek en tant que conseiller financier.

À l'aise dans les différents milieux fort élitistes que ses affaires l'amenaient à fréquenter, Jean Monnet, pour autant, n'en accepta jamais les préjugés ou les codes. En France, son manque de formation classique le desservait et il ne compensait cette infériorité que par une connaissance de l'étranger peu banale à son époque et qui stupéfiait ses interlocuteurs. En Grande-Bretagne, même, s'il n'en était pas toujours très conscient, les classes dirigeantes se méfiaient de lui. Aux États-Unis, l'absence de formalisme dans les relations humaines créait un climat plus favorable à ses entreprises. Mais partout, jusqu'à la fin de sa vie, il resta un personnage hors normes, donc fatalement mystérieux, un « irrégulier » sans respect pour les titres et les positions sociales, indifférent aux honneurs. Sa vie privée atteste d'ailleurs un non-conformisme profond. Célibataire endurci jusqu'à la quarantaine, Jean Monnet, au début des années 1930, enleva soudain, et quasiment sous les yeux de son adjoint René Pleven, Silvia de Bondini, une très belle Italienne qui venait d'épouser un banquier italo-américain, associé de Blair & Co. Les choses se compliquèrent rapidement. Silvia, en effet, était mariée sous la loi italienne, qui, à cette époque, ne reconnaissait pas le divorce. Finalement, Monnet, pour sortir de l'impasse, décida d'aller se marier à Moscou en 1934. La loi soviétique, en effet, permettait alors une sorte de divorce unilatéral.

Si le cursus de Monnet fut rien moins que classique, on se tromperait pourtant en voyant en lui un pur pragmatique, un esclave de l'économisme. Edgar Faure, plus tard, le percevra bien : « On sous-estimait son élévation spirituelle et on surestimait ses capacités pratiques [...]. Ce n'était pas pour autant un rêveur, un contemplatif. Mais son efficacité n'était pas dans la gestion du concret. Elle tenait à son extraordinaire vertu de persuasion, à la concentration de toutes ses facultés intellectuelles et nerveuses vers l'effort de convaincre, de convertir [...]. On peut dire de lui qu'il fut, dans une large mesure, un visionnaire et par essence un maximaliste[1]. » Comme beaucoup, Jean Monnet mit un certain temps à trouver sa voie, à comprendre que seules les affaires publiques l'intéressaient. Dès son retour de Chine en 1936, il délaissa les affaires privées pour des missions d'intérêt général ; et c'est ainsi que Daladier en 1938 le chargea d'essayer, dans la plus grande discrétion, de procurer à l'armée française les avions qui lui faisaient si cruellement défaut. À Londres, dès l'ouverture des hostilités, il retrouva, on l'a vu, pratiquement les mêmes fonctions qu'il avait occupées vingt ans plus tôt. Depuis des années, il voyait venir la guerre, il sentait le danger que représentait le régime hitlérien. L'unité de l'Europe ne constituait pas alors sa préoccupation principale. Rien n'indique même qu'il ait suivi avec intérêt les efforts de Briand dans ce sens. Son expérience à Genève de 1920 à 1923 l'avait simplement convaincu que, sans pouvoir de contrainte sur les États, la Société des Nations constituait une coquille vide. Et ses voyages lointains, sa pratique des affaires l'avaient habitué à raisonner à une autre échelle qu'à celle des États. L'un des premiers, il avait aussi compris que les États-Unis jouaient depuis le premier conflit mondial un rôle majeur, prédit en son temps par Tocqueville. Pour autant, et contrairement à une idée reçue bien ancrée, il ne songeait nullement à nier l'importance des nations[2]. Rien de plus éloignée de sa pensée

1. Edgar Faure, *Mémoires*, t. II : *Si tel doit être mon destin ce soir*, Paris, Plon, 1984, p. 212-213.

2. Évoquant en 1950 l'Europe occidentale, la Grande-Bretagne et les États-Unis, piliers à ses yeux de l'équilibre du monde, il écrira : « Chacun de ces mondes a ses caractéristiques fondamentales dues à un long passé, à une histoire que les plus grands bouleversements ne peuvent effacer de l'esprit des hommes et peut-être surtout à l'influence qu'exerça sur les hommes le sol sur lesquels ils naissent : les constantes historiques des Gaulois et des Français, des Germains et des Allemands en sont une preuve évidente. La diversité européenne et l'Amérique qui apporte les vastes conceptions d'exécution et de

que l'idée d'imposer une civilisation mondiale uniforme. Chaque pays possédait selon lui un passé que l'on devait respecter. L'essentiel, à ses yeux, était et sera toujours de trouver des institutions susceptibles de faciliter une meilleure gestion des enjeux communs tout en assurant le maintien d'une diversité salutaire.

Ce qui caractérisait finalement Jean Monnet, en dehors de ses méthodes d'intervention très personnelles, c'était le regard neuf et libre qu'il portait sur les hommes et les choses. Parce qu'il avait vu le jour dans une région, la Charente, tournée vers l'extérieur et les échanges, parce que sa formation historique était sommaire, parce que son expérience, enfin, tant des affaires publiques que des affaires privées, l'avait habitué à raisonner à grande échelle, il ne s'arrêtait pas aux considérations qui, la plupart du temps, entravaient la réflexion des autres responsables. Sans doute, certaines réalités, culturelles notamment, pouvaient échapper à son intelligence, qui fonctionnait comme un laser. En ce sens, il représentait bien la vivante antithèse de De Gaulle dont tous les actes prenaient racine dans l'Histoire. Jean Monnet, lui, tenait compte des réalités pour avancer, mais il y eut toujours dans sa démarche la volonté de ne jamais céder à aucun déterminisme. Trop intelligent pour verser dans l'utopie, il poursuivait très sincèrement le rêve d'unir les hommes au-delà de leurs appartenances nationales et il n'hésitait pas à faire preuve de maximalisme lorsque ce choix tactique pouvait, à son estime, favoriser son but ultime. Telle fut, à l'évidence, sa tactique le 16 juin quand, après de longues heures d'efforts, il réussit à persuader de Gaulle et Churchill de cautionner l'extraordinaire projet d'union franco-britannique qu'il venait de mettre au point.

développement technique sont, parmi d'autres, l'expression de tempéraments que rien ne changera, que rien ne doit changer car c'est justement de la diversité de ces contributions multiples que le progrès naîtra, en fait naît chaque jour. » Fondation Jean Monnet pour l'Europe, Lausanne (désormais FJM), Archives de Jean Monnet, AMI 1/4/1, note du 3 mai 1950.

✧

Il faut revenir sur la genèse de cette proposition. Jean Monnet, comme il l'écrira dans ses *Mémoires*, pensait depuis plusieurs semaines que toute stratégie exclusivement nationale était dépassée : « Face à la tentative de domination nazie, la raison de combattre devait être évidente pour des hommes épris de liberté. Ce qui leur manquait c'était la conscience aiguë du danger mortel que faisait courir au monde la volonté d'hégémonie totale de Hitler. Au fond de chaque peuple et même de chaque individu, il y avait eu trop longtemps le sentiment que ce malheur lui serait épargné et qu'il s'en tirerait, lui, par ses propres moyens[1]. » Comme en 1914, le premier réflexe de Monnet avait été d'aller plus loin encore dans la voie d'une union étroite entre la France et la Grande-Bretagne. L'idée ne lui était pas propre. Depuis des semaines, on ne cessait de l'évoquer en Grande-Bretagne comme en France.

À Londres, le berceau du projet semble avoir été le Royal Institute for International Affairs, installé à Chatham House et dirigé par le grand historien Arnold Toynbee. Dès 1938, en liaison avec le Centre d'études de politique étrangère de Paris, la possibilité d'un rapprochement entre la France et la Grande-Bretagne avait été soumise à la réflexion de petits cénacles spécialisés, évoluant dans l'orbite des deux organismes. Rien de très formel, rien de très concret non plus. Les travaux, non publiés, paraissent avoir eu peu d'influence. Plus exactement, ils semblent avoir dormi dans des cartons jusqu'à la déclaration de guerre. En mars 1940, le projet redevint d'actualité à l'occasion d'un voyage à Paris de Toynbee. L'historien s'avouait hanté par la menace d'une Europe allemande et il pensait que seule une union poussée des Anglais et des Français pourrait lui faire échec. Dès son retour à Londres, Toynbee fit donc rédiger sous les auspices du Royal Institute for

1. Jean Monnet, *Mémoires*, Paris, Fayard, 1990, p. 17.

International Affairs un mémorandum intitulé « Acte d'association perpétuelle ». Le document prévoyait la création d'organismes communs aux deux pays pour la conduite des relations extérieures, une coopération économique poussée et un développement concerté des forces militaires. Cette fois, la proposition eut un écho incontestable. Au sein des milieux officiels, on se préoccupait de plus en plus de persuader les Français du soutien de la Grande-Bretagne dans la lutte contre l'Allemagne. Dès février 1940, l'ambassadeur britannique à Paris, Ronald Campbell, avait ainsi insisté pour qu'aucune opportunité ne fût négligée afin de convaincre les Français de l'effort de guerre anglais et de les persuader que la Grande-Bretagne resterait à leurs côtés après la guerre. Il s'agissait clairement pour les responsables britanniques de faire échec aux courants défaitistes et pacifistes qui se manifestaient en France. À la suite du mémorandum rédigé dans le cadre de Chatham House, il fut donc décidé de créer une commission, présidée par lord Hankey, consacrée aux problèmes relatifs à la coopération franco-britannique après la guerre. Le rapprochement nécessaire entre les deux pays fut aussi évoqué en termes particulièrement chaleureux et nets par le Premier ministre Neville Chamberlain, le 13 avril 1940, devant les Communes : « Je crois que, en pratique, la France et la Grande-Bretagne sont en train de combiner certains éléments essentiels de leur souveraineté pour leur bien commun. » En Grande-Bretagne, la perspective d'une union avec la France était alors si répandue que le 14 avril sir Orme Sargeant déclarait à Oliver Harvey, ministre conseiller à Paris : « On peut dire que nul ministre n'ouvre la bouche aujourd'hui sans faire quelque allusion à ce sujet[1]. »

Du côté français, le soutien à une telle union venait plutôt des milieux intellectuels et de la presse. Des personnalités aussi

1. Cité par Frédéric Oberson, *Le Projet d'union franco-britannique du 16 juin 1940*, mémoire de DEA en sciences politiques, université de Paris-II, 1993, p. 130.

diverses qu'André Siegfried, René Maheu, Jean de Pange, le professeur de droit international Georges Scelle ou l'ancien ministre du Front populaire Pierre Cot militaient en ce sens.

L'aggravation de la situation militaire à partir de la seconde quinzaine du mois de juin favorisa évidemment l'émergence du projet. On peine à en retracer la genèse exacte tant les sources se révèlent multiples et souvent contradictoires. Un fait est avéré : Jean Monnet joua un rôle majeur dans toute l'affaire. Dès son arrivée à Londres en 1939, il avait regretté la disparition des organismes de coopération créés vingt ans plus tôt sous son impulsion. Et il lui semblait de plus en plus opportun de lancer une initiative spectaculaire attestant la solidarité entre la France et la Grande-Bretagne face à l'Allemagne nazie. Dès le 20 mai, il envoya conjointement à Reynaud et à Churchill une note dans laquelle il exprimait sa crainte de voir Hitler diviser la Grande-Bretagne et la France. Pour lui, il fallait impérativement déjouer ce plan en affirmant solennellement l'indissolubilité des liens entre les deux pays : leurs ressources devaient être « opposées conjointement comme une seule force » : « Si la pensée stratégique anglaise se met à rechercher comment l'Angleterre ou l'Empire britannique pourraient se défendre dans le cas où la France serait éliminée ou si la pensée française commence à se demander si une paix moins onéreuse ne pourrait pas être négociée avant que les armées françaises ne soient chassées de leurs nouvelles lignes de défense et peut-être détruites, alors les Allemands auront atteint leurs objectifs[1]. » À l'appui de sa démonstration, Monnet avançait un argument de poids dont les mois à venir allaient confirmer la pertinence : la capacité de production presque illimitée des États-Unis pouvait devenir la source principale de ravitaillement des Alliés. Probable à terme, l'intervention des Américains constituait un facteur décisif pour l'issue du conflit. Encore fallait-il, pour venir à bout des isolationnistes, que l'Angleterre et la France

1. FJM, Archives de Jean Monnet, AME 4/8/6.

attestent leur volonté de se battre. « En vertu d'un raisonnement parallèle à celui qui avait conduit l'Angleterre à réserver ses forces pour sa propre défense, les États-Unis seraient amenés à faire de même. La perspective de l'intervention américaine, dont tout dépend, disparaîtrait ainsi de façon définitive [1]. »

Comme à son habitude, Monnet mit à partir de ce moment toute son énergie à faire triompher le projet qu'il avait fait sien. Ses fonctions à Londres lui donnaient une position stratégique, confortée encore par son large réseau de relations personnelles. Et, comme il le fera jusqu'à la fin de sa vie, il revint sans cesse à la charge, développa son argumentation au risque de paraître se répéter. Le 6 juin, dans une lettre privée, il adjura Churchill d'engager toutes les forces aériennes britanniques dans la bataille de la France. Sans doute savait-il alors que le Premier ministre, alerté par les manœuvres des défaitistes du gouvernement Reynaud, songeait d'abord à ménager ses hommes et ses appareils ; mais, en ce moment crucial, l'essentiel à ses yeux était de ne pas laisser se fissurer l'alliance. « La victoire ou la défaite, concluait-il, peuvent dépendre de la décision immédiate d'utiliser dans la bataille présente nos forces en matériels et nos pilotes comme une seule force ; si cela devait exiger l'unification des commandements de ces deux armées de l'air, ce problème devrait dans mon opinion être considéré et considéré maintenant [2]. » Monnet ne parlait pas encore d'union plus complète entre les deux pays, mais l'idée déjà paraissait sous-jacente dans son argumentation.

Le 9 juin 1940, quand Charles de Gaulle effectua sa première visite à Londres, Jean Monnet comprit tout de suite que le nouveau sous-secrétaire d'État à la Guerre pourrait se révéler pour lui un allié. S'il avait connu à ce moment l'attachement du Général au principe intangible de la souveraineté nationale, sans doute se serait-il montré plus circonspect, mais, dans le drame qui se

1. *Ibid.*
2. *Ibid.*, AME 4/9/7.

jouait, seule comptait pour lui sa formidable énergie, sa volonté de ne pas baisser les bras. Toujours remarquablement informé, Monnet pressentit d'emblée quelle impression favorable avait produite de Gaulle en haut lieu et, dès le 10, il téléphona à son représentant à Paris, le capitaine Simon, pour le prier d'informer de ce fait nouveau Roland de Margerie, collaborateur de Paul Reynaud : « Entre de Gaulle et Churchill, dit-il à Simon, des relations confiantes et personnelles se sont établies. Il s'agit de les exploiter[1]. »

Une portée symbolique

En attendant, du côté britannique, la perspective d'un rapprochement très poussé entre l'Angleterre et la France faisait son chemin dans les milieux dirigeants, au moins parmi les responsables les plus conscients des enjeux. Monnet en eut la preuve le 12 juin lorsqu'il reçut, vraisemblablement par l'intermédiaire d'Emmanuel Monick, une note de John Maynard Keynes destinée au chancelier de l'Échiquier. Le célèbre économiste, qui ne s'était pas toujours fait remarquer par sa francophilie, plaidait cette fois en faveur d'une union très étroite entre les deux démocraties en lutte contre l'Allemagne nazie. Pour rassurer les Français, entretenir leur ardeur, Keynes proposait que Churchill fît sans tarder une déclaration solennelle allant dans le sens suivant :

> Dans cette guerre pour sauver la civilisation, ceux qui se battent sur le front doivent savoir qu'ils seront aidés sans réserve par toutes les ressources de ceux qui se sont joints à leur combat. L'association de la Grande-Bretagne et de la France sera appliquée à toutes les sphères matérielles aussi bien que militaires. Je proposerai à M. Paul Reynaud que toutes les ressources et toutes

1. *Ibid.*, notes du capitaine Simon.

> les sources productives de chaque pays soient à la disposition de l'autre durant la guerre pour la gagner et après le conflit pour réparer les destructions et dommages causés. Aucune question ne devrait se poser sur le montant des dettes des Alliés les uns envers les autres. Tout est donné librement pour la cause commune maintenant et plus tard [1].

Monnet, qui avait croisé Keynes dans les coulisses de la conférence de la Paix en 1919, était un partisan résolu de ses théories. Très impressionné par le *New Deal* de Roosevelt, il croyait au rôle de l'État et, comme l'auteur de la *Théorie générale*, il était persuadé que l'on s'acheminait vers une guerre totale, impliquant des solutions neuves, en particulier sur le plan financier. Cette perspective, Keynes venait d'ailleurs de l'esquisser dans une autre note adressée au chancelier de l'Échiquier. Il préconisait notamment une politique spectaculaire comprenant un pool complet de l'or, des valeurs et de la balance courante du commerce dans les empires britannique, français, hollandais et belge, ainsi que l'établissement rapide d'un contrôle des changes uniforme entre cette zone et le reste du monde. On peut donc penser que Monnet se montra très réceptif aux suggestions de l'économiste et même que sa réflexion en fut nourrie. Celui que de Gaulle, beaucoup plus tard, appellera « l'Inspirateur » fut peut-être inspiré en la circonstance, en tout cas partiellement.

Jean Monnet ne doutait pas le moins du monde du bien-fondé de ses idées. Lorsqu'il était engagé dans de tels combats, sa détermination n'accusait aucune faiblesse. Pour lui, il s'agissait maintenant de formuler des propositions précises et, surtout, de les faire accepter par les hommes en charge des affaires publiques. Le 13 juin, Desmond Morton, secrétaire de Churchill, vint le voir et souligna un point capital : « Vous avez essayé de convaincre M. Churchill d'étudier nos projets mais vous n'êtes pas le Pre-

1. *Ibid.*, AME 3/3/4.

mier ministre de la France. M. Churchill écoutera un homme qui aura des responsabilités au sein du gouvernement britannique. M. Chamberlain est respecté par M. Churchill. Il faut essayer de le persuader[1]. » Monnet, conscient de la nécessité de ne pas perdre de temps, suivit le conseil de Morton. Il ne connaissait guère Chamberlain, devenu Lord Chancelier dans le gouvernement de Churchill ; en revanche, il était en termes amicaux avec son chef de cabinet, sir Horace Wilson. Par l'intermédiaire de ce dernier, Monnet pouvait espérer agir au plus haut niveau.

Le 13 juin, avant même d'avoir vu Wilson, Jean Monnet se mit à rédiger en compagnie de son ami, l'économiste sir Arthur Salter, une note exposant la proposition d'union. Il était encore un peu tôt pour suggérer des mesures tout à fait appropriées. Monnet s'efforça plutôt d'exposer avec clarté les enjeux en question et de démontrer que les États-Unis seraient plus enclins à aider deux pays étroitement solidaires plutôt que deux États combattant en ordre dispersé. « Il devrait y avoir, concluait le document, une déclaration dramatique des deux gouvernements sur la solidarité d'intérêts des deux pays, sur leurs engagements éventuels de restaurer ensemble les régions détruites, indiquant aussi que pour toute la conduite de la guerre, les deux gouvernements fusionnent et constituent un seul cabinet, avec la réunion des deux Parlements. » Le texte constituait seulement un document de travail qui ne devait pas être transmis en l'état aux responsables politiques.

Le 14 juin, alors que la situation militaire ne cessait d'empirer, Monnet rencontra sir Horace Wilson, vite rallié à ses vues. Vers minuit, ils conférèrent de nouveau en compagnie de David Marguesson, « Whip » (chef de file) du Parti conservateur qui, sans succès, essaya de convaincre lord Halifax, secrétaire au Foreign Office, on l'a vu, et pacifiste avéré. Mais, entre-temps, Wilson avait agi auprès de Chamberlain et celui-ci réussit à persuader

1. J. Monnet, *Mémoires, op. cit.*, p. 20.

Churchill de soumettre le projet au Conseil des ministres du lendemain. Restait à mettre au point le texte de concert avec le secrétaire permanent du Foreign Office, sir Robert Vansittart, que l'on alla quérir dans sa retraite campagnarde où, nonobstant la situation, il passait le sacro-saint week-end. En sa compagnie, Monnet, Morton, Salter et Pleven se mirent à la tâche toutes affaires cessantes. Ainsi fut rédigé le projet d'une union indissoluble. « Chaque Français, chaque Anglais, écrit Jean Monnet, jouirait dans chaque pays de tous les droits des citoyens. Une union douanière serait créée ainsi qu'une monnaie unique. Les dommages subis par les deux pays seraient réparés solidairement[1]. »

Churchill, quand le texte lui fut soumis le 15 au cours d'un déjeuner au Carlton Club, ne put cacher sa surprise. Pour un homme tel que lui, nourri d'histoire, passionnément attaché à son pays et à sa grandeur, pareille proposition équivalait presque à un sacrilège. Son premier réflexe consista donc à opposer son veto au texte qu'on lui avait soumis : « Je posai un certain nombre de questions qui étaient des objections et je ne fus nullement convaincu[2]. » Dans l'après-midi, l'affaire fut toutefois évoquée à la fin d'une longue séance du cabinet de guerre ; et, au grand étonnement du Premier ministre, une large majorité se dégagea, soucieuse d'examiner le projet dès le lendemain. Pour les ministres britanniques, l'essentiel, en ces heures tragiques, était d'aider Paul Reynaud à tenir ; en ce sens, tout devait être tenté, même l'impossible. Décontenancé, Churchill se rallia finalement à cette position : l'homme de toutes les audaces pouvait difficilement en ces circonstances adopter une attitude frileuse.

Du propre aveu de Churchill, c'est néanmoins Charles de Gaulle, arrivé à Londres au matin du 16 juin, qui le persuada véritablement de cautionner la proposition. Le 13 juin, le capitaine Simon s'était rapproché du sous-secrétaire d'État à la

1. *Ibid.*, p. 21.
2. W. Churchill, *L'Heure tragique*, *op. cit.*, p. 216.

Guerre pour lui faire part de « l'impression profonde produite par son passage à Londres et le souhait que l'on formait là-bas et que formait personnellement Jean Monnet qu'il y retournât le plus tôt possible[1] ». De Gaulle avait répondu que telle était bien son intention et, de fait, le matin du 16 juin, arrivant de Brest après un éprouvant voyage, il se trouvait au Hyde Park Hotel. Il n'avait pas encore terminé sa toilette que Monnet vint l'y rejoindre sans tarder, en compagnie de l'ambassadeur de France Charles Corbin. Le Général n'avait pas besoin d'être convaincu du caractère tragique de la situation. Monnet et Corbin insistèrent néanmoins sur le risque de voir la Grande-Bretagne accepter que la France puisse envisager un armistice. Un « coup de théâtre » était nécessaire, selon eux, pour changer le cours des événements, et telle serait justement la fonction de l'annonce projetée. Rapidement, le Général se laissa convaincre par des raisons très précises, évoquées dans ses *Mémoires de guerre* :

> J'examinai le texte qui m'était apporté : il m'apparut aussitôt que ce qu'il avait de grandiose excluait, de toute manière, une réalisation rapide. Il sautait aux yeux qu'on ne pouvait, en vertu d'un échange de notes, fondre ensemble, même en principe, l'Angleterre et la France [...] Mais, dans l'offre que le gouvernement britannique adressait au nôtre, il y aurait une manifestation de solidarité qui pourrait revêtir une réelle signification. Surtout, je pensai, comme MM. Corbin et Monnet, que le projet était de nature à apporter à M. Paul Reynaud, dans la crise ultime où il était plongé, un élément de réconfort et, vis-à-vis de ses ministres, un argument de ténacité[2].

Sans se faire prier et sur-le-champ, de Gaulle accepta donc de défendre le projet auprès de Churchill. L'occasion allait vite se présenter, puisque le programme du sous-secrétaire d'État à la

1. FJM, Archives de Jean Monnet, notes du capitaine Simon.
2. Ch. de Gaulle, *Mémoires de guerre, L'Appel, op. cit.*, p. 66.

Guerre prévoyait un déjeuner au Carlton Club avec le Premier ministre et l'ambassadeur de France. Au cours de ce repas, auquel Monnet niera avoir participé bien que de Gaulle ait prétendu le contraire, Churchill apparut définitivement convaincu. Présenté par Jean Monnet, le projet l'inquiétait parce qu'il semblait à la fois peu susceptible de réalisation imminente et entaché d'utopie. Défendu par de Gaulle, il prenait une autre allure : celle d'un expédient, de portée essentiellement tactique et n'engageant guère l'avenir. Dans ces conditions, Churchill était prêt à le défendre.

À l'heure, le Conseil se réunit de nouveau au 10 Downing Street. « Le texte du document passa de main en main et chacun le lut avec une profonde attention, écrira Churchill. Toutes les difficultés sautaient aux yeux, mais en définitive une déclaration d'union sembla rallier l'approbation générale. Je déclarai que mon premier sentiment avait été contre ce projet, mais que, d'autre part, dans cette crise, nous ne devions pas nous laisser accuser de manquer d'imagination. Une déclaration de caractère dramatique était évidemment nécessaire pour maintenir les Français dans la lutte[1]. » La décision de principe étant prise, il restait à établir la version définitive de la proposition. Cette ultime mise au point fut menée promptement ; de Gaulle, Corbin et Pleven se tenaient dans le bureau de Morton, jouxtant la salle où se réunissait le cabinet de guerre. À plusieurs reprises, Churchill sortit de la pièce pour consulter les Français. Une formulation acceptable finit par être trouvée. Sans dissimuler son hostilité initiale au projet d'union, le Premier ministre emporta l'adhésion des membres du cabinet en soulignant que, dans l'épreuve, il fallait faire preuve d'audace. Unanime, le cabinet de guerre britannique approuva donc le texte suivant :

> À cette heure si grave dans l'histoire du monde moderne le gouvernement du Royaume-Uni et la République française se

1. W. Churchill, *L'Heure tragique*, *op. cit.*, p. 219.

déclarent indissolublement unis et inébranlablement résolus à défendre en commun la justice et la liberté contre l'asservissement à un système qui réduit l'humanité à la condition de robots et des esclaves.

Les deux gouvernements déclarent que la France et la Grande-Bretagne ne seront plus, à l'avenir, deux nations, mais une Union franco-britannique.

La constitution de l'Union comportera des organisations communes pour la défense, la politique extérieure et les affaires économiques.

Tout citoyen français jouira immédiatement de la citoyenneté en Grande-Bretagne, tout sujet britannique deviendra un citoyen de la France.

Les deux pays supporteront en commun la répartition des dommages de guerre, quel que soit le lieu où ils se sont produits, et les ressources de l'un et de l'autre seront également, et comme un tout unique, employées à cet effet.

Pendant le cours de la guerre, il n'y aura qu'un seul cabinet de guerre et toutes les forces de la Grande-Bretagne et de la France, soit sur terre, soit sur mer, et dans les airs, seront placées sous sa direction. Il siégera là où il jugera pouvoir le plus utilement gouverner. Les deux parlements fusionneront officiellement. Les nations qui forment l'Empire britannique constituent déjà de nouvelles armées. La France maintiendra ses forces disponibles sur terre, sur mer et dans les airs. L'union fait appel aux États-Unis et leur demande de renforcer les ressources économiques des Alliés et d'apporter à la cause commune l'aide de leur puissant matériel.

L'Union concentrera toutes ses énergies contre la puissance de l'ennemi, où que se livre la bataille.

Et ainsi nous vaincrons.

Comme l'a fait observer René Pleven, ce texte, fruit d'âpres négociations de dernière minute, apparaissait moins précis que celui qui était sorti des discussions avec Vansittart[1]. Alors que le document proposé au gouvernement britannique au début de la

1. FJM, Archives de Jean Monnet, AME 8/2/6.

réunion prévoyait une réalisation immédiate de l'union par le biais d'une déclaration solennelle des deux parlements nationaux, la version définitive ne fixait pas d'échéance précise. L'idée de rédiger, après la paix, une constitution de l'union franco-britannique avait aussi été abandonnée. Si elle conservait l'essentiel des dispositions initiales, à commencer par la création d'une citoyenneté commune, la déclaration projetée par le cabinet britannique se voulait de tonalité moins offensive. Elle n'en avait pas moins un sens très différent pour plusieurs des parties prenantes de l'accord.

✧

Du côté britannique, personne ne semble avoir pensé une seule minute que la déclaration d'union pouvait être suivie d'effet. Ceux qui avaient été associés à sa rédaction étaient restés sur la ligne définie au départ : il s'agissait d'adresser un signal fort aux Français, de les encourager à résister et à demeurer unis en les assurant de la totale solidarité des Britanniques. Cela paraît si vraisemblable qu'aucune disposition pratique ne semble avoir été prise pour donner un contenu réel à la déclaration. Au soir de cette journée éprouvante, sir John Colville, l'un des collaborateurs les plus proches de Winston Churchill, s'aperçut même en dînant à son club en compagnie d'un ami que, dans la confusion, on avait totalement oublié de donner un nom à la nouvelle entité internationale théoriquement prévue. Sans grande conviction, Colville proposa de l'appeler « Frangland », ce qui, par chance, fut tout de suite oublié[1]...

Le projet d'union franco-britannique apparaît donc, vu de Londres, comme le point culminant d'une politique visant depuis la déclaration de guerre en 1939 à donner des preuves de soutien aux Français afin de conforter leur moral et leur volonté de résis-

1. Churchill College (Cambridge). John Colville Diaries, 18 juin 1940.

tance. Non seulement personne dans la capitale britannique n'a jamais cru possible d'unifier les deux pays, surtout en si peu de temps, mais nombre de responsables, notamment autour du secrétaire au Foreign Office lord Halifax, n'éprouvaient qu'une sympathie très limitée pour leurs « alliés ». De toute manière, depuis le milieu du mois de mai environ, quand les effets de l'offensive allemande commencèrent à se faire sentir, les Anglais n'avaient plus grande illusion sur la capacité — et surtout la volonté — de résistance des Français. Dès le 18 mai, Churchill avait confié au général Ismay : « Il ne faut pas oublier que des conditions de paix très avantageuses pourraient être faites aux Français et que le poids de la guerre peut retomber sur nos épaules. »

Dès ce moment, la stratégie britannique fut envisagée dans la perspective d'une « certaine éventualité » : en clair, la défection des Français. En attendant l'intervention des États-Unis, il s'agissait de résister le plus longtemps possible sans jamais oublier la dimension mondiale du conflit.

Du côté français, le général de Gaulle se trouvait à peu près sur une ligne identique à celle de Churchill : pour lui, la proposition n'avait qu'une portée tactique et un aspect purement instrumental. Le plus étonnant, compte tenu de ses convictions profondes, vient de ce qu'il ait finalement cautionné ce projet. Plus le temps passait, plus il regretta en tout cas d'avoir été entraîné dans une pareille aventure. D'où un ressentiment grandissant envers Jean Monnet. « L'Inspirateur, dira-t-il lors d'une conférence de presse en 1953, croyait que l'on pouvait intégrer le roi Georges VI avec le président Lebrun, la Chambre des lords avec le Sénat, la Home Guard avec la Garde républicaine[1]. » Dans un entretien accordé à Henri Amouroux et dont le contenu ne sera révélé qu'une semaine après sa mort en 1970, il se montra plus véhément encore : « Je suis allé à Londres le 16. D'abord, dans la journée,

1. Cité dans *Le Monde* du 19 mars 1979.

j'ai essayé de monter un coup avec Churchill. C'était l'histoire de l'union intime entre la France et l'Angleterre. Ni Churchill ni moi n'avions la moindre illusion. C'était un prétexte pour donner à Reynaud la possibilité de gagner du temps, peut-être de partir pour l'Afrique du Nord. C'était un mythe, inventé comme d'autres mythes par Jean Monnet[1]. » Paul Reynaud ne s'exprima jamais ainsi mais rien n'indique que, si favorable qu'il ait été à la proposition britannique, il en ait jugé l'immédiate réalisation possible. « Quel spectacle grandiose eût été l'entente ! », écrira-t-il simplement à Raoul Dautry, le 4 septembre 1940, en constatant l'aide apportée alors par les États-Unis à la Grande-Bretagne[2].

Le point de vue de Jean Monnet était différent. À ceux qui par la suite l'interrogeaient sur cette union mort-née, il répondait toujours par une boutade : « Si l'on avait essayé, cela aurait peut-être marché. » Mais, pas plus que d'autres, il ne se faisait d'illusion. Il savait que l'on ne raye pas des siècles d'histoire en signant un accord. En réalité, la portée symbolique du projet primait à ses yeux. « Si le gouvernement de M. Paul Reynaud avait accepté cette offre, je ne sais pas si cela aurait sauvé ou non M. Paul Reynaud, dira-t-il à l'historien britannique John Cairns en 1961, mais cela aurait introduit dans le conflit un élément moral durable qui faisait défaut[3]. »

Churchill et de Gaulle n'appuyèrent momentanément le projet que pour franchir une passe difficile. Monnet, lui, déjà, songeait à la phase suivante du conflit, c'est-à-dire à l'affrontement, selon lui inévitable à terme, entre les forces de l'Axe et celles de la Liberté. Comme de Gaulle et Churchill, il estimait que l'intervention de la puissance américaine constituait un facteur décisif. La différence de perspective entre Monnet et les deux autres protagonistes de l'affaire n'en était pas moins réelle. Churchill

1. Cité par H. Amouroux, *Le 18 Juin 1940, op. cit.*, p. 361.
2. AN, 74 AP 22.
3. FJM, Archives de Jean Monnet, interview de J. Monnet par J. Cairns. 1961.

et, plus encore, de Gaulle estimaient que l'État national, pleinement souverain, ne pourrait jamais être dépassé, du moins à vue humaine. S'ils encouragèrent, après la guerre, une union des peuples d'Europe, il n'était pas question pour eux de renoncer à la moindre prérogative pour leurs pays respectifs : le rapprochement devrait se faire par la voie de la coopération entre gouvernements. Tout autre allait se révéler la méthode employée par Jean Monnet à partir du 9 mai 1950, date à laquelle il proposera à Robert Schuman la création de la première Communauté européenne, celle du charbon et de l'acier : pour lui, il s'agissait d'amener les États à renoncer à une partie de leurs compétences, dans un domaine limité mais hautement symbolique et, sur ces bases nouvelles, d'essayer de construire un nouvel ensemble géopolitique mis à l'abri des conflits d'autrefois.

Jean-Baptiste Duroselle, qui aida Jean Monnet à préparer ses *Mémoires*, jugeait « invraisemblable » le projet d'union franco-britannique du 16 juin 1940. Comment lui donner tort ? La proposition, sur le plan concret, n'avait aucune chance d'aboutir. Si on la rapproche d'autres entreprises de Jean Monnet après 1945, elle frappe même par son irréalisme. Son importance est dans l'ordre du symbole. Censée avoir eu pour fonction d'aider Paul Reynaud à traverser un moment crucial, elle annonçait en réalité des temps nouveaux, ceux de l'interdépendance et des souverainetés partagées.

ÉPILOGUE

La France, au long de son histoire, a connu bien des heures sombres marquées par la défaite, souvent l'occupation d'une partie du pays. Au XIXe siècle, les deux empires déclinèrent malheureusement ainsi. En juin 1815, Napoléon Ier, vaincu par une Europe coalisée contre lui, laissa une France amoindrie. En septembre 1870, au terme d'une guerre imprudemment engagée, Napoléon III connut semblable infortune. Dans l'aventure, les Français perdirent deux provinces, l'Alsace et la Lorraine ; ils ne recouvrèrent souveraineté et liberté qu'après avoir subi durant de longs mois la présence des troupes prussiennes dans de nombreux départements, réglé une très forte indemnité aux vainqueurs, affronté l'épreuve de la guerre civile quand la Commune de Paris s'insurgea contre le gouvernement provisoire présidé par Thiers et installé à Versailles.

Bien différente, et surtout plus grave encore, apparaît la débâcle rapide, humiliante et dévastatrice du printemps de 1940, dont le 16 juin marqua l'aboutissement. Cette fois, non seulement la plus grande partie du territoire national se trouvait soumise à la loi d'un ennemi implacable, animé par une idéologie totalitaire et raciste, mais la France entière semblait frappée de léthargie, comme assommée par ce désastre que seuls quelques esprits lucides avaient su pressentir. Certes, dans les semaines qui ont suivi le début de l'offensive allemande de mai, les actes de courage et d'héroïsme n'ont pas manqué. « Le sacrifice des spahis le 15 mai 1940 à La Horgue, près de Poix-Terron, vaut celui des cuirassiers de Reichshoffen », note Jean-Louis Crémieux-Brilhac[1]. En dehors des unités d'élite ou des professionnels de la guerre, on a vu aussi des soldats se comporter magnifiquement lorsqu'ils avaient la chance d'être bien commandés. Trop fréquemment, hélas, l'encadrement se montra déficient, non point tant d'ailleurs par manque de résolution que du fait de la stupeur dans laquelle le plongeaient la tactique et les armes d'un adversaire rompu aux techniques les plus modernes. *In extremis*, entre le 25 mai et le 5 juin, un sursaut des troupes françaises se manifesta un peu partout ; de Gaulle remporta alors à Montcornet et à Abbeville de vrais succès à la tête de ses blindés ; mais cet élan retomba vite car déjà les milieux officiels évoquaient la perspective d'un armistice. Après juin 1940, civils et militaires se défendirent comme ils purent et s'accusèrent mutuellement d'avoir préparé le désastre par incompétence, négligence ou inconscience. Édouard Daladier, dont le manque d'autorité à la tête du gouvernement au tout début du conflit avait été dénoncé, fit valoir, non sans motifs, les efforts qu'il avait déployés tardivement pour réarmer le pays, le doter en particulier d'une aviation de guerre moderne. Le général Gamelin, à en croire Roland de Margerie, n'avait pas cru à la réalité de l'offensive allemande du mois de mai et pensait alors que l'Italie se rangerait en définitive aux côtés de la France. Il prétendit pourtant que, sans la fatale décision de Paul Reynaud, qui, le 20 mai, l'avait privé de son commandement, il eût sauvé le pays. « Si le général Joffre avait été relevé de ses fonctions après Charleroi, ira-t-il jusqu'à écrire, la France eût-elle gagné la bataille de la Marne[2] ? » Dérisoires querelles. L'historien allemand Karl Heinz Frieser a sans doute mis

1. J.-L. Crémieux-Brilhac, *les Français de l'an 40*, *op. cit.*, t. II., p. 631.

2. Hoover Institution (Stanford CA), Fonds Gamelin. « Document d'une extrême importance et qui éclaire d'un jour nouveau les événements qui se sont déroulés en France et en Belgique au mois de mai 1940 ».

en lumière les lourdes erreurs d'appréciation de l'état-major français — qui avait jugé opportun, par exemple, de poster les meilleures unités très au nord, laissant ainsi dégarnis d'autres secteurs ; mais, en dernière analyse, on doit bien constater que le Haut Commandement avait été choisi par le pouvoir civil, d'où l'impression, ressentie du reste par tous les témoins, d'un effondrement généralisé[1].

À l'étranger, cette chute brutale de la France devait avoir des conséquences profondes et durables. Pour se faire une idée de l'état d'esprit des dirigeants américains face à cet événement, il faut lire la correspondance de Franklin Roosevelt avec son ami et ambassadeur à Paris, William Bullitt : les deux hommes s'avouent littéralement stupéfiés par la déroute française[2]. Roosevelt, à l'encontre de ce que l'on affirme régulièrement, connaissait bien la France. Dans sa jeunesse, il y avait fait de multiples séjours et en parlait la langue. Jamais il n'allait oublier les événements de juin 1940. En Grande-Bretagne, le choc suscité par cette défaite allait se révéler plus grand encore. Lord Hankey, chargé, on le sait, d'étudier l'éventualité d'une union plus étroite avec Paris après la guerre, ne dissimula guère son profond pessimisme quant à l'avenir des relations entre les deux pays. La France, à ses yeux, était minée par le communisme — sa défaite n'avait pas d'autres causes — et il convenait de la tenir à distance. Lord Halifax, le très pacifiste secrétaire au Foreign Office, se montra encore plus réservé à l'égard de l'ancien allié : pour lui, la meilleure solution consistait à se rapprocher des États-Unis[3]. Sans le soutien de Churchill et la sympathie active d'Anthony Eden, successeur d'Halifax à la tête de la diplomatie britannique, la cause de la France libre n'aurait pas eu pendant la guerre beaucoup de défenseurs outre-Manche.

1. Karl Heinz Frieser, *Le Mythe de la guerre éclair*, Paris, Belin, 1995.
2. Bullitt Orville (éd.), *For the President : Personal and Secret Correspondence between FDR and William C. Bullitt*, Boston, 1973.
3. Cité par Robert Frank, *La Hantise du déclin*, Paris, Belin, 1994, p. 260-261.

Les Français, abasourdis par la débâcle, en proie à des difficultés matérielles considérables, inquiets pour le sort des prisonniers de guerre retenus en Allemagne, mirent sans doute plus de temps à prendre conscience du déclassement de leur pays. Si l'on reconnaît maintenant que Pétain a finalement bien peu protégé la population contre l'occupant, il n'est pas douteux que son prestige, incontestable en 1940, a contribué à faire écran entre les Français et les terribles réalités de l'heure. Le Maréchal faisait figure d'homme providentiel, y compris parmi les résistants. On s'accrochait, au moins au début, à l'idée qu'il évitait le pire, qu'il faisait de son mieux en attendant des jours meilleurs. « Êtes-vous plus français que lui ? » demandait habilement la propagande officielle du régime. Dans une large mesure, ce discours insidieux porta et la population ne commença à changer d'avis qu'après le débarquement allié en Afrique du Nord en novembre 1942 quand les occupants, maîtres du pays, édictèrent des mesures comme le Service du travail obligatoire en Allemagne. À ce moment-là, l'état de servitude dans lequel était tombé le pays devint évident.

De Gaulle, après la Libération, contribuera miraculeusement, sinon à effacer ces souvenirs dégradants, du moins à les atténuer et à imposer l'image d'un pays ayant retrouvé sa dignité du fait de sa participation à la victoire et lavé en quelque sorte de la faute de juin 1940. Dans une très large mesure, l'extraordinaire pari du 18 juin apparut gagné. Mais rapidement, surtout après le départ du Général en janvier 1946, les dures réalités s'imposèrent et avec elles la conscience d'un rang perdu en raison de l'effondrement de juin 1940. La France apparaissait amoindrie, presque exsangue au sortir du second conflit mondial. Les destructions s'avéraient impressionnantes. Le réseau de communications avait été très endommagé. Certaines régions, telle la Normandie, offraient l'aspect de la désolation, avec leurs villes détruites ou ravagées. L'agriculture se trouvait notamment sinistrée. Le manque de main-d'œuvre, d'engrais et de carburant rendait la situation des campagnes françaises particulièrement alarmante. La production agricole avait baissé d'un cinquième par rapport à 1938. L'industrie se révélait de même durement touchée : la production, dans ce secteur, avait chuté de 50 % par rapport à l'immédiat avant-guerre. Les illusions de puissance suscitées vingt-cinq ans plus tôt par la victoire de 1918 ne trompaient plus personne. Cette fois, les faiblesses et retards du pays pouvaient difficilement être niés.

Ces réalités peu exaltantes étaient si perceptibles qu'un homme aussi pénétré de la grandeur de la France que le général de Gaulle fut contraint d'en tenir compte et d'adapter son discours à la nouvelle donne. Manifestement, le pays ne possédait plus, ou pas encore, les moyens de mener une grande politique d'indépendance. Au lendemain de la Libération, la mise en œuvre du Plan de modernisation, confiée par de Gaulle à Jean Monnet, permit de poser les bases d'un redressement, mais au fil du temps la dépendance du pays à l'égard du protecteur américain devint plus flagrante : lancé en 1947 et aussitôt accepté par Paris, le plan Marshall officialisa cette situation. En 1948, l'arrivée au Quai d'Orsay de Robert Schuman consacra aussi l'abandon de la politique étrangère définie par le général de Gaulle à la Libération et poursuivie notamment par Georges Bidault : à partir de ce moment, Paris, selon le vœu des responsables américains, ne s'opposa plus à la réintégration de l'Allemagne de l'Ouest dans le jeu international. Cette ligne devait aboutir le 9 mai 1950 à la fameuse proposition de Schuman visant à établir la première des communautés européennes : celle du Charbon et de l'Acier. De Gaulle, alors à la tête du Rassemblement du peuple français et éloigné des affaires, reçut évidemment non sans contrariété ces nouvelles. Très vite, il condamna expressément cette manière d'envisager la construction européenne. En 1957, il devait tenir un discours identique quand le traité de Rome institua le Marché commun.

Revenu au pouvoir en mai 1958, le Général se garda pourtant de remettre en cause les traités européens. Avec un grand réalisme, il s'efforça de les interpréter dans le sens qui lui convenait. Dans la mesure où il contribuait à ouvrir le pays sur l'extérieur, le Marché commun comportait à ses yeux des aspects finalement bénéfiques. L'essentiel pour lui était de bien marquer qu'un tel accord ne conduisait pas fatalement à une Europe fédérale dont il ne voulait à aucun prix.

Pareillement, de Gaulle se montra très pragmatique lorsque la nécessité de la décolonisation parut s'imposer. Pendant la guerre, l'Empire français, alors très étendu, avait donné à la France libre une base territoriale précieuse et, bien qu'il fût peu attaché sentimentalement aux colonies, le Général avait d'abord semblé assez circonspect face aux désirs d'affranchissement des peuples sous tutelle française. Le célèbre discours de Brazzaville témoignait plus d'une orientation libérale que d'un véritable projet d'émancipation. En Indochine, de Gaulle montra d'ailleurs, dans un premier temps, les limites de sa volonté de réformes en cautionnant la politique de force de l'amiral Thierry d'Argenlieu. Mais, comme en matière européenne, l'homme du 18-Juin sut vite évoluer. Dès son retour aux affaires en 1958, l'Afrique noire, jusque-là administrée par la France, acheva, par sa volonté, son accession à l'indépendance. Puis, dans des conditions hélas beaucoup plus dramatiques, l'Algérie se sépara de la France, de Gaulle s'étant rendu à l'évidence qu'on ne pouvait conserver ce qui constituait à ses yeux un lourd fardeau.

Ainsi, moins de vingt ans après la Libération, la France se trouva ramenée au rang d'une puissance moyenne amputée de la quasi-totalité de son empire colonial et engagée dans un processus d'unification européenne susceptible de limiter sa souveraineté. Le bouleversement était considérable et seul un personnage comme de Gaulle, à la fois doué d'un immense charisme et éminemment pragmatique, se trouvait incontestablement en situation de faire accepter ce changement historique. Car, ainsi que l'a bien démontré l'historien Robert Frank, la hantise du déclin n'a cessé d'habiter les Français depuis juin 1940, comme si, malgré l'action du Général pendant la guerre, ils avaient constamment douté de leur rang[1].

Cette incertitude aura été d'autant plus ressentie que la défaite de juin 1940 n'a pas seulement porté un rude coup à la puissance française, mais aussi altéré l'image du pays. Malgré l'héroïsme des résistants, la dignité de tant de citoyens anonymes pendant l'Occupation, il paraît difficile d'effacer de la mémoire collective l'attitude de nombreux représentants des élites politiques de ce moment dramatique, et spécialement le 16 juin quand tout bascula. « La République a abdiqué », écrira un jour de Gaulle en marge d'une note de Pierre Cot[2]. La France de 1940, en vérité, n'apparaissait pas sous son meilleur jour. Saignée à blanc par la Grande Guerre, éprouvée par la crise de 1929, profondément malthusienne, elle avait déjà commencé à transformer en boucs émissaires les étrangers, souvent des Juifs venus d'Europe centrale, qui, depuis des années, assuraient seuls le renouvellement de la population. L'un des symptômes les plus attristants de cette évolution de l'esprit public aura été un passage de *Pleins pouvoirs*, dans lequel le pacifique Jean Giraudoux prôna des mesures restrictives contre des hordes qui, à l'en croire, ruinaient l'ordre français.

Cette métamorphose insidieuse d'un pays héritier de la civilisation des Lumières et s'affirmant toujours fidèle aux idéaux de 1789 est peut-être ce qui frappe le plus soixante-dix ans après le drame de juin 1940. À telle enseigne que l'on se prend à penser que ce fléchissement des consciences, ce consentement à l'inacceptable, fut au moins aussi grave que la décision par laquelle, le 16 juin, le dernier gouvernement légal de la IIIe République se résolut à demander à l'Allemagne à quelles conditions les combats pourraient cesser. Un armistice, dans l'absolu, ne constitue

1. R. Frank, *La Hantise du déclin*, *op. cit.*
2. AN, Fonds René Pleven, 560 AP 16.

pas nécessairement un acte scandaleux ou déshonorant ; il marque simplement la fin provisoire des hostilités entre deux États. Celui de juin 1940 fit exception car il donna le champ libre à des hommes et à des forces résolument hostiles à ce qui avait fait jusque-là la grandeur de la France.

L'uchronie, depuis que le monde a une histoire, occupe l'esprit des hommes. De génération en génération, on n'a cessé de se demander ce qui aurait pu se produire si le nez de Cléopâtre eût été plus court, ou si Grouchy était arrivé en temps utile à Waterloo. L'un des apports les plus précieux des historiens de la longue durée aura été de permettre de comprendre que de pareilles interrogations n'ont de sens qu'en tenant compte de « tendances lourdes », autrement dit de l'évolution profonde d'une société. L'Histoire ne se réduit pas à des déterminismes, l'action des différents acteurs compte, mais dans des limites circonscrites par l'économie, le développement culturel, le poids des mentalités.

Le 16 juin 1940, le sort de la France aurait-il donc pu différer fondamentalement de ce qu'il advint au cours de quatre sombres années si d'autres décisions que celles arrêtées en catastrophe avaient été prises ? Le « peuple du désastre » a fait l'objet de trop d'études pour qu'il soit nécessaire d'insister sur l'état d'une population abasourdie par la déroute des armées, traumatisée par l'exode, anxieuse du sort des prisonniers[1]. Sans nul doute, ces millions de Français demandaient grâce et les partisans de l'armistice, Pétain et Laval en tête, saisirent d'emblée que cette aspiration quasi générale constituait le meilleur paravent pour leur entreprise. Si pénible qu'il soit de reconnaître cette vérité, l'acceptation de l'armistice était certainement l'aboutissement inéluctable d'un long processus de dépérissement politique, intellectuel et moral. On en eut d'ailleurs la preuve éclatante le 10 juillet suivant quand les parlementaires, à quelques exceptions

1. Voir H. Amouroux, *Le Peuple du désastre*, *op. cit.*, t. I.

près, avalisèrent sans murmures l'acte signé à Rethondes le 22 juin. Au milieu des ruines de l'État, personne apparemment ne se trouvait en mesure de s'opposer au vœu de tant de citoyens qui souhaitaient reprendre leur souffle, retrouver leurs esprits, sans se douter pour la plupart que la défaite donnerait l'occasion d'assouvir de basses vengeances, d'aligner la France sur les États totalitaires, d'introduire une législation raciste.

Le génie de Charles de Gaulle aura été de comprendre dès ce 16 juin 1940 que l'on ne pouvait plus rien tenter à partir du cadre institutionnel existant, que l'essentiel était de sauver l'âme du pays, qu'il fallait donc coûte que coûte assurer le transfert de la souveraineté « hors du désastre et de l'attentisme, du côté de la guerre, et, un jour, de la victoire[1] ». Un tel dessein, proprement surhumain, impliquait certes le recours à quelques artifices. Ainsi la légalité républicaine prit-elle fin en vertu d'une décision du Général à l'instant même où il décida d'entrer en résistance, c'est-à-dire le 16 juin, et aucun compromis avec Vichy ne devait être accepté par lui, au moins publiquement. Pour l'emporter, de Gaulle ne pouvait qu'imposer une vision épique, voire mythique de l'Histoire. Celle-ci, il en était sûr, lui rendrait plus tard justice, en reconnaissant que son acte de désobéissance fut d'abord, pour reprendre l'expression de Maurice Schumann, « un acte d'obéissance à l'Histoire, un défi au destin, mais dicté par le bon sens, c'est-à-dire par l'art de deviner le monde[2] ».

1. Ch. de Gaulle, *Mémoires de guerre, L'Appel, op. cit.*, p. 72.
2. Maurice Schumann, *Un certain 18 juin*, Paris, Plon, 1980, p. 275.

APPENDICES

SOURCES ET BIBLIOGRAPHIE

Sources inédites

États-Unis

Hoover Institution (Stanford CA)
Fonds Baudouin
Fonds Gamelin
Fonds Weygand

France

Archives municipales de Louviers
Fonds Pierre Mendès France

Archives nationales
Archives du général de Gaulle
Fonds Paul Reynaud
Fonds René Pleven

Archives privées
Geoffroy de Courcel
Roland de Margerie, *Souvenirs*
Évelyne Paul-Reynaud-Demey

Service historique de la Défense
Fonds général Weygand

Grande-Bretagne

Churchill College (Cambridge)
Churchill Archives
John Colville Diaries
Duff Cooper Diaries
Spears Papers

The National Archives
Serie FO 371 (1940)

Suisse

Fondation Jean Monnet pour l'Europe (Lausanne)
Archives de Jean Monnet

Bibliographie

AGULHON, Maurice, *De Gaulle. Histoire, symboles, mythes*, Paris, Plon, 2000.
AMOUROUX, Henri, *Le 18 juin 1940*, Paris, Fayard, 1964 ; rééd. Fayard, 1990.
— *La Grande Histoire des Français sous l'Occupation*, t. I : *Le Peuple du désastre*, Paris, Robert Laffont, 1976.
— *Pour en finir avec Vichy*, Paris, Robert Laffont, 1997, 2 vol.
ARON, Raymond, *Mémoires*, Paris, Julliard, 1983.
— *Chronique de guerre. La France libre, 1940-1945*, Paris, Gallimard, 1990.
ARON, Robert, *Histoire de Vichy*, Paris, Fayard, 1954.
AURIOL, Vincent, *Hier, demain*, Paris, Charlot, 1945, 2 vol.
AZÉMA, Jean-Pierre, *De Munich à la Libération*, Paris, Seuil, 1979.
AZÉMA, Jean-Pierre, et BÉDARIDA François, *Vichy et les Français*, Paris, Fayard, 1992.
— *La France des années noires*, Paris, Seuil, 1993.
BAINVILLE, Jacques, *La IIIe République*, Paris, Fayard, 1935.
BARDOUX, Jacques, *Journal d'un témoin de la Troisième, Paris-Bordeaux-Vichy, 1er janvier 1939-15 juillet 1940*, Paris, A. Fayard, 1957.
BARRÈS, Philippe, *Charles de Gaulle*, Londres, The Continental Publishers and Distributors Ltd, 1941.
BARTHÉLÉMY, Joseph, *Ministre de la Justice, Vichy 1941-1943. Mémoires*, Paris, Pygmalion, 1989.
BAUDOUIN, Paul, *Neuf mois au gouvernement, avril-décembre 1940*, Paris, La Table Ronde, 1948.
BEAU DE LOMÉNIE, Emmanuel, *La Mort de la IIIe République*, Paris, Éd. du Conquistador, 1951.

BENOIST-MÉCHIN, Jacques, *Soixante jours qui ébranlèrent l'Occident*, Paris, Laffont, coll. « Bouquins », 1981, 3 vol.
BERL, Emmanuel, *La Fin de la IIIe République (10 juillet 1940)*, Paris, Gallimard, 1968.
BESANÇON, Alain, *Une génération*, Paris, Julliard, 1987.
BLOCH, Marc, *L'Étrange Défaite. Témoignage écrit en 1940*, Paris, Franc-Tireur, 1941 ; rééd. Gallimard, coll. « Quarto », 2006.
BLUM, Léon, *L'Histoire jugera*, Montréal, Éd. de l'Arbre, 1943.
— *À l'échelle humaine*, Paris, Gallimard, 1945.
BONNEFOUS, Édouard, *Histoire politique de la IIIe République*, t. VII : *La Course vers l'abîme : la fin de la IIIe République (1938-1940)*, Paris, PUF, 1967.
BOUTHILLIER, Yves, *Le Drame de Vichy*, t. I : *Face à l'Ennemi, face à l'Allié*, Paris, Plon, 1963.
BREDIN, Jean-Denis, *Sieyès, la clé de la Révolution française*, Paris, Éd. de Fallois, 1988.
BROSSOLETTE, Pierre, *Résistance (1927-1943)*, textes rassemblés et commentés par Guillaume Piketty, Paris, Odile Jacob, 1998.
BULLITT, Orville, *For the President: Personal and Secret Correspondence between FDR and William C. Bullitt*, Boston, Houghton Mifflin, 1972.
BURRIN, Philippe, *Hitler et les Juifs. Genèse d'un génocide*, Paris, Éd. du Seuil, 1989.
— *La France à l'heure allemande*, Paris, Éd. du Seuil, 1995.
CHAMBERLAIN, Neville, *Notre pays et les autres pays*, Paris, Flammarion, 1939.
CHAMBRUN, René de, *Pierre Laval devant l'Histoire*, Paris, France Empire, 1983.
CHASTENET, Jacques, *De Pétain à de Gaulle, juillet 1940-août 1944*, Paris, Fayard, 1970.
— *Histoire de la IIIe République*, t. VII : *Le Drame final*, Paris, Hachette, 1963.
CHAUTEMPS, Camille, *Cahiers secrets de l'Armistice (1939-1940)*, Paris, Plon, 1963.
CHAUVEL, Jean, *Commentaire*, t. I : *De Vienne à Alger*, Paris, Fayard, 1971.
CHURCHILL, Winston, *L'Heure tragique*, Paris, Plon, 1949.
CORDIER, Daniel, *Alias Caracalla*, Paris, Gallimard, 2009.
COURTINE-DENAMY, Sylvie, *Hannah Arendt*, Paris, Belfond, 1994.
COUTAU-BÉGARIE, Hervé, et HUAN, Claude, *Darlan*, Paris, Fayard, 1989.
CRÉMIEUX-BRILHAC, Jean-Louis, *Les Français de l'an 40*, t. I : *La Guerre, oui ou non ?*, Paris, Gallimard, 1990.
DÉAT, Marcel, *Mémoires politiques*, Paris, Denoël, 1989.
DEMEY, Évelyne, *Paul Reynaud, mon père*, Paris, Plon, 1980.
DESTREMAU, Bernard, *Weygand*, Paris, Perrin, 1989.
DUROSELLE, Jean-Baptiste, *La Décadence (1932-1939)*, Paris, Imprimerie nationale, 1979 ; rééd. 1992.
— *L'Abîme (1939-1944)*, Paris, Éd. du Seuil, 1990.
— *Histoire diplomatique de 1919 à nos jours*, Paris, Dalloz, 1993.

FABRE-LUCE, Alfred, *Journal de la France, 1939-1944*, Paris, Fayard, 1969.
FAURE, Edgar, *Mémoires*, t. II : *Si tel doit être mon destin ce soir*, Paris, Plon, 1984.
FAURE, Paul, *De Munich à la Ve République*, Paris, Éd. de l'Élan, 1950.
FAVREAU, Bertrand, *Georges Mandel ou la Passion de la République*, Paris, Fayard, 1996.
FERRO, Marc, *Pétain*, Paris, Fayard, 1987.
FLANDIN, Pierre-Étienne, *Politique française, 1919-1940*, Paris, Les Éditions Nouvelles, 1957.
FRIESER, Karl Heinz, *Le Mythe de la guerre éclair*, Paris, Belin, 1995.
FURET, François, *Le Passé d'une illusion*, Paris, Calmann-Lévy / Robert Laffont, 1995.
FURET, François, et HALÉVI, Ran, *La Monarchie républicaine. La Constitution de 1791*, Paris, Fayard, 1996.
GAULLE, Charles de, *Discours et messages*, t. II, Paris, Plon, Club français des Bibliophiles, 1970.
— *Lettres, notes et carnets*, t. II, Paris, Plon, 1981.
GERMAIN THOMAS, Olivier, et BARTHELET, Philippe, *De Gaulle, jour après jour*, Paris, Éd. F. X. de Guibert, 2000.
GIRAUDOUX, Jean, *Armistice à Bordeaux*, Paris, Éd. du Rocher, 1945.
GRIMAUD, Maurice, *Je ne suis pas né en mai 68. Souvenirs et carnets, 1934-1992*, Paris, Tallandier, 2007.
GUILLEMIN, Henri, *La Vérité sur l'affaire Pétain*, Bats, Éd. d'Utovie, 1996.
GUY, Claude, *En écoutant de Gaulle. Journal 1946-1949*, Paris, Grasset, 1996.
HERRIOT, Édouard, *Épisodes, 1940-1944*, Paris, Flammarion, 1950.
JEANNENEY, Jules, *Journal politique, septembre 1939-juillet 1942*, Paris, Armand Colin, 1972.
JELEN, Christian, *Hitler ou Staline*, Paris, Flammarion, 1988.
KAMMERER, Albert, *La Vérité sur l'armistice*, Paris, Médicis, 1945.
KERSHAW, Ian, *Hitler*, trad. fr. Paris, Flammarion, 2008.
KEYNES, John Maynard, *Les Conséquences économiques de la paix*, suivi de Jacques BAINVILLE, *Les Conséquences politiques de la paix*, rééd. Paris, Gallimard, coll. « Tel », 2002.
KUPFERMANN, Fred, *Laval*, Paris, Balland, 1987.
LACOUTURE, Jean, *De Gaulle*, t. I, Paris, Éd. du Seuil, 1984, 3 vol.
LAUNAY, Michel, *L'Armistice de 1940*, Paris, Presses universitaires de France, 1972.
LAZAREFF, Pierre, *De Munich à Vichy*, New York, Brentano's, 1944.
LEBRUN, Albert, *Témoignages*, Paris, Plon, 1945.
LECA, Dominique, *La Rupture de 1940*, Paris, Fayard, 1978.
LÉMERY, Henry, *D'une république à l'autre*, Paris, La Table Ronde, 1964.
LE ROY LADURIE, Jacques, *Mémoires, 1902-1945*, Paris, Flammarion/Plon, 1997.
MARITAIN, Jacques, *À travers le désastre*, Paris, Éd. des Deux-Rives, 1946.

MARTIN DU GARD, Maurice, *La Chronique de Vichy, 1940-1944*, Paris, Flammarion, 1946.
MAURRAS, Charles, *La seule France. Chronique des jours d'épreuve*, Lardanchet, 1941.
MENDÈS FRANCE, Pierre, *Œuvres complètes*, t. VI, Gallimard, 1990.
MOCH, Jules, *Une si longue vie*, Paris, Robert Laffont, 1976.
MONICK, Emmanuel, *Pour mémoire*, Paris, Mesnil, 1970.
MONNET, Jean, *Mémoires*, Paris, Fayard, 1990.
MONTIGNY, Jean, *Toute la vérité sur un mois dramatique, 15 juin-15 juillet 1940*, Clermont-Ferrand, Montlouis, 1940.
MOULIN DE LABARTHÈTE, Henry de, *Le Temps des illusions*, Genève, Le Cheval Ailé, 1946.
NÉMIROVSKY, Irène, *Suite française*, Paris, Gallimard, coll. « Folio », 2006.
NOGUÈRES, Louis, *Le Véritable Procès du maréchal Pétain*, Paris, Fayard, 1955.
PALEWSKI, Gaston, *Mémoires d'action*, Paris, Plon, 1988.
PAUL-BONCOUR, Joseph, *Entre deux guerres. Souvenirs sur la IIIe République*, t. III : *Sur les chemins de la défaite, 1935-1940*, Paris, Plon, 1946.
PAXTON, Robert O., *La France de Vichy*, Paris, Seuil, 1973.
PERTINAX, A. Gérard, dit, *Les Fossoyeurs*, New York, Éd. de la Maison française, 1943, 2 vol.
RÉAU, Élisabeth du, *Édouard Daladier*, Paris, Fayard, 1993.
RÉMOND, René, *Les Droites en France*, Paris, Aubier, 1982.
— *La République souveraine*, Paris, Fayard, 2002.
RÉMY, Pierre-Jean, *Trésors et secrets du Quai d'Orsay*, Paris, Lattès, 2001.
REYNAUD, Paul, *Le Problème militaire français*, Paris, Flammarion, 1937.
— *Au cœur de la mêlée, 1939-1945*, Paris, Flammarion, 1951.
ROUSSEL, Éric, *Charles de Gaulle*, Paris, Gallimard, 2002.
SHIRER, William, *La Chute de la IIIe République*, Paris, Stock, 1970.
SPEARS, Edward, *Témoignage sur une catastrophe*, trad. fr., Paris, Presses de la Cité, 1964, 2 vol.
TELLIER, Thibaut, *Paul Reynaud*, Paris, Fayard, 2005.
TOURNOUX, Jean-Raymond, *Secrets d'État*, t. II : *Pétain et de Gaulle*, Paris, Plon, 1964.
— *Pétain et la France*, Paris, Plon, 1980.
TRUCHET, André, *L'Armistice de 1940 et l'Afrique du Nord*, Paris, PUF, 1955.
VIDALÈNE, Jean, *L'Exode de mai-juin 1940*, Paris, PUF, 1957.
VILLELUME, Paul de, *Journal d'une défaite, août 1939-juin 1940*, Paris, Fayard, 1976.
VITKINE, Antoine, *« Mein Kampf ». Histoire d'un livre*, Paris, Flammarion, 2009.
WEBER, Eugen, *La France des années 30. Tourments et perplexités*, Paris, Fayard, 1988.
WEIL, Simone, *Écrits de Londres et dernières lettres*, Paris, Gallimard, 1957.
WEISS, Louise, *Mémoires d'une Européenne*, Paris, Albin Michel, 1971.
WEYGAND, général Maxime, *Rappelé au service*, Paris, Flammarion, 1950.

WINOCK, Michel, *Le Siècle des intellectuels*, Paris, Éd. du Seuil, 1997.
ZAY, Jean, *Souvenirs et solitude*, Paris, 1945 ; rééd. Le Rœulx, Talus d'approche, 1987.
Documents
Enquête sur les événements survenus en France de 1943 à 1945. Témoignages et documents recueillis par la commission d'enquête parlementaire, Paris. Imprimerie de l'Assemblée nationale, 1951, 9 vol.
Témoignages à la mémoire de Jean Monnet, Lausanne, Fondation Jean Monnet pour l'Europe, 1990.
Le Procès du maréchal Pétain (compte-rendu sténographique), Paris, Albin Michel, 1945, 2 vol.

INDEX

APPENDICES

Nous ne cessons de redécouvrir le poids du politique sur notre intelligence du passé ; de reconnaître aussi l'empire du hasard dans la fabrique des grands événements et de mesurer leur inscription dans le temps ; de mieux apprécier enfin la part des individus dans le processus historique. Ce nouveau regard invite à retrouver les ruptures, tumultueuses ou secrètes, qui scandent l'histoire de France : tel est le projet de cette collection.

Elle prend le relais des fameuses « Trente journées qui ont fait la France » créées il y a plus d'un demi-siècle et dont elle va rééditer quelques titres célèbres. Elle en garde le principe mais en élargit l'objet et renouvelle l'esprit, sans toutefois se limiter à un chiffre canonique. Elle entend illustrer le profond renouveau de l'histoire politique comme mode d'explication privilégié du destin des sociétés.

Au fil des ouvrages, et d'une date à l'autre, prend ainsi forme le dessein de reconstituer l'histoire de France autour des moments clefs qui marquent sur sa longue trame un avant et un après : des plus éclatants, dont il faudra renouveler la connaissance et reconsidérer la portée, aux plus méconnus, mais qui se révèlent eux aussi, sur la durée, avoir « fait la France ».

Volumes publiés

JOSÉ CABANIS : *Le Sacre de Napoléon (2 décembre 1804).*

GEORGES DUBY : *Le Dimanche de Bouvines (27 juillet 1214).*

ROBERT FOLZ : *Le Couronnement impérial de Charlemagne (25 décembre 800).*

PATRICE GUENIFFEY : *Le Dix-huit Brumaire. L'épilogue de la Révolution française (9-10 novembre 1799).*

ARLETTE JOUANNA : *La Saint-Barthélemy. Les mystères d'un crime d'État (24 août 1572).*

NICOLAS LE ROUX : *Un régicide au nom de Dieu (1er août 1589).*

ROLAND MOUSNIER : *L'Assassinat d'Henri IV (14 mai 1610).*

MONA OZOUF : *Varennes. La mort de la royauté (21 juin 1791).*

RÉGINE PERNOUD : *La Libération d'Orléans (8 mai 1429).*

PIERRE RENOUVIN : *L'Armistice de Rethondes (11 novembre 1918).*

MICHEL WINOCK : *L'Agonie de la IVe République (13 mai 1958).*

Composition IGS Charente-Photogravure.
Achevé d'imprimer
sur Roto-Page
par l'Imprimerie Floch
à Mayenne, le 2 octobre 2009.
Dépôt légal : octobre 2009.
Numéro d'imprimeur : 74778.

ISBN 978-2-07-073494-8 / Imprimé en France.

125769